民間裁判外紛争解決制度（ADR）の実証的考察
私的解決から見る「合意なき合意」の伏流

櫻井良生

風塵社

推薦の言葉

　本書著者の櫻井氏と私とのつきあいは、かれこれ10年以上になる。櫻井氏は、行政書士として神戸中央合同事務所を経営しながら、社会人大学院生として裁判外紛争解決（ADR）の研究をしたいと言って、大阪大学大学院博士前期課程に入学してきた。経歴をみると参議院議員秘書や神戸市会議員など様々なことを経験しておられ、年齢は私より一回り年上。私は、櫻井氏を指導してよいものかどうか少し迷ったが、他に適任者もいないと思ったので、指導教員を引き受けさせていただいた。櫻井氏の大学院在学中に認証民間ADRの制度ができ、氏は兵庫県行政書士会「行政書士ADRセンター兵庫」の立ち上げに関わり、さらにはそのセンター長となった。櫻井氏は勉強熱心で、多忙であるにも拘わらず、日本仲裁人協会の仲裁人研修を受け、さらに調停人研修も受けて、ADRの手続き実施者としてのスキルもきちんと身につけている。早くから臨床心理学に関心をもち、在野で臨床心理の研究を進められ、日本心理職協会理事（西日本統括本部長）も務められている。本書は、行政書士ADRセンター立ち上げの激務と並行して社会人院生としての学びを経験した櫻井氏の理論と実践の軌跡である。櫻井氏は、本書の元となった博士論文で、2015年3月に大阪大学から博士（法学）を授与されている。

　本書は、櫻井氏の人生経験を通じて形成された知見を存分に用い、現在の民間ADR事業のあり方を痛烈に批判する意欲作である。櫻井氏が本書で取りあげている八つの事例は民事調停での取り扱いに馴染まないばかりか、「法による」紛争解決を基本とする現在の認証民間ADR事業者では扱いかねる事例ばかりである。これらの事例分析は仲裁ADR法学会や日本法社会学会における議論に一石を投じるものであり、実際、日本法社会学会学術大会の個別報告や日本法社会学会関西研究支部研究会で議論の機会を得ている。そ

こでの応答を反映させた本書は学会での議論に十分に耐えうるものである。

　本書の要旨は大略以下の通りである。日本において、裁判によらない紛争解決手段として、調停制度が設けられておよそ100年になる。この100年の間に、調停制度は社会のニーズに合わせて改良が重ねられてきた。しかしながら、そこでの紛争解決は、裁判所が関与する以上、当事者の互譲を基調とする話し合いによるとはいえ、「法を基準とする」紛争解決制度とならざるを得なかった。調停制度が「法を基準とする」制度として整備されてきた結果、そこでの解決は、しばしば当事者自らの思いと乖離したものとなり、仮に一定の決着を見たとしても心底納得と呼べない場合が生じることとなった。

　民事調停のこのような問題を乗り越えるべく、より当事者ニーズに適合的な紛争解決制度を創設することを目指して、2004年に「裁判外紛争解決手続きの利用の促進に関する法律」、いわゆる「ADR促進法」が制定され、これによって認証民間ADR事業者が登場することとなった。当初、認証民間ADRでは、アメリカのADRで利用されている、対話を通じて紛争解決を図る「対話型ADR」ないし「自主交渉援助型ADR」と呼ばれる手法を軸として行われている調停方式の導入が試みられた。この調停方式は、「当事者の、当事者による、当事者のためのADR」として評価を得ているが、しかし、認証民間ADR事業者は、法律を専門とするものとは異なる専門職団体が若干含まれるものの、そのほとんどが弁護士会をはじめ隣接法律専門職と呼ばれる団体が運営母体となっている。しかも、これら事業者においては、「ADR促進法」によって「弁護士とのアクセスの確保」が必須とされている。この結果、認証民間ADR事業者は、アメリカを源流とする「対話型」、「自主交渉援助型」の手法を活用しながらも、これまでの裁判所での民事調停のように、最終的には、法を基準としたいわゆる「司法型」「評価型」の紛争解決しか行えなくなってしまっている。要するに、認証民間ADR事業者は、その持ち味を十分に発揮できていない。

　この点、社会で日々発生している、他人から見れば「なぜそのようなことに拘るのだ」と思われる紛争の多くは、既存の「法を基準とする」紛争解決枠組の中で解決しうるものではない。「法を基準とする」紛争解決枠組のもとでは、民事事件はもちろん、軽微な刑事事件も、その責任の取り方の基本

は、経済的損失の補填（損害賠償）であったり、罰金（財産刑）であったりする。例えば、偶発的に生じた事故で家族が失われた場合、加害者には刑罰（自由刑）が科せられることがあるものの、失われた家族の命の損失は金銭（損害賠償・財産刑）で贖われるにすぎない。残された遺族は、なぜ自分の大切な人がこのような災厄にあわなければならなかったのかという疑問で自らを責め、名状しがたい感情に苦しみ続けることになる。このような「もっと自分たちの思い、悲しみを理解してほしい、伝えたい」という切なる当事者の思いは、紛争解決のあり方に対しても向けられることになる。

　このように考える場合、裁判はもとより、民事調停、そして現行の認証民間ADR事業者の行う民間調停のもとでも、紛争当事者の求める解決が与えられていると言えるかどうかについては、大いに疑問がある。大切な人を失った悲しみを理解してほしい、共感してほしいと思っている当事者に、「逸失利益」の賠償はどのように受け取られるのだろうか。生活の確保のために確かにお金は必要かもしれないが、「命をお金で購う」という冷血な購いは苦痛以外のなにものでもないのではないだろうか。現在の紛争解決枠組のもとでは、当事者の求める紛争解決と提供される解決との間には大きな乖離がある。この乖離を埋めるために「ADR促進法」は認証民間ADR事業を登場させたが、はたしてそれが期待される役割を果たしていると言えるのか。

　もちろん、いくら話し合いの場を設定し、しかるべきスキルを具備した調停人が関与しても解決できない紛争はある。紛争当事者の立場や思いが複雑に絡み合って、歩み寄りが一切できないような紛争はしばしば見受けられる。とはいえ、櫻井氏が指摘するように、当事者が「文書による合意」に至ることはなくとも、それぞれが心の中で納得して紛争から撤退するというような解決もありうるのではないか。そのような「当事者の納得」を拾い上げていくような紛争解決は、かなり多くの場合において可能なのではないか。当事者の「もっと自分たちの思い、悲しみを理解してほしい、伝えたい」という切なる思いに対するケアを施していけば、「文書の合意」などなくとも、紛争が「解消」するということはある。そして、そのような「解消」を可能にするスキルというものもあると考えられる。

　櫻井氏は、本書において、このような問題意識のもとに、「紛争解決」と

はどのようなことを指すのか、そもそも「法を基準とする」紛争解決枠組では捉えられない紛争の解決があるのではないか、そのような解決を可能にする調停もありうるのではないかと問いを立て、その問いに答えようと試みている。氏は、第1章で、日本のADRの基本的なあり方を問い、第2章で、民間ADRの現状を検討することを通じて、「法を基準とする」調停スタイルの問題性を明らかにする。第3章で、そもそも「紛争解決」とはどのようなことを言うのか検討し、第4章と第5章で、櫻井氏がこれまでその「解消」にボランティア的に関わってきた八つの「紛争」事例を手がかりとして、自らの立てた問いに答えようと試みる。それらの事例に挙げられている「紛争」は、あるものは取るに足らないものであり、あるものは責任を問うということに馴染まないものであり、あるものは「不可解」なものであり、あるものは当事者の「思い込み」によるものであり、あるものは当事者の「不信感に」基づくものである。それらの紛争の「核」はいずれも「法を基準とする」調停スタイルでは拾い上げることができない。また、それらの紛争は、「文書による合意」とはほど遠い終わり方をしている。櫻井氏は、このような「紛争」が現行の司法制度に準拠する紛争解決枠組の枠外に位置することを明らかにしたうえで、そのような紛争の「解消」は当事者それぞれの「納得」によってしかなしえないこと、その「解消」の手助けのために求められるスキルは「法を基準とする」調停手順とは異なり、むしろ「法を基準とする」調停手順は阻害的ですらありうること、当事者の「納得」は当事者に寄り添い、ひたすら話を聞き、気づきを促すことによってしか実現できないこと、などを明らかにしている。このような検討に基づいて、第6章では現行司法の限界について論じ、第7章の「むすびにかえて」でいくつかの政策提言を行っている。

　いずれにしても、本書が櫻井氏の渾身の力作であることに疑いはない。日常生活のなかで、特に、なんらかの専門職として紛争の解決に携わったことのある方々に、是非とも本書を読んでほしいと思う。さらに、読者には、可能であれば、櫻井氏の問題提起を受け止め、これから氏が学界で行うであろう議論に参加してほしいと思う。それだけの意味のある問題提起が本書には

含まれている。

　一回りも年齢が上の方に遣う言葉ではないが、櫻井氏の今後の活躍に心から期待している。

　　2016年3月　　　　　　　　福井康太（大阪大学大学院法学研究科）

本書の意義

　本書は、経験豊かな実践者による調停的な紛争処理についての研究である。この研究の価値は以下のような点にある。
　第一に、これまで明らかにされてこなかった民間における調停的な紛争処理の実情を明らかにしたことである。社会で発生する紛争には多様なものがあるが、その多くは裁判や法律家のもとへはいかない。自分たちの手で自主的に処理されているものがほとんどであろう。そして、紛争処理においても私人間の関係には私的自治の原則が妥当するが、その実相は明らかにはされていないのである。本研究は、部分的にではあるが、この空白を埋めるものであり、現代日本社会において法律家が関与しない民間での調停はどのようになされているのかについての知見を提供する。
　第二に、第一の点と関連するが、具体的な調停実践を詳細に報告するなかに、実践者への示唆も含んでいることである。本書の中心的価値は、後半の事例の検討にある。多様な事例を、著者が紛争当事者のあいだに入って調整を行った詳細が描かれているのである。もちろん著者の資質や感性によるところもあるが、具体的な紛争処理の経緯を丁寧に見ることによって、庶民をはじめとする法に頼らない（頼れない）紛争処理に関わる者にとって参考になる、汎用的な実践の手がかりを得ることができるであろう。
　第三に、心理学的知見に重心を置いた、伝統的な話し合いによる紛争処理の再生を示唆することである。ADR は正義の総合システムの一部を構成するものとして、法的な適正さを確保することが意識されている。そのことは当然なのであるが、副作用として法に目が奪われ ADR 本来の多様性に抑制をかけることにもなっている。著者は、むしろ意識的に「法」から距離をおくことによって、いわゆる「法」にはよらないけれども適正な紛争処理のあり方を示そうとしている。それは現代版「長屋のご隠居」を髣髴させるもの

になっている。

　本研究は、櫻井氏が自身の実践経験を法社会学的な諸研究に依拠しながら、説得的に民間調停の可能性に見通しを示そうとするものであり、紛争処理研究に重要な知見を提供する労作である。そうした意味で、本研究を高く評価することができる。

　　2016年6月　　　　　　　　仁木恒夫（大阪大学大学院法学研究科）

はじめに

　わが国における制度としてのADRすなわち裁判外紛争解決制度は、1922年の借地借家調停法による調停が最初である。当時、経済拠点である都市人口が、急激に膨張するなかで、土地や建物の貸借をめぐる紛争も急増した。これらを、当事者にとっては煩雑で時間もかかり、国としても負担が増大する裁判ではなく、当事者同士の話し合いでの解決を目指す目的で創られたものであった。折しも翌1923年の関東大震災により、一面焼け野原と化した東京に多くの罹災者がバラックを建てて住み始めた。ところが、焼け野原といえども元の所有者はいるわけで、いわば「不法占拠」の状態である。バラックをそれなりの住居にして居住している罹災者とその所有者間で、段階的に起こる多数の事案を迅速かつ効率的に解決する必要が生じた。しかしながら、当事者らはともに罹災者としての共通の立場であり、いたずらに法の処断を求めて長期間争うことを望んでいないことから、裁判所もこのことを踏まえ、また、社会安定という見地からも、効率性からも積極的に「調停による解決」を推進した結果、この法律やその趣旨が国民に受け入れられ利用されることとなった。

　大震災という不幸な出来事ではあるものの、紛争の当事者が「罹災」という点において、相互に共有できるものがあったということが、前年に作られたばかりの「新しい法律」とそれが目指す「調停の有用性」が認識されるき

1　小島武司編『裁判キーワード』(有斐閣、1993年) 196—208ページ。早川吉尚、山田文、濱野亮編著『ADRの基本的視座』(不磨書房、2004年) 157—200ページ。
2　司法研修所編『簡易裁判所における民事調停事件の運営方法に関する研究』〈司法研究報告書第66輯第1号〉法曹会、2013年、第1—1。
3　越沢明『後藤新平　大震災と帝都復興』(ちくま新書、2011年) 200—219ページ。

っかけになったことは、皮肉なことである[4]。

　その後、時代とともに生じる多様な紛争に対応する各種の調停制度を経て、1948年に家事調停制度、1951年には、現在の民事調停制度[5]、そして、社会に多くの過剰債務者が生じ、社会問題化したことにより、2000年、経済的に破綻するおそれのある債務者（特定債務者）の経済的再生に資するため、民事調停法の特例として、特定債務者が負っている金銭債務に関わる利害関係の調整を促進しようと特定調停制度も創られ、時代の流れに応じた改正を経て今日に至っている[6]。

　言うまでもなくこれら調停は、裁判所において法律家である裁判官と民間有識者である調停委員[7]が実施するが、主としてその調停委員らが当事者の主張や事情を聴きながら、法律的観点に基づいて、双方の理解と互譲を喚起しつつ、双方にとって妥当な着地点を模索し提案していくというものである[8]。もちろん紛争解決が訴訟によるものしかないとすれば、事実認定により当事者間の権利義務を確定し「判決」として、強制を強いるものであるがゆえに当事者の一方、あるいは場合によっては、当事者双方が納得できない結果になることも決して少なくない[9]。そうであるからこそ、お互いの「納得」しうる結果を作り上げるためのプロセスとしての調停は大きな意義がある。

4　震災同様に第二次世界大戦における都市部に行われた米軍による空襲においても、多数の住民が突然住居を失ったものの社会的混乱のなかやむをえず「不法占拠」した例も多くある。しかしながら戦後も引き続き不法占拠を続け「既得権」を主張するなどして立ち退かず、その解決のために40年近くかかった都市も多い（『新編神戸市史』行政編Ⅲ第三章第一節「都市の整備」）。

5　石川明『調停法学のすすめ―ADR私論』（信山社、1999年）97―113ページ。佐々木吉男『民事調停の研究』（法律文化社、1967年）52―91ページ。

6　小島武司編『調停と法―代替的紛争解決（ADR）の可能性―』（中央大学出版部、1989年）275―279ページ。

7　岩瀬純一『司法臨床におけるまなざし　家事調停にかかわるあなたへ』（日本加除出版、2008年）133―198ページ。平柳一夫『遺産分割の調停読本』（信山社、1997年）151―192ページ。

8　ダニエル・H・フット（溜箭将之訳）『裁判と社会―司法の「常識」再考』（NTT出版、2006年）23―59ページ。

9　垣内秀介「民事訴訟の機能と利用者の期待」（ダニエル・フット／太田勝造編『裁判経験と訴訟行動』東京大学出版会、2010年）93―115ページ。

しかしながら、この裁判所での調停においては前述のように法律的観点に基づくものである以上、訴訟同様、法律の範囲のなかでの判断や結論であるために、当事者の思いが、どこまで反映されるのかという懸念もある。

　つまるところ、当事者双方の理解にせよ、互譲にせよ、法律を基準にしての話し合いであるならば、おのずとそこには一定の制限や枠組みが存在するのであって、これに適合しない事象については、削ぎ落とされ無視せざるをえないものとなる。しかしながら、調停に臨む当事者は、自らの紛争を解決し、心のわだかまりを解消したいとの思いで参加していたものの、結局は訴訟と変わらない結論しか出てこないと失望することも否定できない。例えば、土地や金銭問題などの紛争であれば、それなりの法的判断をせざるをえない。なぜなら特定された財物の支配をめぐる紛争であるかぎり、たとえ相手の立場を理解し、互譲したとしても本来、自らの目指した支配権の獲得ができなければ、真の納得や満足は得にくい。そうだとすれば、調停においても法律的な観点は、やむをえないものもある。

　このことは、川島武宜の指摘する「仲裁的調停」[10]が、実体をよく表している。

　そこには一定の権威（法律・裁判所・裁判官・調停委員）に基づく場であり、当事者はおのずとこの権威に対して、一定の信頼とともに自制を強いられていると言うべきである。ところが、主として夫婦関係、親子関係、近隣関係など、人間としての関係に関わる紛争については、逆に法的観点や法律判断に頼ることが、必ずしも適当ではない場合が多い。

　このことをあえてラフに表現して「五感にかかる紛争」と名付けてみたい。

　すなわち、紛争の原因が、財物ではなく、当事者の感情によって引き起こされ、その紛争意識の解消に必要とされるものが、「感情の沈静」であり、「納得できる貢物」、それは相手方の謝罪であるのか、それともその証としての「財物の提供」なのかは別にして、いずれにしても、法的観点だけではない別な解決基準の模索が続いてきた。そのなかで、2004年に裁判外紛争解決手続（いわゆるADR）に関する法律が施行された（以下、ADR法とする）。これは裁判所における調停とは別に民間による紛争解決機関を法務大臣の認証という形

10　川島武宜『日本人の法意識』（岩波新書、1967年）162—174ページ。

で、各々の機関が特色を持った調停を行うもので、現在まで130余り（本稿執筆時の2014年10月時点）の機関が認証を得ている[11]。もちろん、このなかには弁護士会や隣接法律職（司法書士、行政書士、土地家屋調査士）が多く含まれているが、弁護士会、司法書士会が設置者である機関を除けば、すべて法律家（弁護士）とのアクセス確保が求められ（ADR促進法6条5号）、その意味ですべての受任について、これを行うとすれば、従来からの裁判所における調停とそれほど変わるものではない[12]。

とはいえ、各々の認証機関においては、調停に関する法的な知識とともに調停の進め方や調停人としての責務など一定の教育を受けた調停実施者によって手続きが行われており、必要とする事案や条件が生じたときにのみ、法律家（弁護士）の関与を認めているところもある。だからこそ、当事者による自由な主張やより柔軟な手続きの進行や結論へのアプローチが可能であるということも言えなくはない。

そこには、非法律家による紛争解決ということで、むしろ法的観点を持ち出す以前に、当事者双方の心に直接働きかけることによって、各々が紛争そのものを見つめなおすきっかけ作りに期待をしているからである。その一方、いくつかの認証機関では、法律家（弁護士）参加を条件として手続きを行うとして、当初から裁判官の代役としての法律家の存在を前提としているところもあり、そこでの「自主交渉援助型」調停における法的枠組みからの解放がどこまで可能なのかは疑わしいものも少なくない。

これは、民間ADR事業者の「認証制度」において、法律要件・法律効果についても議論され、法的助言体制と法的効果なども一応の明文化はされたものの、あくまで「見直し」を前提としたものである。弁護士会など調停手

11　小林徹『裁判外紛争解決促進法』（商事法務、2005年）。入江秀晃『現代調停論―日米ADRの理念と現実』（東京大学出版会、2013年）123―137ページ。

12　ADR促進法第六条（五）　手続き実施者が弁護士でない場合（司法書士法（昭和二十五年法律第百九十七号）第三条第一項第七号　に規定する紛争について行う民間紛争解決手続きにおいて、手続き実施者が同条第二項　に規定する司法書士である場合を除く。）において、民間紛争解決手続きの実施に当たり法令の解釈適用に関し専門的知識を必要とするときに、弁護士の助言を受けることができるようにするための措置を定めていること。

続き者そのものが法律事務を行うことが許されている事業者以外の認証機関においても、当初から法律家（弁護士）同席のもとで調停を実施するという形で、その取扱い事案を広げるところもあるなど事業者や認証要件に対する解釈、取扱いも必ずしも統一的ではなく、独自性と言えばそれまでであるが、見方によっては、統一性に欠けるものと言わざるをえないところでもある。そもそも紛争解決は、その結果において法的に問題のないものでなければならないし、将来に向かってその成果を実効あるものとさせなければならないという趣旨は当然であるので、監督官庁からすれば各認証事業者の「持続性」を要求するのは必然ではあるものの、そのために各事業者を規定する規則や細則によって、かえって使い勝手の悪いものとなりサービスの狭小化が生じていると考えられる。

前述したように、ADR 法が「法律家（弁護士）とのアクセスを担保すること」を求めていること、すなわち本来の対話型・自主交渉援助型[13]で得られた結果に法的な確認作業を求めることを必須とするなら、スタイルこそ違え、これまでの評価型・司法型 ADR[14] と大差なく、そのシステム構築と経済的負担など、事業者そのものが背負う負担は決して少なくない。もちろん、調停実施者自身がおのずと一定の話し合いの枠を無意識に設定してしまうことになってしまうし、紛争の内容によっては、必ずしも法基準や将来の再発を懸念するあまり解決の形にこだわることが適当でない場合、大きな障害となることもある。

例えば、紛争そのものが法的解決というよりも「当事者の納得」によってのみ解決できるもの、あるいは当事者双方においてその主観が大きく支配しているものなどは、法的な手続きに準じた話し合いの結果の「まとめ」「約束」[15]として「合意書」など文書化にこだわることが、かえって当事者の警戒心を喚起させ、せっかく一定の納得が得られたにもかかわらず、そこで話し合い

13　本書においては、対話を通じて解決を図る ADR の類型を「自主交渉援助型」と表記する。
14　本書においては「司法型」に統一して表記する。
15　草野芳郎『和解技術論』（信山社、2003 年）99―101㌻。

がとん挫してしまうだけでなく翻意することすら生じかねない。

だとすれば、社会で日々、発芽している他人から見れば取るに足りない些細な紛争の種の多くが、既存の枠組みのなかでは、解決しえないのではないかという疑問が生じてくる。そう考えれば、紛争解決における現行のシステムと運用の間には大きな乖離が生じることになる。はたして自主交渉援助型を軸として行う民間ADR事業者のADRそのものが、このままの形でこれら当事者の感情をしっかりと受け止めうるのか、同時に、いくら話し合いの機会を設け、しかるべきスキルを具備した調停者が関与しても解決しえない紛争もあることは否めない。

例えば、民事事件はもちろん刑事事件であっても、究極の贖罪は、経済的損失の補填すなわち金銭賠償しかない。偶発的に生じた事故で家族を失った場合、加害者にしかるべき刑罰が科せられたとしても、最後は金銭で贖ってもらうしかない。

そのことを理解したときに、遺族は、ますます癒しも救いもないことを思い知らされる。

多くの犠牲者を出した雑踏事故、そして運転士の過失によって生じた列車事故についても、残された遺族は、なぜ自分の大切な人がこの災厄にあわなければならなかったのかという疑問に対する名状しがたい感情に苦しみ続けている。「もっと自分たちの思い、悲しみを理解してほしい、伝えたい」という切なる思いは、自らの紛争に対する思いと共通するものといえるだろう。

単に対話を通して紛争当事者が、相互の利害や立場を理解したとしても、紛争当事者自身が持つ紛争に至るまでの感情や紛争によって生じた心の傷を見つけ出し、治癒するための対処については、充分ではないといわざるをえない。

換言すれば、民間型ADRにおいての調停は、「紛争解決というゴール」は同じだとしても、その手法、プロセス、期待されるものは、裁判所における調停とは異質なものではないのか。だとすれば、民間型ADRが、相互理解と互譲という軸足ならば、法の範疇ではないのではないかという疑問が生ずる。

と同時に、現在の民間ADR機関を俯瞰したとき、民間型ADRにおける

法務大臣認証を別の目的で取得しようとしたのではないかと考えられるものも散見される。すなわち、いくつかの団体はその構成員に認証後の活動ではなく認証そのものが目的であると明確にしているものも多く、認証後に活動が意識的に制限され、その実績が停滞しているところが少なくないことをどう考えればよいのか。また、それら民間型ADRにおける「手続き実施者」[16]の養成についての統一感がなく、また、その内容も必ずしも適切とは言えないものになっているのではないか。なによりも民間型ADRは、法律ではなく心理学（カウンセリング）の訓練なしには実施しえないのではないか。もしそうだとするのならば、「自主交渉援助型」につながるいわゆる「調停技法」は、法の範疇ではなく「カウンセリング」の範疇ではないのかと考えられるのである[17]。

また、民間型ADRにおける作業の成果は、紛争の根源が感情的なものである場合、「その時点での合意」こそが重要であり、実体ではなく感情の衝突である紛争に真なる合意は考えにくく、合意できなくても「矛を収める」という結果も少なくないのではないか。だとすれば、合意書までたどり着くことがゴールとすることにこだわることは適当ではないのではないかという疑問が生ずる。

ADRが人間の感情に起因する紛争を扱うかぎり、人間の感情に即した黒白を決めるもののみに固執する手続きではあってはならないし、日本人、日本の文化的背景から「あいまいな解決」もありうるのではないかと考えられる。

本書ではこのような問題意識に基き、これまでの調停スタイルを確認したうえで、現行のADRの枠外に位置する紛争もあるのではないかと考察したものである。そして、真の紛争解決があるとすれば、当事者に寄り添うADRのスタイルとしての「私的な調停」、すなわち時間、場所、資格などにこだわらず紛争当事者が、「自らの紛争解決に資すると思う人物」にその作

---

16 調停を主宰する役割者について、裁判所では「調停委員」、その他の機関においては「調停人」ADR法などでは「手続き実施者」と呼んでいるが、本書では各々に関わる記述を除いて「調停者」と表記する。
17 梶村太市『新版　離婚調停ガイドブック―当事者のニーズに応える』（日本加除出版、2003年）43―46ページ。

業を任せ、相手方にもその形での解決を「是」とした場合、いわば「アドホック仲裁」のごとく当事者が自らの判断で解決のための場を設定するという意味での「私的な調停」の可能性について考察しようとするものである。

民間裁判外紛争解決制度（ADR）の実証的考察

目次

推薦の言葉　福井康太　i
本書の意義　仁木恒夫　vi

はじめに　1

第1章　わが国のADR ———————————————— 13
　「司法型ADR」　15
　「行政型ADR」　24
　「民間型ADR」　27

第2章　民間型ADRの現状 ———————————————— 43
　民間型ADRの趣旨と実効性　62
　法務大臣認証民間ADR事業者　67
　民間ADR事業者の実務　69
　法務大臣認証ADR事業者の課題（行政書士ADRセンター兵庫」を例として）　76

第3章　ADRにおける治療的側面と寛解 ———————————————— 93

第4章　事例研究 ———————————————— 111
　事例①「いずれが原因か」（ペットの障害と責任の所在をめぐる紛争）　113
　事例②「ない袖ははふれないという債務者」（返済能力に関わる紛争）　131
　事例③「マンションのクラックにまつわる紛争の事例」（法に頼らない紛争の
　　　　フォーカスと当事者の納得）　138
　事例④「当事者にしか見えないもの」（理解しがたい理由による離婚紛争）　142
　事例⑤「近隣関係とプライバシー」（ライフスタイルに関する紛争）　161
　事例⑥「住民のジレンマ」（店舗開設による環境変化に関する紛争）　171
　事例⑦「神社の太鼓」（環境適合に関する紛争）　180
　事例⑧「居酒屋への不満」（当事者の紛争解決能力）　199

第5章　事例にみるADRの核 ———————————————— 205

第6章　司法の限界を考える ———————————————— 213

第 7 章　むすびにかえて ──────── 219

参考文献　236
おわりに　246
索　引　251

第 1 章　わが国の ADR

　現在、裁判所はじめ行政機関での ADR ともに、新たな形として ADR 法に基づく各種民間 ADR 事業者による手続きは、法が求めるとおり利用者および手続きそのものが弁護士と容易にアクセスできる他、法的齟齬が生じないようにするシステムを取っているが、ほとんどは当事者と手続き者とのコミュニケーションに依存している。

　アメリカにおける ADR と異なり、そのコミュニケーションが自己主張を積極的に期待できるものではないということから、自立を促す、すなわち「自主交渉援助型」という調停者と当事者双方が一緒になって、紛争で壊れた関係の修復を目指すことによって促進されるものだとすれば、これまでのわが国の調停が、法を基準とするものであって、そもそも解決の基準が当事者自身の自立的な解決を志向するものでないということから、改めて ADR に対する意識の土壌について検証する必要がある。

　我々に日本人とって「ADR」という言葉は新しい。
「Alternative Dispute Resolution」の略であり、「代替的紛争解決」または「裁判外紛争解決手続き」と訳しているが、裁判所の調停をのぞけばわが国ではまだまだなじみのない言葉である。

　ADR は、強制力を伴う裁判と異なり、当事者自身が大きな役割を担うという点において、ソフトな紛争解決の手法として広く一般社会に意義を認められている[18]。

　また、自己と紛争との関わりや解決の志向により、紛争そのものを手っ取り早く消滅させたいという欲求からくるもので、自ら紛争を昇華させる行為

18　石川前掲書 3―5 ページ。

である。言い換えれば、自らの意識に対する戦いであると同時に葛藤の物語ともいえる。

　元来、個人が持つ価値観は、その生い立ち、人生の過程において得られた人生の歴史、そこから生まれる「個」としての人生観であり、理想との葛藤である。そのような前提のもとで「個」としての価値観の衝突が紛争の本質であり、これを昇華するためには紛争当事者としての自己認識と紛争の相手方における「人としての歴史」を共有することに他ならない。つまり紛争の本質はどこまでも他者と自己に対する人間理解に他ならず、紛争は当事者の人生観、これまで歩んできた個々の人生の検証と理解に他ならない。つまり、紛争当事者それぞれの歩んできた人生の過程とそこから得た人生観の衝突というべきものである。ならば、この差異をいかにして均衡化し、埋めるかということが紛争の解決につながるものであり、ADRにおける調停者に求められる才能、技量は紛争当事者における谷間を、双方の理解という土によって埋めていき、平坦化することが唯一にして最大の責務であるといえる。[19]

　このことを念頭に、わが国の従来から行われてきたADRと新たな取り組みとしての民間型ADRの三つの類型を俯瞰しておく。

19　K・M・スキャンロン（東京地方裁判所ADR実務研究会訳）『メディエイターズ・デスクブック調停者への道』（三協法規出版、2003年）、113—120ページ。

「司法型 ADR」

　司法型 ADR[20]は、言うまでもなく民事調停、家事調停を中心に裁判所で実施される手続きであって、そこには当然に裁判官の関与がある。ただし、実際の当事者間の話し合いを促進させるのは調停委員らであり、彼らは必ずしも法律家ではない。地元の名望家であったり、行政の管理職 OB であったり、その構成は多彩である。その調停委員らが裁判官と相談しながら、妥当な解決策を模索するものである。

　わが国においては、時代の変化とともにその主宰や機構、手続きはその都度異なるものの、権力による裁定ではなく当事者の主張を重要な解決要素と捉えるものは古来よりあった。現在に続くものは 1922 年 10 月 1 日の借地借家調停法に基づく借地借家調停を起点とするもので、人口密集地である都市部における不動産に関わる紛争の解決を図り、効率的で迅速な解決手段として社会に広がっていった。

　その後、農地など小作調停や金銭に関わるもの、家庭や家族に関わる調停などが加わり、戦後、家事調停、民事調停の制度が設けられるとともに[21] 2000 年には債務に苦しむ者が増加したことから、これをすぐさま裁判で決することなく債務者が再スタートできるようにと特定調停制度も設けられ、これら 3 本柱の調停制度を担う全国の簡易裁判所、家庭裁判所において裁判官とともに 2 名以上の民間から選ばれた調停委員が法的な観点から当事者の納得を得たうえでの紛争解決を図るものを一つの類型として「司法型 ADR」と呼んでいる。[22]

20　司法型 ADR については山本和彦・山田文『ADR 仲裁法　第 2 版』（日本評論社、2015 年）、荒井里佳「ADR　過渡期における民事調停の活用―調停における弁護士の役割―」（石田慎一郎編『オルタナティブ・ジャスティス』大阪大学出版会、2011 年）188―199 ページも参照。

21　萩原金美「民事・家事調停の現状と課題」（小島武司編『ADR の実際と理論 I』中央大学出版部、2003 年）81―90 ページ。調停法の歴史については、小山昇『民事調停法　新版』（有斐閣、1977 年）3―47 ページ。

22　司法型 ADR について、本研究とは異なる ADR の体系的地位、他の多元的な救

◎民事調停

　民事調停[23]は、家事事件、刑事事件以外のすべての紛争を取り扱い、例えば損害賠償、地代家賃、代金、借金、日照、騒音、悪臭、セクハラ、パワハラ、境界、知的財産、不倫、ペットなどに関わる問題を扱うもので、まさしくあらゆる一般社会で起こる雑多なトラブルを対象としており、年々そのニーズは膨張している。

◎家事調停

　家事調停は、夫婦・親子・親族に関わる紛争を取り扱い、離婚や相続親権[24]など、いわば個々の家庭内の深部の紛争である。家族親族であるために、相互理解や互譲などでまったくの他人同士が当事者である場合とは違った感情的対立がかえって多く[25]、それゆえ、根気よく当事者に対して法的な考え方も示唆しながら双方の受け入れられる解決策を模索することは極めて難しい作業ながら、これまで社会において広く認知され利用されてきた。

　また、近年、家族や親族の形が、旧来のものと異なり民法の規定した家制度を中心とした思想は跡形もなくなり、それだけに対立した場合の力関係が拮抗し、年々、調停への期待とともにそれをなしうるシステム、すなわち人材予算などの資源に対するより強力な構築が望まれてきた。

◎特定調停

　特定調停[26]は、高度経済成長期の翳りが見え始めた1970年前後から経済の低

　　済ルートとの役割分担などの動的交渉の面から検討するものとして、梶村太市「司法型ADRの課題と展望」（伊藤眞他編『民事司法の法理と政策』下巻、商事法務、2008年、355―401ページ）がある。

23　舟木信光「民事調停手続きの構造と問題点」（日本法律家協会編『民事調停の研究』東京布井出版、1991年）5―155ページ。

24　多田周弘『離婚調停の奥義』（悠々社、2003年）88―154ページ。佐竹洋人『夫婦の紛争』（朱鷺書房、1995年）165―190ページ。

25　佐竹洋人・中井久夫編『「意地」の心理』（創元社、1987年）138―197ページ。

26　安西明子「特定調停手続きの倒産処理機能」（河野正憲・中島弘雅編『倒産法大系―倒産法と市民保護の法理』弘文堂、2001年）338―354ページ。また、菅野雅之「倒産

迷による収入の低下によって住宅ローンや生活資金の不足を補うための俗にいうサラ金などの消費者金融に対する債務の多重化、「借金のための借金」を繰り返すなかで違法な金利などで借主を追い込む業者が増加し、その結果、多重債務の苦しみから逃れるために自殺する者があとを絶たず社会問題化したことが契機となった。サラ金、クレジットなどの多重債務返済に関わる紛争解決に民事調停のなかから特化した「特定調停制度」が設けられ、債務者の生活状況や返済能力などを勘案しつつ、利息制限法などに照らして適正な債務額を確定するとともに債権者に対してその返済計画を受け入れられるものになるよう調整していくものである。

　これら裁判所が関与する三つの調停は、いわゆる「司法型ADR」として扱われ、国民が裁判をしないで、あるいは裁判になる前に選択できる身近な解決手段であり、その紛争解決には裁判官も関与することから法的判断を伴う信頼性の高いものと捉えられている。
　裁判官はもちろん、関与する調停委員は弁護士や各種専門家や地元で活躍した有識者などが最高裁判所から任命を受けて活動していることに加え、その利用については申し立て手数料など、きわめて安価で使いやすい手続きである。つまり、「司法型ADR」は裁判所という権威、司法としての信頼性、調停委員の資格、そして手数料の安さなどが利用につながっているものと考えられる。
　いうまでもなく、これら調停は、非公開の場で実施されるものであり、関与者に重く課された守秘義務に裏打ちされた守秘への信頼性と、合意についての執行力の付与には大きな裏付けとなっている。それだけに、そこで得られる合意は、法の範囲に留まるものである。これら司法型ADRすなわち裁判所で行われる調停において、手続き実施者としての「調停委員」の役割に

　　ADRのあり方　特定調停手続きの問題」（高木新二郎・伊藤眞編『講座倒産の法システム第3巻　再建型倒産処理手続』日本評論社、2006年）3—27ページ。
　27　Rubinson, Robert, "Client Counseling, Mediation, and Alternative Narratives of Dispute Resolution," *Clinical Law Review*, Vol.10, NO.2, 2004, pp.858-861.

ついて石川明[28]がくわしく論じているが、実務においてどのような志向や配慮がそこに存するのか興味深いものがある。

　石川によれば調停委員の役割として、「紛争に対する理解」「当事者及び関係人からの事実関係の聴取」「事実調査と現地調停」「当事者の提示する調停案の調整」「調停案の作成と説得」という五つの側面からとらえられる。以下で、少しくわしく見ていこう。
（１）「紛争に対する理解」
　紛争に対する理解において、調停機関が仲介斡旋して当事者間の法的紛争を互譲により、条理にかない実情に即した合意を成立させるためには、調停委員が紛争の実態を正確に把握しなければならず、加えて事件の実態把握のために当事者の協力を得ることが必要としている。紛争の実態把握のために両当事者が感情的になって冷静な主張、立証がなされない恐れがあるので、当事者本人に調停と訴訟の相違、調停の目的などを十分説明、理解をさせて攻防を尽くせる環境作りが重要だとしている。

（２）「当事者及び関係人からの事実関係の聴取」
　調停機関として当事者双方から事情を聴取することの規定はないものの、申立人の申立書に基づいて、一通りの陳述をさせておいて、相手方のこれに対する答弁、相手方の事情、解決方針を陳述させる順序であるが、双方の主張、答弁が一致する場合は、そこから調停を進め相違がある場合、事実調査、証拠調べが必要としている。
　また、事実関係の聴取において、当事者が「対席」（原文のまま）のまま行ったとき、陳述に相違があった場合、すぐさま両当事者に確認できる利点もあるが、双方の感情が高ぶっている場合や、一方または双方とも十分発言ができない状態にあると判断した場合は、適宜、一方の当事者を退席させる。その場合、残った当事者の陳述内容を差し支えのないかぎり退席した当事者に伝え、それに対する意見を聞くようにする。そして事実関係の聴取は両当

28　石川明『民事調停と訴訟上の和解』（一粒社、1979年）68—74ページ。

事者の必要な主張を十分に聴取するとともに、無用の主張があった場合には、なぜその主張が紛争の解決にむけて無用なのかを当事者に納得させる必要があり、そのことによって当事者の信頼を繋ぎとめることが大切としている。

　ここで主張されている同席（対席）調停と相互（交互）調停については、従来から行われているところの「調停における伝統的考え方」が石川明の主張した1979年当時のスタンダードな手法であったといえるだろう。この主張は、同席調停のメリット、デメリットを論ずるうえで必ず出てくるものであり、これを否定しうる決定的な主張は見当たらない。

　また、この場合、相互（交互）調停における一方当事者の主張の取り扱い、すなわち相手方にどこまでそれを伝えるのか、主張した当事者の心情や論理をどこまで調停委員は変容させずに相手方に伝えられるのか、そしてそれに対する相手方当事者の意見と取り扱いをどうするのかという問題がある。

　例えば、誤った理解による反論が紛争をかえって複雑かつ感情的なものに悪化させる危険性は、調停委員の資質や理解力によって増大していく可能性が高いと考えなくてはならない。あわせて、無用な主張について、なぜそれが紛争解決にとって無用かを納得させなければならないとしているが、無用な主張と判断することは至難の業である。逆に、そこに秘された紛争の核が

29　自主交渉援助型（交渉促進型）調停では情報提供が問題となる。情報には当事者の判断に直接影響を及ぼす直接情報、そして客観的事実としての情報などの取り扱いには慎重にならなければならない。

30　多田周弘『離婚調停の奥義』（悠々社、2003年、20―21ページ）によれば、「同席調停には、感情的な発言で当事者が喧嘩を始めるなどのリスクを伴います。そこで調停委員の力量が要求されます。同席調停の成功率が高いのは、同席調停を実施できる調停委員に力量がある場合が多いからだと思います。ただし、いくら力量のある調停委員でも、同席調停を避けたほうがいいケースもあります。ことに別居中の夫婦で、暴力が予想されるようなケースでは、安全性が確認できる段階まで同席調停は避けるべきです。／そもそも、一方の当事者のいうことを正確に他方に伝えるのは、かなり難しいことです。ことに事実関係ではなくお互いの主張や事実の評価を伝える場合は、話す側と受け取る側の主観的差異がありますから、誤解を生みやすいことは否めません。それに夫婦の間では、他人には理解できない表現でも伝わることがあり得ます。したがって、ケースごとに同席か別席かを決め、また、同じケース内である時は同席、ある時は別席と場面により使い分けるべきでしょう」とされている。

あることも多く、そこまで調停委員が主体的に紛争の構造を規定してよいものかの疑問は残るだろう。ましてや、当事者の主張について無用の理由を納得させることそのものが極めて公正さに疑念を抱かせ、片務的判断であると信頼を失うことの懸念が大きいと考えられるが、この手法については調停委員間において議論され始めていると仄聞するものの大きく変わっているとは言い難い。

（3）「事実調査と現地調停」

裁判所で行われる調停においては、その紛争解決の鍵として事実調査に重きを置いている。それは民事調停規定法及び民事調停規則などを根拠として、調停機関は事実の調査および関係人の意見聴取を他の地方裁判所、または簡易裁判所に嘱託できるとするほか、調停委員会は、調停主任または調停委員に事実調査を、そして必要に応じて当該調停委員会を組織していない調停委員の専門的知識に基づく意見聴取ができる。[31]

また、調停機関は、調停期日の前後に必要な調査を官庁、公署その他適当であると認める者に書面、または口頭で照会し、その報告をするよう嘱託できるとされている。

このように裁判所の権能に基づく、いわば紛争当事者を取り巻く環境について、必要な調査を調停機関そのものが主体的に行い、紛争解決に資する材料を探索することは、正しく司法の枠組みとして調停を進める特徴といえる。

（4）「当事者の提示する調停案の調整」

石川明によれば「当事者から事実関係の聴取をなし、必要な場合には事実調査と証拠調べをなし、その結果、事実関係を正確に把握した後に調停機関はいかなる内容の合意をなすことが条理に適い実情に即した合意的な紛争解決になるかという点を考慮しつつ、紛争解決の基本方針とそれを具体化するための方法と順序について調停機関の構成員の間で十分な討議を経て決定しておく必要がある。それらの事項について調停機関の各構成員の間で見解の

---

[31] 平柳一夫『遺産分割の調停読本』（信山社、1997年）63—74ページ。

相違があると、当事者そしてその去就に迷いを生ぜしめ、且つ調停機関の合意の斡旋も説得力を欠き失敗に終わる危険がある[32]」と指摘する。

そして、「調停の基本方針の決定にあたっては調停が準司法制度である点に鑑み、訴訟事件としての解決をまず想定して、それを調停の理念に従って修正するという方法を取るのが良いと思われる」と述べている。もちろん、すべての調停機関の構成員がこの考え方をしているとは言えないものの、おおむね現在に至るまで、裁判所における調停においては、この考え方が浸透していると考えられる。

ここで、注目すべきは、調停成功の要素に「条理」を据えていること。また明確に調停が「準司法」であると認識していることであり、法や秩序の範囲内での解決は、何らかの事情で裁判での解決ではなく、調停という一段柔らかいシステムのなかで、紛争の中身を調停機関を通して、裁判所の意向や考え方を知ることを目的とした利用も十分あるはずで、その意味で司法型ADRは、裁判に向けてのリハーサルとしての性格を利用者は見出すものと言える。

「調停のプロセスにおいて調停の方針が定まれば、それに沿って調停条項を作成するについては調停案を調停機関が当事者かケースバイケースとしながらも、代理人弁護士の参加がある場合、彼らに調停案の提示を促すのが良い」とし、その理由として「初めから調停機関の調停案を全面的に提示してしまうと、それがいずれか一方の当事者の案と著しくかけ離れている場合、調停機関に対する当該当事者の信頼を失い説得や斡旋に失敗することが多いようである。さらには、その後の事実認定が修正されたような場合、当初提示した調停案を修正せざるをえなくなり、この点でも調停機関の権威を失墜することになりかねない[33]」としている。

まさに、司法型ADRの基本構成はここにあって、裁判所という後ろ盾のもとにある調停機関や構成員が裁判所の権威のもとに紛争解決を目指すので、当事者の持つ紛争解決の指向を法律の範囲を一歩も超えるものではない点は

---

32 石川前掲書72—73ページ。
33 石川前掲書73—74ページ。

明白である。

　しかしながら後述するように、民間型 ADR における自由で柔軟な ADR の運用よりも利用者が圧倒的に多いのは、他にいくつかの要因があるものの、利用者自身が、より理解しやすく司法の枠組みのなかでの自らの紛争に至る原因を、第三者を通して自覚し、損得が考えやすいという点にあるのではないだろうか。

（5）「調停案の作成と説得」

　石川明は「調停案は両当事者の主張を調整しつつ作成されるが、特に既判力否定説の立場を取れば紛争を蒸し返されないために、それは両当事者の真の納得を得たものでなければならない。

　調停機関は作成された調停案がなぜ妥当性を有するかを、資料を示して両当事者に納得してもらう必要がある。弁護士たる代理人が付いていない場合には、調停機関が直接両当事者を説得しなければならない。これに反して弁護士たる代理人がいる場合には、弁護士が右の説得において果たすべき役割が大きいことに注目すべきである」[34]としている。

　司法型 ADR においては、紛争解決の調停案が調停機関であれ弁護士たる代理人であれ、法的知識に乏しい当事者が置き去りにされ、それを説得という形で納得させる手法は、当然求められるものとしており[35]、複数の調停委員

34　石川前掲書74ページ。
35　たとえば、梶村太市『新版　離婚調停ガイドブック—当事者のニーズに応える』（日本加除出版、2003年、100—101ページ）では、「離婚調停事件において、離婚の附帯事項について調停機関の評議の結果、調停案（解決案）が出来上がりますと、これに基づいて当事者の説得にかかります。／調停案を両当事者に明示的暗示的に提示し、その受諾を促して、その解決案にそった合意が形成されるようにあっせんするわけです。これを説得という場合が多いのですが、説得という言葉には権威的な響きがあって、これを嫌う向きもあるようです。／しかし『友情ある説得』という言葉もあるくらいですから、そんなにこの言葉に神経質になる必要はないと思います。もっとも、友情ある説得といっても、家庭裁判所における司法機関としての調停委員会における説得である以上、単なる友情ではなく、そこにある種の権威は必要であり、法律的に見ても妥当性を帯びたものでなければなりません。もとより、それは法律といっても実定法の規定そのままではなく、前述した調停規範にのっとって妥当な

を通じて、調停実務の流れについてもおよそ、石川明の指摘するとおりのものが墨守されている。

とりわけこの説得作業が一番骨が折れ、同時に調停委員の腕の見せどころともいう意見がほとんどであることからも、司法型ADRの特徴的思想はここにあると考えられる。以上のように司法型ADRを俯瞰すると、裁判所での調停を基準にしたときに、石川明の指摘が現在の調停においても大きな意義を持ち続けてはいるなかで、「同席調停」の論議や民間型ADRのコンセプトに影響されるなどして、より当事者の視点に立った、いわば調停者が紛争当事者と適当な距離を保ちつつ、両当事者の対話と相互理解を紛争に対する自らの気づきのきっかけを作る手助けをするという考え方の流れも、緩慢な流れではあるものの少しずつ裁判官、調停委員はじめ関係者においても認識されつつあるのは確かである。

もっとも、司法型ADR(家事調停を例として)における「説得」が規範性を求められる以上、その流れの喫水線は極めて低いといわざるをえない。

　　内容のものであるということですが、とにかく養育費や財産分与額などが決まれば、その調停条項は執行力を有して債務名義となり直ちに強制執行が可能となるものですから、それなりに規範性が要請されることになります」とされている。調停における説得の工夫の難しさをうかがわせる。
36　今井芳昭『依頼と説得の心理学——人は他者にどう影響を与えるか——』(サイエンス社、2006年) 139—141頁。
　　「受け手を説得する場合は論拠を含む説得メッセージを受け手に提示し、何とか受け手の考え(態度)を変え、さらには、行動も変えていくことが目指されています」と今井は定義しているが、司法型ADRの「説得」の場合、その背後には裁判所があり法律としての判断基準があるという暗黙の了解がある以上、当事者に向けて発せられる調停委員や裁判官の発言には、論拠の正当性とともに一定の心理的圧力がかかることは避けられない。そこには、当事者からの反発も予想され、骨の折れる作業になることが容易に想像できる。

「行政型ADR」

　二つ目の類型として「行政型ADR」[37]は、その名のとおり主として「行政機関」が主宰するADRであって、労働争議、公害問題、著作権、人権、消費者問題、建設工事請負などの調整を斡旋、調停、仲裁などにより解決しようとするものが代表的である。

◎労働問題に関するものについては
- 裁判所における労働審判官と労働審判員による労働審判委員会による調査審判。
- 労働委員会（中央労働委員会、都道府県労働委員会）において公益委員、労働者使用者委員による不当労働行為事件の審査、労働争議の斡旋、調停、仲裁。
- 都道府県労働局における都道府県労働局長による個別労働紛争の防止や自主的な解決に向けた情報提供や相談業務をはじめ個別の労働紛争に関する助言、指導や男女雇用機会均等法第16条に規定する紛争に関わる指導や勧告などを取り扱い、同様に都道府県労働局の紛争調整委員会においても、それぞれ調停委員により行われているものである。

◎公害に関するものについては
　総務省所管の公害等調整委員会において内閣総理大臣によって任命された委員長および委員6名によって、重大事件、広域事件、県際事件となる公害紛争の斡旋、仲裁および裁定を行っている。また、都道府県公害審査会を設定している都道府県においては、都道府県知事の任命した委員らが、その他の事件についての斡旋、調停仲裁を行っている。

37　山本・山田前掲書119—145ページ。

◎著作権に関する紛争については
　事件ごとに文化庁長官が委嘱する斡旋委員らがこれらの紛争の斡旋を行っている。

◎人権侵害事案については
　法務省や地方法務局の担当職員や人権擁護委員、人権調整専門員が全般的な相談、勧告、斡旋を実施している。

◎消費者問題については
　昨今の社会情勢のなか、とりわけ利用の増加が著しいものである。消費者からの苦情や申し出のあった被害のなかでも、社会的影響の強いものなどについては、独立行政法人たる国民生活センターや、自治体が消費者苦情処理委員会、消費生活センターなどの名称で設置している場合もこれらの処理にあたっている。[38]

◎建設工事請負に関する紛争については
　国土交通省所管の中央建設工事紛争審査会や各都道府県建設工事紛争審査会において、各々国土交通大臣、都道府県知事そして特別委員、調停委員などが建設工事の請負契約に関する紛争について、それぞれ所管によって斡旋、調停、仲裁を行っており、これら「行政型ADR」と呼ばれるADRは、各々の紛争に関わる監督官庁がその特化した紛争に対する専門的知見を活用した解決を図るという趣旨のもと、それぞれに活用されている。

38　大橋真由美「行政とADR」(『仲裁とADR』Vol. 6、仲裁ADR法学会、110ページ)。
　「①行政と私人との紛争におけるADR利用の諾否につき、抗告訴訟における裁判上の和をめぐる論点を中心に概観したうえで、②行政と私人との紛争におけるADR利用をめぐるその他の論点をとりあげ、③最近見られるようになった、行政と私人との紛争を民間機関がADRを通じて解決しようとする試みについて検討する」として、行政仲裁センターの活動を取り上げており、行政型ADRといえども、民間とのボーダレスな運用も視野に入っており、今後その取り組みは活発になるだろう。

ちなみに、労働争議における斡旋、調停、仲裁などによる調整は当事者からの申請によるが、斡旋については労使いずれか側からも申請ができることから利用しやすいものと言われている。仲裁については、仲裁法によるものであって、仲裁裁定は労働協定と同一効力とされている。もちろん行政が関わるものとはいえ、あくまで両当事者に対して解決案を提示するなども行いつつ、双方が納得しての解決を目指すものである。
　いずれにしても、「行政型ADR」は多くの紛争類型に対する行政機関による専門性の高いADRというものである。

「民間型 ADR」

　民間型 ADR が、にわかに注目されたのは 2001 年 6 月の司法制度改革審議会意見書において掲げられた「司法制度改革の三つの柱」であり、「国民の期待に応えられる司法制度」、「司法制度を支える法曹の在り方」、「国民的基盤の確立」における「ADR に関する関係機関の連携強化」、「ADR に関する共通的な制度基盤の整備」を起点として「裁判外紛争解決手続きの利用の促進に関する法律」（平成 16 年法律第 15 号）すなわち「ADR 法」ができたことによるものである。

　これは司法制度の資源の最大限の活用を図るとともに従来からある調停制度をより広範かつ柔軟にするためにも、時間や費用のかかる裁判ではなく、民間による ADR を積極的に活用することで、国としての負担軽減を図ることができ、かつ、国民により多い選択肢を与えることができるとの認識に基づくものである。

　もちろん、裁判所や行政の関与する調停においても、当事者の自由で選択可能な解決策の模索が可能と言いつつも、そこには法による評価を含めた一定の権威があることはこれまで見てきた。例えば、弁護士会などによる ADR[39] などは、それに準ずる法的評価の加わった話し合いであり、その結果としての合意であるという固定概念もあって、その利用に不安は少ないが、法律家以外がこれを実施する場合、利用者にしてみれば、弁護士法の規制により法的評価がまったく行われない調停にどれだけの期待が持てるのだろうかという懸念が生じる。そうした点を払拭するため、民間型 ADR においては弁護士とのアクセスを義務化したことで、民間型 ADR そのものもおのずと司法型 ADR 同様、柔軟性が法基準に拘泥されることを意味する。それにより、司法型 ADR と差異はないものとなり、どこまでも、当事者の話し合いによる理解と互譲によって解決されるものであるという考え方は、理想と

---

[39] 概要については、日本弁護士連合会 ADR センター編『紛争解決手段としての ADR』（弘文堂、2010 年）。

しての形であり、最終的に当事者は、法基準の枠組みのなかでの妥協の受け入れとなってしまうことになる。

「司法型 ADR」「行政型 ADR」「民間型 ADR」のいずれを見ても、まったく法的基準を使用することなく話を進めていくということは困難であると考えるならば、民間型 ADR は、窓口を増やしただけということに他ならない。

しかしながら、当事者双方が、紛争解決を他者に依存するのではなく、自分自身で解決の糸口を発見するための補助として ADR を利用するのならば、これまでとはまったく違ったものとなる。

紛争当事者には、効果的に、かつ正確に、他者と自らの立場や信頼とともに相手の利益の正当性も認識しつつ、自己のみならず他者の幸福にも繋げようとする傾向がある反面、競合によって「勝つ―失う」状況が生じ、他人を犠牲にして優位性を得ることを目的に誤解を招くような情報を伝達したり、他の人の位置や動機を誤解し、敵対的で他人の目標や感情の正当性を否定する傾向もある[40]。

このことに焦点を当てて、当事者自身が自らに問いかけると同時に相手方と正当なコミュニケーションを通じて紛争にまつわる否定的要素を可能なかぎり消去していく手続きとしての ADR[41] が形作られている。とりわけ、従来であれば、調停の最終段階で当事者双方が対面して話し合う「同席調停[42]」の手法をより積極的には取り入れて成果をあげてきたアメリカでの状況[43]やその効果などが、レビン小林久子などによって紹介されて[44]理解が深まり、裁判官

40　Deutsch, M., *The Resolution of Conflict: Constructive and Destructive Processes,* Yale University Press, 1977.
41　野沢聡子『問題解決の交渉学』（PHP 研究所、2004 年）24―38ページ。
42　井上治典・佐藤彰一編『現代調停の技法―司法の未来』（判例タイムズ社、1999 年）
43　たとえば、Dinkin, Steven & Filner, Barbara & Maxwell, Lisa, *The Exchange A Bold and Proven Approach to Resolving Workplace Conflict,* Productivity Press, 2011, p.117.
　　National Conflict Resolution Center (NCRC) は、Problem-Solving（問題解決型）、Facilitative（対話型調停）の流れをくむ The Exchange を軸に紛争解決を図っているが、The Exchange を職場における紛争解決の手法と位置付けているとともに、アメリカにおける民間 ADR 機関の象徴的なものである。
44　レビン小林久子『ブルックリンの調停者』（信山社、2002 年）

であった井垣康弘や稲葉一人などが積極的に支持するなど、この「同席調停」を含む当事者自身の紛争に対する「自己治癒力」に軸足をおいたものであるならば、また、違った価値を持つものとなるはずである。

　これまで注目されていなかった当事者中心主義という観点から、多大な影響を及ぼし、調停の新たな姿を示唆してきたレビン小林久子の調停手続きモデル[45]を確認したうえで、改めて民間型 ADR を検討する。

　レビン小林久子は、調停のあり方として、紛争当事者が自己の紛争について独善的な思い込みや主張だけに終始するのではなく、調停者を含め紛争相手方とも席を同じくする、いわゆる「同席調停」の重要性を主張するとともに、そこで生ずる紛争当事者の紛争に対する思いや過去の記憶、将来への不安など、様々に交錯する自己の感情を紛争相手方との対話を通じて変容させることが可能であり、また、それを後押しする。

　介助者としての調停者の存在[46]を主張するもので、「同席調停」への強い信

45　レビン小林久子『調停者ハンドブック—調停の理念と技法』（信山社、1998 年）、波多野二三彦『リーガルカウンセリング　面接・交渉・見立ての臨床』（信山社、2004 年）67—73ページなど。

46　クリストファー・W・ムーア（レビン小林久子訳・編）『調停のプロセス　紛争解決に向けた実践的戦略』（日本加除出版、2008 年）419—420ページ。
　「1989 年、『紛争解決専門家協会』（APIDR）の資格委員会は、介入者に求められる一般的な技量と、調停人に特に求められる技量を定めた報告書を作成した」として、次の条件を挙げている。
・中立者としてふさわしい行動に必要なスキル群。
・現在利用されている紛争解決プロセスの知識。
・必要なら、案件をより適切なプロセスに付託するため、利用可能な紛争解決プロセスについて十分な知識を有すること。
・紛争の発生と解決の制度的流れを知っていること。
・調停で合意に達しなかった場合、解決のために用いられる司法的、行政的な採決や仲裁についての知識。
・当事者の法的権利と救済が伴う案件で、それが裁判や他の法的な場に持ち込まれると適用される法基準についての知識。
・倫理基準を順守すること。
を紹介しているが、現在の民間型 ADR において認識されている調停者としてのクオリティを規定するものとして援用されることが多い。

頼と期待を込めている[47]。

　もともと、「同席調停」は、社会の法化現象の対応策として、略式陪審審理（サマリージュリートライアル）・ミニトライアル（プライベートジャッジ）・オンブズマン・ファクトファインディング・早期中立評価（アーリー・ニュートラル・エバリュエーション）などに替わって調停や交渉が注目を浴びることとなったものである。

　これらは1990年半ばまでは、どちらかというとマイナーな存在であったが、裁判などが普遍性を求めすぎ、儀式化、規格化してしまったという批判、また、時代が不確実性の高い時代になっていく過程で、「白黒をつけられない争い」が増加したためともいわれている。そこで、"Problem Solving Mediation" すなわち問題解決型調停と呼ばれる対話促進型調停として理解され受け入れられていった。

　このスタイルは、非指示性・当事者の尊重・当事者の自発性と任意性・非公開性・非評価性などの特徴を持つものであり、1991年にフィラデルフィアで設立された "Community Mediation Center" が大きな萌芽となったが、Mary Parker Follett、Morton Deutsch, Bush, R. A. B. らの理論に大きく影響を受けたものであり、交換・統合理論、トランスフォーマティブ理論、ナラティブ理論[48]が援用される。

　これらを養分として発展した調停スタイルは、
・当事者の変化を生む
・先入観が揺らぐ
・状況の理解や認識が柔軟になる
・バランスのとれた判断ができる
・新たな決定が生まれる
として広がっていった。

47　渡辺三枝子『カウンセリング心理学　変動する社会とカウンセラー』（ナカニシヤ出版、1996年）87―114頁。

48　Winslade, John & Monk, Gerald D., *Practicing Narrative Mediation, Loosening the Grip of Conflict*, Jossey-Bass, 2008, PP.84-87.

ここで明確にしなければならないのは、このようにレビン小林久子によって影響を受けた、わが国における新たなADRの潮流が、「当事者の意識の変容を促すための支援であり、その変容は当事者自身の心的変化であり、決して他者からの指示や価値観によるものではない」ということである。
　だからこそ、これまでの司法型ADRの行ってきた法を基準とする紛争解決手段とは根本的に違うものであると考えなければならない。
　ところが、このアメリカで行われてきたADRが、法律家以外の調停者が活躍しているということに注目して、民間ADR事業者の多くが参考としている[49]。だとすれば、いわゆる司法型ADR・行政型ADRとは、その手法も、プロセスの効果もまったく異なるものと考えなければならないはずである。そのうえで、レビン小林久子の「自主交渉援助型」調停手続きを確認するとともに、司法型ADRである民事調停手続きと比較することによって、そのプロセスの違いを検討する。

「自主交渉援助型」調停手続き
　いわゆる「自主交渉援助型」調停手続きをレビン小林久子の解説によって確認すると、以下の順序に従うとしている[50]。

　　はじめの言葉
　　状況の把握
　　方向付け
　　統合
　　ブレーンストーミング

---

[49] 非法曹によるADRは弁護士法による制限があることから、一定のモデルを取らざるをえない。
[50] レビン小林久子『解説・同席調停』（日本加除出版、2011年）35—71ページ。
　　K・M・スキャンロン（東京地裁ADR実務研究会訳）『メディエイターズ・デスクブック―調停者への道』（三協法規出版、2003年）57—126ページ。
　　鈴木有香（八代京子監修）『交渉とミディエーション　協調的問題解決のためのコミュニケーション』（三修社、2004年）174—205ページ。

コーカス
合意の確認
和解の障害物

「はじめの言葉[51]」は、紛争当事者と調停者の共同作業としての調停の舞台作りである。これまで紛争に悩んできた、あるいは怒りや憤りに苛まれていた二つの極度に加熱された物質を調停者が入ることによってその温度を下げつつ、融合しうるために大きな意味合いをもつものであり、このステージをおろそかにすれば、その後の流れに悪い影響を与える可能性を指摘している。

そもそも、当事者双方においては、紛争に対する理解はもちろん、調停に対する信頼や期待、不安も異なり、いきなり話し合いを始めるということは、これらに対して何の心の準備もなく、紛争のまっただなかに放り込まれるようなものである。当事者が、調停者や当事者の人定についてや、調停の目的や利点、話し合いの方法、調停手続きの流れなどをわかりやすく調停者から説明され、理解することによって、自らの紛争が公正で穏やかな環境で解決しうるような舞台であり、システムであることを確認できなければならない。

また、調停での秘密はしっかりと守られるもので、そのことが後日不利な状態を作り出さないことも付け加えられるとし、手続きに関わる費用など当事者として負担すべきものについても事前に説明することによって、当事者

51　ムーア前掲書190ページ。
　　初めの挨拶には、通常、以下に挙げる11の事柄が含まれる。
・調停人の自己紹介。適切なら当事者の紹介も。
・実際的問題や関係性の問題に協働で取り組もうとする姿勢を賞賛する。
・調停と調停人の役割の定義。
・平性と中立性の言明（適切なら）。
・調停手続きの進行に関する説明。
・コーカスの説明。
・守秘義務範囲の定義（適切な場合）。
・話し合いの実施方法、計画と予定、所要時間についての説明。
・行動ガイドラインや基本的規則の提案。
・当事者の抱いた疑問に対する回答。
・開始することに対する双方のコミットメント（決意）の確認。

が抱く調停手続きそのものに対する懸念や不安あるいは疑問を抱くことのない配慮が求められる。こうして、調停のファーストステップとしての「信頼に足る紛争解決の場である」という認識を共有する大切な機会であると捉えている。同時にこのときから調停者は当事者の立ち居振る舞いなどしっかりと観察し、そこから始まる調停手続きに資する情報収集の機会としなければならないとしている。一方で、調停者自身も逆に当事者から観察され、自らの紛争解決に関与するに相応しいかどうかを見られているということも意識すべきとしている。

このことは、調停のみならず、人が他者と出会うときに与える印象が極めて重要であり、外見のみならず、態度、言葉遣いをはじめ、場の存在意義など一つの共同作業の構成員同士であることを全員が共有しなければならない点を意味している。

---

52 Lind.E.A & Tyler. T. R, *The Social Psychology of Procedural Justice*, Sprirger, 1988, pp. 93-128.
53 伊東明・内藤誼人『普及版　心理戦で絶対に負けない本』(アスペクト、2003年) 204―236ページ。
54 内藤誼人『パワーマインド　自分を高め交渉に勝つ悪魔の心理術』(ソフトバンクパブリッシング、2003年) 232―239ページ。
55 岩瀬純一『司法臨床におけるまなざし　家事調停にかかわるあなたへ』(日本加除出版、2008年) 137―150ページ。調停に必要な要素として以下を挙げている。
(1) 公的機関である家庭裁判所における仲介者としての心構え。
  ア　公平性。
  イ　中立性。
  ウ　透明性と秘密の取扱い。
(2) 援助者としての心構え（対人関係の持ち方の自覚と内省）。
  ア　誰のための援助～なぜ、どのように援助をしたいのか。
  イ　対人関係の持ち方の自覚と内省。
(3) 調停におけるチームワークへの配慮。
  ア　調停委員同士のチームワーク。
  イ　裁判官、調停委員、書記官、医務室技官など家庭裁判所のスタッフ間のチームワーク。
  ウ　当事者と家庭裁判所のスタッフとのチームワーク。
　レビン小林久子が「はじめのことば」としてこれから行おうとするADRについて利用者に説明をする行為は、同時に調停者自身が守らなければならないルールともいえる。逆に「調停者として心得べきこと」として家裁調査官である岩瀬が示し

「状況の把握」は、いわゆる「要件事実」であり、客観的事実のみならず紛争の全容を、当事者の感情も踏まえて具体的に掴むとともに、当事者が抱えている争いを複数の「イシュー（課題）」、「ポジション（主張）」、「ニーズまたはインタレスト（利害）」と呼ぶ話し合いの議題や問題点について小分けして、解決に役立ちそうな「ツール（事象・事物）」や「レヴェレッジ（梃）（話し合いを動かすもの）」を見つけていく。

　具体的には、当事者が経験した争いについて語らせた後に、調停人が要約したうえで、その要約の妥当性を語った当事者に確認させるという手順である。

　もっともその際、当事者同士の直接対話を最小限に止めるとともに当事者の話を遮らないようにすることとしている。調停における主役はあくまでも当事者であることはいうまでもないが、調停手続きそのものは調停者が適切な管理のもとに進行させるべきもので、無秩序な発言の応酬や、混乱を招くような対峙の場面にしないために調停者が強い責任を意識することが重要であるとしている。

　「方向付け」は、調停者が単なる司会者ではなく、話し合いの道筋を整理するとともに、話し合いの水が滞ったり、澱んだりしまわないよう、その方向性を常に見定めつつ、当事者の「ナラティブ（物語り）」が調停者のためのものではないことを認識させることが重要であり、自己の語りによって、自らの問題意識と解決に向けての方向性を発見するために、当事者自身がゆっくり考え、語る時間を用意することを調停者は心得るべきとものとしている。当事者の「ナラティブ」から、当事者自身の特性、短気であるとか自己表現が得意でないなども含め、紛争に至るまでの当事者間の歴史や、背後に隠れた人物の存在の有無などを注意深く見つけ出す努力もしなければならないとしている。

　ほとんどの人間関係は、相互依存的であるが、なかには当初から対立的な

　　ている項目と重複する点が多く、興味深い。これらは、民間型ADRといえども、また、自主交渉援助型といえども共通する核心的部分である。
56　レビン小林前掲『解説　同席調停』8—9ページ、18ページ。

場合もあるということも理解しておかなくてはならず、根本では依存関係であるにもかかわらず末端において対立してしまう関係もある。しかしながらこのような関係であっても、根気良く共通するパーツを検証して、組み換えることによって共通基盤が解決の糸口になる。

　争いにおいては相互の「パワー関係」は、大きな存在であり、調停においては当事者間のパワー格差の大小は重要な視点である。それは当事者が、行使するパワーの方法すなわち強制的、抵抗的、協調的の三種類のなかで、ほとんどの当事者が自らの主張を通すために強制的にパワーを使うことに鑑み、調停者は、このパワーの使い方を協調的なものへと変換しうるような働きが求められる。

　また、紛争には、それなりの理由があるものの、それ自体を当事者が認識しているとはかぎらず、一方の当事者にとっては重大な侵害と捉えられていても、相手方にとってはまったく気にならないということもあり、調停者は、複数の要因による否定的現象の構造を理解したうえで、細分化、分類化して、可視的なものとして当事者に見せる必要がある。そして当事者が、どちらかといえば自己に対して否定的な見解を持つ傾向があるなかから否定的表現を肯定的な言い換えによって、話し合いを動かし、緊張緩和を図るような「紛争のスタイル」とする働きかけを通じて、当事者の本当に言いたいことを探求していかなければならないと指摘している。また、当事者が持つ解決策と重なるものとして、相手に対する要求に執着しないことを勧めるのは、要求そのものが「ポジション（主張）」であり、話し合いの進行によって変化するものであるからとしている。

　このようにして、当事者から語られる事件の概要を要約し、紛争解決への話し合うべき「イシュー」として当事者に示す手法のなかで、調停者が、当事者と個別に面談することを必ずしも否定していない。しかし、その場合、当事者が、相手と反応し合いながら紛争について考え直す機会をなくしてしまうという点から、これについては否定的な立場をとっている。調停者は、当事者の「ナラティブ」を基に、要約などを経て、当事者とともに共有すべきポイントすなわち「イシュー」について、それが、調停者にとっての問題点ではなく、当事者にとっての問題点として、当事者の紛争に対しての感情

の流れを把握することが肝要だとしている。すなわち、紛争に関わる雑多で一見まとまりのない当事者の持つ多くの感情をいくつかに分類しながら、そこにつながる感情の種子を見つけ出して、相互に受け入れ可能な事実や将来展望の探索を介助していくことが調停者としての真骨頂であり、「イシュー」をまとめることこそ調停の基本であるとしている。そして「イシュー」を見つけ出した段階で、これを基礎として次の解決のステージに移り、話し合う「イシュー」の順序を決める「話し合いの方向付け」として、話し合いを進めることとなる。[57]

この方向付けにおける優先順位は「必ずこれでなければならない」というものではない。簡単な「イシュー」から話し合い、その合意の成功体験をもって当事者に話し合いにおける意義と解決に向けた期待感が増幅しうると考えられるからである。

これは一つの要求事項に対して下位の要求から求めていくという心理学における「foot-in-the-door technique」[58]に見られる心理作用であり、レビン小林久子の指摘もここから来るものと考えられる。

このような話し合いにおける合意の積み重ねによって、いよいよ革新的部分に対する合意に向けての作業が始まるが、その進め方で選んだ「イシュー」について両当事者のポジションとニーズを探り、双方の関心を「ポジション」から「ニーズ」に移行させたうえで、双方の「ニーズ」を満足させうるものを、当事者双方に考えさせることを「統合」としている。

これは交叉する意見を集約するために当事者自身が、自らの「ポジション」と「ニーズ」の違いを意識できるようにしたうえで、より自由な発想で解決への行程表を、各々が協力して設置する作業を提案することに他ならない。

57　齋藤嘉則『問題解決プロフェッショナル「思考と技術」』(ダイヤモンド社、1997年) 119—129ページ。

58　Beaman, A. L. & Cole, C. M. & Klentz, B. & Steblay, N. M., "Fifteen years of the foot-in-the-door Research : A meta-analysis, " *Personality and Social Psychology*, Bulletin, Vol.9, No. 2, 1983, pp. 181-192.
　　榊博文『説得と影響―交渉のための社会心理学―』(ブレーン出版、2002年) 243—262ページ。伊東明、内藤誼人『普及版「心理戦」で絶対に負けない本』(アスペクト、2003年) 40—57ページ。

調停者は、これらのプロセスによって確定された「イシュー」を統合させる役割を担うもので、これまでの当事者の希望するものを、一旦保留して改めて初めから考え直すように促すことで、「ニーズ」の統合をはかる段階へ移行させる。当事者の関心を現状の不満や相手に対する批判から自分は何を欲しているのかという「肯定的なもの」へと転じ、「ナラティブ」からコミュニケーションへ、あるいは特殊性から統合への道筋をつけるものとしている。同時に、調停者は当事者双方に「二人で考えること」を提案することで、「ナラティブ」から双方のコミュニケーション構築への動きに向かわせるものであり、目的地の探求に関して二人は敵対者ではなく、ともに一つの目的に向かって進むパートナーという存在だと双方が気づいたときに、敵対関係から協調関係に転換しうることを「紛争構造の再構築」[59]として捉えることができるとして、これこそが調停者の手助けによって当事者の気付きと目的の共有こそが調停のそもそもの目的だとしている。
　そして、この次に、当事者双方が、ある種の「共同作業」としてのコミュニケーションに関わる「ブレーンストーミング」に参加していくこととなる。
　いうまでもなく、「ブレーンストーミング」は、ビジネスにおけるスキルとして提唱されてきたものであるが、互いにその発言者や発言内容など一切にこだわらず、自由で柔軟な提案を羅列していくなかで、それらについて議論し吟味し、有益と思われるものを絞り込んでいく手法であるが、レビン小林久子によればこの段階から調停者は、これまで話し合いをリードしてきた立場から、一歩退いて客観的な立場、すなわち主役をサポートするプロンプターとしての役割に移行していくために椅子の位置などに物理的な変化をつけたり、当事者間からの距離に留意しつつ、彼らを観察しながら進捗を見守る姿勢が良いとしている。
　なぜなら、第三者である調停者が、解決策をあれこれ提案するより、二人で直接話し合うほうが効率的であるだけでなく、そこから得た合意ほどよく守られるからであり、調停者が、話し合いの内容とそのプロセスを別にして

---

[59] 紛争当事者間の関係を改めて検証させることは他者に対する評価と同時に当事者自身の内省を導くことにつながる。

いるなかで、冷静に話し合える環境を作れば、当事者は落ち着いて紛争や相手の立場を見つめることが可能であると考えられるからである。その結果、双方にとって最善と思われる選択を解決案として合意する際も、当事者が、多少の不均衡を感じながらも紛争解決のために自ら納得して合意すれば、それは「守られる合意となる」と考えられる。

　これは、同席調停のみならず別席あるいは「コーカス」においても調停人の紛争の捉え方、すなわちレビン小林久子のいう「イシュー」の把握ということになる。本質の分析とともに、揺さぶり方によっては歪んだ外観を示すこともあるものの、紛争の当事者自身が独自に自らの紛争意識や怒り、憤りを納得して昇華していく解決であり、その意味で、同席調停を前提とした一連の手続きの成果として、当事者が納得した合意にとどまらず、必ずしも丸く収まる解決だけでなく、合意とまで至らなくてもやむをえないことと理解することができると考えられる。

　そして、それ以上、努力をしても決して望むものが得られない儚い夢でしかないと理解した瞬間に、自分自身のなかでの合意も発生するということもあり、可能なかぎり当事者が互いに相手方の主張、態度、背景などを自己の直接的な情報取得のものとして見なせるよう、「同席調停」を主眼として論じている。[60]

　しかしながら、
・当事者が希望したとき
・調停人が必要性を感じたとき
・当事者の様子が不自然なとき
・話し合いが進まないときや暗礁に乗りあげたとき
などにおいては、当事者と調停人との個別の話し合い、いわゆる「コーカス」の必要性も指摘している。

　このコーカスを必要とする四つの条件は、いずれも紛争に対する当事者の

---

[60] この主張は、第4章で述べる「私的調停」と共通するものであるが、調停のプロセスの結果として生ずるものと、当初からそれを目的として話し合いに臨むものとは、おのずから異なる。

パワー関係あるいは個人としての性格や紛争に関わる秘匿されるべき内容を当事者が持っている場合であるが、すべからく「話し合いがオープンであればすべてよし」ということではない。その事由が共有しうるものか否かも含め、調停者の判断が求められる。同時にそれが共有しなければならない要素を含む場合には、当事者に、その公開を説得することもときには必要であると考えている。

また、コーカスにおいてその扱いが当事者に不平等感や疑心暗鬼を生じさせないよう、比較的短いかぎられた時間、例えば5〜7分程度としており、いわゆる別席調停と区別している。これらを通してようやく得られた合意について、「良い解決とは長続きする解決であり当事者が心理的に満足するとともに当事者間の利害調整がなされ、手続きが適切で公正なものであったこと」などを挙げている。[61]

これらの経過を経て、いよいよ合意書の作成に移る段階では、調停者は、自らの記録した調停ノートに記載しておいた各イシューの合意事項を取り出して、各々を整理整頓されたリストとして作成したうえで、その合意で良いのか、不満はないのか、訂正は必要かなどを確認しながら、表現にも細心の注意を払いつつ、当事者との確認作業を丁寧に行い、一つひとつの応諾を確認することを求めている。それは調停者によるいわば「儀式」でもあり、当事者自身に合意履行の責任感を植え付けるものと捉えているし、合意内容が「調停者の、調停者による、調停者のためのもの」ではなく、当事者自身が難産の末に生み出した成果であることを確認するための重要なものであると指摘している。

これについては、署名や押印を求める文書として作成するものであるが、必ずしも即座に行う必要はなく、一定の観察期間をおく場合もあり、合意が「なりゆき」や「勢い」でなされたものでないか、あるいは、当事者がしっかりと納得したうえでの合意なのかを見極めたあとでの合意書作成も必要であるとしている。

---

61 Folger, Noce and Antes, *A Benchmarking Study of Family, Civil, and Citizen Dispute Mediation Programs in Florida*, Institute for the study of Conflict Transfomatiom, 2001.

そして最後に、和解を妨げる障害物として、
・見解の相違
・正義感の相違
・そこから生ずる過度の怒り
を挙げているが、調停の意義は、まさしくこれらの相違点について双方の立ち位置、背景、思考など、通常それらの存在はあって当然と思われる差異を、各々が確認し認め合うプロセスを調停者が水先案内人として、その流れるべき方向に穏やかに合流する二つの流れを作っていく役目であることを示唆している。これら一連のプロセスを見たとき、レビン小林久子の考える「調停」とは、正しい相互理解と自己理解を糧として創り出される新しい価値観の創造過程として捉えている[62]。

ここまで見てきたように、レビン小林久子の紹介したモデルにおいては、法的な基準や評価の入る余地はまったくないにもかかわらず、これが司法型ADRと同じものとして扱われることは妥当なのかという疑問が生じる。

とりわけ、それまで当事者の自主的な判断を尊重し話し合いを進めてきて到達した合意は、まさしく真実のものであり、納得したからこそ合意するものであるのだから、「これまでの話し合いの経過の確認」と「ある種の儀式」として、はたして署名、押印まで必要なのだろうか。

なぜなら、合意が「なりゆき」や「勢い」でなされたものではないし、そこで当事者がしっかりと納得したうえでの合意なのかを調停者、当事者で共有できれば、書面化する必要は感じない。書面化したところで、そもそも納得していないからこそ蒸し返しが起こるのである。手続きの信頼性、妥当性などを担保するための、いわば合意履行のための手続きが合意書の作成であるとするならば、レビン小林久子の紹介する様々な理論を使った「当事者を中心とした理解と納得のための一連の行為」と矛盾するものではないかとの疑問がある。合意書の作成そのものを全面的に否定するものではないが、法

---

[62] なお、レビン小林久子も共有する問題解決型のみであれば、こうした新たな価値観の創造までにはいたらない。例えば、Menkel-Meadow, Carrie, "Toward Another View of Legal Negotiation: The Structure of Problem Solving", *UCLA Law Review* 754, 1984.

的な紛争解決をあえて選択せず、当事者間の話し合いによって解決することを志向してのものであるのだから、その合意が既判力としての法的要件を道具としていることは、回避してきたはずの法を合意の担保にすることには違和感が残る。

　このような考え方をすれば、アメリカ型ADRの対話による解決を目指す「自主交渉援助型」のコンセプトを軸にしたシステムを導入し、弁護士をはじめ隣接法律職が多く参入しているわが国の民間ADR事業の抱えている矛盾が浮き彫りになってくる。その問題点は第2章で検討したい。

第 2 章　民間型 ADR の現状

　法務省が管理する「かいけつサポート[63]」の HP で公開されている民間 ADR 事業者の詳細を整理してみると、ADR 法に対するそもそもの懸念がいみじくも内包されているといえる。2014 年 11 月 1 日までに認証された事業者の数は、
・弁護士会（弁護士法人および関連含む）　9
・司法書士会　23
・土地家屋調査士会　19
・社会保険労務士会（関連含む）　45
・行政書士会　11
・不動産鑑定士連合会　1
・業界団体その他　22
となっている。
　つまりその大半は、隣接法律職と呼ばれる士業団体が占めており、それ以外の「スポーツ仲裁機構」をはじめとする業界団体は、それぞれに関係の深い紛争事案を対象としており独創性が高く、これまでのシステムで見受けられなかったものも多い。

事業者	団体数	新受け数	成立数
弁護士会（関連含）	9	530	204
司法書士会	23	82	19
土地家屋調査士会	19	37	8
社会保険労務士会（関連含）	45	179	75
行政書士会	11	29	8
不動産鑑定士会連合会	1	2	0

　表 1：士業団体の新受けと成立数

63　法務省解決サポート一覧　http://www.moj.go.jp/KANBOU/ADR/jigyousya/ninsyou-index.html（最終検索日 2014 年 11 月 1 日現在）

では事業者の大半を占める、いわゆる士業団体の取り扱う紛争範囲はというと、
- 弁護士会（弁護士法人は除く）は「民事に関する紛争（全般）」に統一している。
- 司法書士会は東京会を除いて、「民事に関する紛争（紛争の価格が140万円以下のものにかぎる）」。
- 土地家屋調査士会は「土地の境界に関する紛争」。
- 社会保険労務士会は「労働関係紛争」で統一されている。
- 行政書士会においては各単位会において多少の差異はあるが、行政書士ADRセンター兵庫においての四つの紛争区分となっている。

次に、各々の士業団体について取扱実績のうち「事件内訳のうち新受け」「終了事由の別のうち成立」を見てみると、表１のようになる。それ以外の業界団体や法人などの実績合計は新受け273、成立184である。

一見、それぞれの事業者においては、それなりの数字は挙げているように見えるが、次ページに掲げた表２「認証事業者実績（抜粋）」を参照すると、よく見れば隣接士業関連の事業者はじめ、「新受け０」という事業者が多数存在する。

いくら態勢を整えたとしても利用がなければ実績は挙げられず、待ち受け側としての立場を考えるとやむをえないのかもしれないとしても、この原因がどこにあるのかを考えてみなければならない。

まず考えられるのは、国民のなかで「民間型ADR」そのものが浸透していないことが挙げられる。もちろんそれぞれの団体においては個々にことあるごとに広報に努め、多くのパンフレットを配布するなどそれぞれ努力していることは疑う余地もない。また、紛争当事者は解決を模索するためにインターネットで検索し、アクセスすることも少なくないだろう。しかしながら、この民間調停のシステムやその機能について今一つ理解されていないことが、利用につながっていない現実となっている。

例えば、現に紛争が顕在化している事案の当事者は、遅かれ早かれ裁判は、避けて通れないものとして自らの主張を補強することに注意を傾けるのであって、そのなかで少なからず、妥協の余地がある場合のみ、裁判の前段階と

表2：認証事業者実績（抜粋）

No	認証番号	事業者区分	新受	既済	未済	成立	見込みなし	双方の離脱	一方の離脱	その他	不応諾	弁護士	特定	その他
1	5	弁護士	40	40	12	12	16	6	2	0	4	71		2
2	9	弁護士	16	16	7	5	4	0	3	1	3	16		3
3	12	弁護士	213	221	83	93	64	0	15	0	49	222		11
4	20	弁護士	15	11	5	6	3	0	2	0	0	11		
5	94	弁護士	44	42	11	18	10	0	2	0	12	65		
6	104	弁護士法人	0	0	0	0	0	0	0	0	0			
7	43	弁護士関連	146	146	43	50	32	0	17	1	46	194		244
8	46	弁護士関連	34	31	17	13	3	0	4	2	9	22		行政書士22
9	50	弁護士関連NPO	22	19	8	7	4	0	0	0	8	11		11
10	14	司法書士	7	7	0	2	1	0	0	0	4	0	6	
11	22	司法書士	17	15	7	3	1	0	2	0	9	0	12	
12	25	司法書士	3	3	1	0	0	0	0	0	3	0		
13	26	司法書士	8	10	3	5	0	0	2	0	3	0	17	
14	40	司法書士	2	1	1	1	0	0	0	0	0	0	1	
15	42	司法書士	5	3	2	0	1	0	0	0	2	0	3	
16	48	司法書士	2	2	0	1	1	0	0	0	0	0	4	
17	54	司法書士	1	2	0	2	0	0	0	0	0	0	4	
18	55	司法書士	3	3	1	0	0	0	0	0	3	0	0	
19	63	司法書士	0	0	0	0	0	0	0	0	0	0	0	
20	89	司法書士	1	1	0	0	0	0	1	0	0	0	2	
21	90	司法書士	4	4	0	1	0	0	0	0	3	0	2	
22	91	司法書士	1	2	0	0	0	1	0	0	1	0	2	
23	101	司法書士	15	15	1	0	0	0	5	0	10	0	1	
24	103	司法書士	2	1	1	1	0	0	0	0	0	0	3	
25	108	司法書士	0	2	0	0	0	0	1	0	1	1	1	
26	109	司法書士	1	0	0	0	0	0	0	0	0	0	2	
27	118	司法書士	2	4	0	1	0	0	0	0	3	0	2	
28	122	司法書士	4	3	1	1	0	0	0	0	2	0	2	

No	認証番号	事業者区分	受付事件内訳			終了事項の別						手続き実施者の別		
			新受	既済	未済	成立	見込みなし	双方の離脱	一方の離脱	その他	不応諾	弁護士	特定	その他
29	124	司法書士	2	2	0	1	0	0	0	0	2	0	2	
30	127	司法書士	0	0	0	0	0	0	0	0	0	0	0	
31	128	司法書士	1	1	0	0	0	0	0	0	1	0	1	
32	129	司法書士	1	0	1	0	0	0	0	0	0	0	0	
33	6	土地家屋調査士	7	7	2	4	2	0	0	0	1	5		
34	8	土地家屋調査士	1	1	0	0	0	0	0	0	1	0	0	
35	29	土地家屋調査士	1	1	1	0	1	0	0	0	0	1	1	
36	31	土地家屋調査士	0	1	0	0	1	0	0	0	0	1	2	
37	36	土地家屋調査士	3	3	3	1	0	0	1	0	1	2	4	
38	47	土地家屋調査士	4	4	1	0	1	0	1	0	2	2	4	
39	51	土地家屋調査士	1	1	1	0	0	0	0	0	0	1	2	
40	64	土地家屋調査士	8	8	0	2	0	0	1	0	5	3	6	
41	65	土地家屋調査士	3	3	1	0	0	0	2	0	1	2	4	
42	78	土地家屋調査士	2	1	1	0	0	0	0	0	1	0	0	
43	81	土地家屋調査士	1	0	2	0	0	0	0	0	0	0	0	
44	82	土地家屋調査士	0	0	0	0	0	0	0	0	0	0	0	
45	86	土地家屋調査士	0	0	0	0	0	0	0	0	0	0	0	
46	95	土地家屋調査士	1	0	1	0	0	0	0	0	0	0	0	
47	96	土地家屋調査士	0	0	0	0	0	0	0	0	0	0	0	
48	107	土地家屋調査士	2	2	0	0	0	0	0	0	2	0	0	
49	115	土地家屋調査士	3	3	0	1	0	0	1	0	1	3	6	
50	125	土地家屋調査士	0	0	0	0	0	0	0	0	0	0	0	
51	131	土地家屋調査士												
52	13	社会保険労務士	5	7	0	4	0	0	0	0	3	3	8	
53	17	社会保険労務士	0	0	0	0	0	0	0	0	0	0	0	
54	24	社会保険労務士	0	0	0	0	0	0	0	0	0	0	0	
55	28	社会保険労務士	0	0	0	0	0	0	0	0	0	0	0	
56	34	社会保険労務士	16	16	0	6	0	0	1	0	9	9	18	
57	35	社会保険労務士	30	30	2	11	5	0	0	0	14	0	30	
58	37	社会保険労務士	2	2	0	0	0	0	0	0	2	0	0	
59	38	社会保険労務士	14	14	1	4	3	0	0	0	7	7	14	

No	認証番号	事業者区分	受付事件内訳			終了事項の別					手続き実施者の別		
			新受	既済	未済	成立	見込みなし	双方の離脱	一方の離脱	その他	不応諾	弁護士	特定	その他
60	39	社会保険労務士	6	5	1	2	0	0	1	0	2	0	6	
61	41	社会保険労務士	3	2	0	1	0	0	0	0	1	0	2	
62	44	社会保険労務士	0	0	0	0	0	0	0	0	0	0	0	
63	45	社会保険労務士	11	10	2	7	1	0	1	0	1	0	8	
64	49	社会保険労務士	0	0	0	0	0	0	0	0	0	0	0	
65	52	社会保険労務士	4	4	0	3	0	0	0	0	1	0	8	
66	53	社会保険労務士	3	2	1	0	0	0	0	0	2	0	0	
67	58	社会保険労務士	1	1	0	1	0	0	0	0	0	1	2	
68	59	社会保険労務士	7	7	0	2	2	0	1	0	2	4	17	
69	60	社会保険労務士	6	7	0	5	0	0	0	0	2	3	10	
70	61	社会保険労務士	2	2	0	1	0	0	0	0	1	1	2	
71	66	社会保険労務士	4	4	0	1	1	0	0	0	2	0	4	
72	67	社会保険労務士	13	15	0	8	1	0	0	0	6	0	9	
73	69	社会保険労務士	0	0	0	0	0	0	0	0	0	0	0	
74	71	社会保険労務士	0	0	0	0	0	0	0	0	0	0	0	
75	73	社会保険労務士	1	1	0	1	0	0	0	0	0	0	2	
76	75	社会保険労務士	1	1	0	0	0	0	0	0	1	0	0	
77	79	社会保険労務士	6	6	0	3	2	0	0	0	1	0	10	
78	80	社会保険労務士	1	2	0	2	0	0	0	0	0	2	4	
79	83	社会保険労務士	5	3	2	0	1	0	1	0	1	0	2	
80	85	社会保険労務士	2	2	0	1	0	0	0	0	1	0	2	
81	87	社会保険労務士	5	6	1	1	0	0	0	0	5	1	2	
82	88	社会保険労務士	2	2	0	1	1	0	0	0	0	2	4	
83	92	社会保険労務士	0	0	0	0	0	0	0	0	0	0	0	
84	93	社会保険労務士	4	4	0	3	0	0	0	0	1	3	6	
85	97	社会保険労務士	1	1	0	0	0	0	0	0	0	1	0	
86	98	社会保険労務士	3	3	1	0	2	0	0	0	1	2	2	
87	99	社会保険労務士	1	1	0	0	0	0	0	0	1	0	0	
88	100	社会保険労務士	8	6	2	5	0	0	0	0	1	5	27	
89	102	社会保険労務士	6	5	1	0	0	0	1	0	4	1	2	
90	105	社会保険労務士	0	0	0	0	0	0	0	0	0	0	0	

No	認証番号	事業者区分	受付事件内訳			終了事項の別							手続き実施者の別		
			新受	既済	未済	成立	見込みなし	双方の離脱	一方の離脱	その他	不応諾	弁護士	特定	その他
91	110	社会保険労務士	1	0	1	0	0	0	0	0	0	0	0	
92	116	社会保険労務士	0	0	0	0	0	0	0	0	0	0	0	
93	120	社会保険労務士	4	5	0	2	0	0	1	0	2	3	6	
94	121	社会保険労務士	0	1	0	0	0	0	0	0	1	0	0	
95	130	社会保険労務士	1	1	0	0	0	0	0	0	1	0	0	
96	33	社会保険NPO	0	0	0	0	0	0	0	0	0	0	0	
97	30	行政書士	8	8	1	4	1	0	1	0	2	0	0	6
98	62	行政書士	3	2	1	0	0	0	0	0	2	2	0	4
99	68	行政書士	2	1	1	1	0	0	0	0	0	2	0	4
100	70	行政書士	3	3	0	0	0	1	2	0	0	3	0	3
101	72	行政書士	0	0	0	0	0	0	0	0	0	0	0	0
102	74	行政書士	0	0	0	0	0	0	0	0	0	0	0	0
103	84	行政書士	2	3	0	0	0	0	0	0	3	0	0	0
104	111	行政書士	0	0	0	0	0	0	0	0	0	0	0	0
105	114	行政書士	9	2	7	2	0	0	0	0	0	2	0	2
106	126	行政書士	2	1	1	1	0	0	0	0	0	1	0	2
107	132	行政書士												
108	76	不動産鑑定士	2	0	2	0	0	0	0	0	0	0	0	0
109	3	業界団体	2	2	1	0	0	0	2	0	0	0	0	電気2
110	4	業界団体	1	1	0	0	0	0	1	0	0	2	0	0
111	11	業界団体	33	37	2	9	4	0	2	0	22	14	0	0
112	16	業界団体	5	5	0	0	1	0	0	0	4	1	0	0
113	18	業界団体	3	2	1	1	0	0	0	0	1	1	0	0
114	56	業界団体	159	218	23	140	51	0	16	11	0	218	0	0
115	57	業界団体	22	22	11	11	11	0	0	0	0	33	0	33
116	77	業界団体	0	0	0	0	0	0	0	0	0	0	0	0
117	106	業界団体	0	0	0	0	0	0	0	0	0	0	0	0
118	117	業界団体	3	3	0	2	0	0	1	0	0	2	0	6
119	123	業界団体	12	8	4	5	0	0	1	0	2	5	0	0
120	1	その他	1	1	0	0	0	0	0	0	1	0	0	0
121	7	その他	1	1	0	0	0	0	1	0	0	2	0	0

第 2 章　民間型 ADR の現状　49

No	認証番号	事業者区分	受付事件内訳			終了事項の別						手続き実施者の別		
			新受	既済	未済	成立	見込みなし	双方の離脱	一方の離脱	その他	不応諾	弁護士	特定	その他
122	10	その他	0	1	0	0	1	0	0	0	0	1	0	2
123	19	その他	1	1	0	0	0	0	0	0	1	0	0	0
124	21	その他	4	11	3	6	0	0	5	0	0	21	0	11
125	23	その他	5	3	2	0	0	0	0	0	3	0	0	0
126	27	その他	15	9	6	7	1	1	0	0	0	0	0	18
127	32	その他	1	0	1	0	0	0	0	0	0	0	0	0
128	112	その他	1	2	0	2	0	0	0	0	0	2	0	4
129	113	その他	0	1	0	0	0	0	1	0	0	1	0	0
130	119	その他	4	5	3	1	1	0	0	0	3	2	2	0

※本表は、2014 年 11 月 1 日現在のデータを法務省かいけつサポート一覧サイトのデータ。記載の項目のうち、「受付事案内訳」と「終了事由の別」、「手続き実施者の別」をまとめたものである。本表において、手続き実施者として弁護士が関与したもの、司法書士会においては認定司法書士（司法書士法第 3 条 2）、土地家屋調査士会にあっては、認定司法書士数およびその他の専門職を含んでいる。

その他とは、土地家屋調査士、不動産鑑定士、法律学者、医師などを含んでいるものもある。廃止となった認証番号 2 号は、43 号として、認証番号 15 号は 57 号として事業主体など再構築ののち新たな認証を受けた。

して調停を考えることはある。しかし、裁判になった場合、本人が裁判手続きを行わないかぎり、弁護士にすべてを委ねることとなり、自らの思いや主張が個々の弁護士の持つ個性、知識、経験により再構築され、すべては勝つために、自らの思いとは別の次元で物事が進められることを承諾しなければならない。結果として、裁判に勝ち当事者の目的が達せられた場合はよいが、そうでなかった場合には、自分の主張をきちんと伝え主張してくれたのかという疑念を持つこととなる。

それなら、安価で簡単に紛争を訴訟によって解決できる可能性があるうえに、法律家の知見も利用でき、おまけに、そこでのやりとりで、相手方の主張や作戦をさぐる絶好の機会だと考え、これまで調停が利用されてきた。

ところが、民間ADR事業者のうち弁護士以外の手続き実施者によるADRにおいては、弁護士の助言を求める可能性があるわけであるから、最初から裁判所の調停や行政の主宰するADRを選択する方が合理的ではないのかという疑問も生じる。また、法務大臣の認証を受けているとはいえ「官尊民卑」の意識が残っていれば、民間ADR事業そのものが必要なのかという議論になってくる。もとより、これまでの調停システムが、国民にとって司法との距離をより縮める紛争解決の手段として存在してきたことに加え、その延長線上に、それだけではなく民間事業者による特色あるADRスタイルによる主宰を認めたものであって、そこには民間の智恵と敷居をより低くしたうえでの当事者参加のシステムを目指したはずである。

ところが、話し合いの過程や結果において、法的に問題がないか確認するために、民間ADR事業者は、弁護士とのアクセスを確保しておかなくてはならないことになっている。それだけではなく、弁護士以外のものによる法律事務の禁止を定めた弁護士法72条の絡みから、アメリカで行われるよう

---

64 Bush, Robert Baruch, *The Dilemmas of Mediation Practice,* University of Missouri, 1994, pp.28-34.
65 弁護士以外の者によるADRが、この規定によって抑圧を受けていることはいうまでもない。法的ADR批判として、和田仁孝「法化社会における自律型ＡＤＲの可能性」『弁論と証拠調べの理論と実践　吉村徳重先生古稀記念論文集』（法律文化社、2002年）がある。

な法律家以外の者によるADRは生まれえなかったのだ。

　それでは従来の調停とどこが違うのか。民間型ADRの手続き実施者は紛争において、法的問題が内在しているか否か、また、今後法的な判断が必要とされるか否かの、いわば単なる前さばき役でしかないと考えざるをえない[66]。

　もっとも民間型ADRにおいて特にある分野の特別な知見を必要とするものについて、それらに日々関わる団体や構成員がADR手続き実施者としての特別な位置づけはあるだろう。しかし、それとて法律の範囲であって、これまでの調停や訴訟場面においては参考人として、また鑑定書、意見書、上申書などという形で関与したものであって、特段、革新的な視点に立脚したものとはいえない。このことからしても、ADR法そのものが大臣認証という形で司法の下請け制度となりかねないシステムであり、「公」で行っていたことを「民」に行わせることにしたとしても、どこまで行っても「公」の基準が中心であるかぎり、それは新たな価値を生み出したのではない。単に「亜流」を加えたに過ぎない。このシステムが実績を挙げられないのは、利用者自身がそこを敏感に悟った結果と考えるべきなのではないだろうか。

　次に、民間型ADRにおける「代理」および「代理人」について考えてみる。

　そもそも「ADR」は、紛争当事者が、自らの紛争に対してどう考えるのかという作業から始まり、相手方の主張を聞き取りながら解決に向かって自らが進んでいくということが重要であり、レビン小林久子の主張するADRに対する基本的コンセプトが受け入れられ、今日に至っているといえる。

　多くの事業者において調停手続き者の養成に「調停技法」などの名称で「法律研修」などとともに「調停の進め方」に対する教育を実施している。多くの場合、この「調停の進め方」にしたがって、紛争当事者双方に対して問いかけ、理解し合うことによって互譲を引き出すものとするならば、紛争当事者でなく弁護士をはじめすでにADRにおける代理権を獲得した士業などの

66　バーバラ・ベルナンド（TMI総合法律事務所訳）『パラリーガル［新版］』（信山社、2006年）46—62ページ。わが国の隣接法律専門職域を考える場合、米国での「パラリーガル」を検討することも重要と考える。

職業代理人[67]が、当事者の紛争意識をどのように理解し、表現できるのかということが問題となる。すると結局、法にしたがった調停の進行になるのではないかという素朴な疑問が生じる。それでは、民間型ADRのありかたが話し合いの主宰、進行技法として利用されている「自主交渉推進型」[68]などと呼ばれる「法的評価を加えないスタイルでのADR」であるのならば、職業代理人が参加した段階で、本来の「紛争当事者本人が主役」という軌道から外れてしまうことになってしまうことになる。これまで、レビン小林久子の「紛争当事者本人がADRの場面を通して紛争と向き合い、自己変革を伴いつつ解決を目指す」ということについて見てきたが、それは不可能になってしまう。なぜなら代理人となった弁護士やその他職業代理人は、依頼人の利益権利を最大限に確保するために、法的解釈や判例を前面に押し出す、そのための職業代理人のはずである[69]。

調停において、一方が弁護士となれば、法的知識に著しい差異が生ずるばかりでなく、調停者自身も法律などの専門家である職業代理人の主張に引きずられることは明白であり、到底、パワーバランスがフラットな話し合いな

---

67 Raines, Susan & Kumar, Pokhrel Sunil, et al. "Mediation as a Profession: Challenges That Professional Mediators Face," *Conflict Resolution Quarterly,* Vol.31,No.1, 2013, pp.79-97.

68 Beck, Connie J. A. & Walsh, Michele E. & Ballard, Robin H. & Holtzworth-Munroe Amy & Applegate, Amy G. & Putz, John W., "Divorce Mediation With and Without Legal Representation: A Focus on Intimate Partner Violence and Abuse," *Family Court Review*, Vol.48, No.4, pp.631-645.
Bobette, Wolski, "An Evaluation of the Rules of Conduct Governing Legal Representatives in Mediation," *Legal Ethics*, Vol.16, No.1, 2013.
Murayama M, "Does a lawyer make a difference? Effects of a lawyer on mediation outcome in Japan" *International Journal of Law, Policy and the Family*,Vol.13, No.1, 1999.

69 廣田尚久『紛争解決学［新版増補］』（信山社、2002年）103—104ページ。
当事者は、紛争解決の主体であり客体であるから、自分が自分を解決するというのが究極の姿であるが、紛争の渦中にある当事者が客観的に物事を認識し、自らを解決に導いてゆくことは現実には難しいことである。また、世のなかの仕組みが複雑になり、紛争もひと筋縄ではゆかないものが多くなると、ますます当事者自身が紛争を解決することが困難になる。とくに武力支配から法の支配に移行すると、法令などの紛争解決規範を使わなければ紛争解決ができなくなり、専門知識を備えた代理人が必要となる」として、ADRに深い理解を示す廣田でさえも、こうした代理人観を示している。

どはできない。実際に裁判所での調停では、弁護士が一方の代理人として参加した場合、裁判官が常に同席することになっていないこともあって、調停委員が弁護士の発言に委縮してしまい、相手のペースになってしまったという当事者の不満をよく耳にする。ましてや、当事者双方がともに代理人を参加させた場合、はたして、当事者の思いや相手への理解という点において最上の結果が出せるのかははなはだ疑問である。裁判における「訴訟上の和解」にも現れる現象であるが、それは法的評価に基づく「妥当な落としどころ」の模索であって、本来 ADR が目指す当事者それぞれの「納得」に向けた解決とは決してならない。

いずれにしても、紛争当事者にとって、その紛争が法的評価、すなわち法律上の判断が不可欠だと考えるのならば、少なくとも民間型 ADR が紛争当事者に寄り添うことはできない。民間型 ADR が、紛争当事者にできることがあるとすれば、紛争そのものを客観的に見るということ、すなわち当事者の主観を排除して他者の視点から紛争そのものを見ることを支援することに他ならない[70]。

このように、民間 ADR 事業が低迷する遠因は、この ADR 法が検討される過程で、まだ司法型の ADR 以外を知らない国民にとって民間型 ADR が何をなしうるのか、また、何が障害となるのかについて議論を尽くしたとは言い難いところにあったのだ。その結果、多くの課題を先送りにし、検討、見直しなどを含んだ、その時点においての「玉虫色の法律」として成立を急いだことが、そもそもの間違いといわなければならない。

原点に立ちかえって考えれば、国民生活の多様化や社会の複雑化、国民意識の統一性の低下などによってますます増加していく紛争の種を、「ADR」という初期消火によって処理することによって司法への負担を軽くするとい[71]

---

70 Herrman, Margaret S. & Hollett, Nancy & Eaker, Dawn Goettler & Gale, Jerry & Foster, Mark, "Supporting Accountability in the Field of Mediation," *Negotiation Journal*, Vol.18, No.1, 2002, pp.29-49.
　　Roberts, Terry, "An effective mediation strategy to minimize the impact of change" *Strategic HR Review,* Vol.12, No.6, 2013.
71 Kolodner, Janet L. & Simpson, Robert L., "The Mediator: Analysis of an Early Case-Based

うこと、そしてその実施、運用は国の予算を使うことなく「民間の負担」で行うという一石二鳥の効果を狙ったものであると考えるべきで、中身についての充分な議論の成熟を見ることなく、とりあえず作った法律としか感じられない。

　もっとも、司法改革の目玉として掲げた法曹人口の拡大は、巷に弁護士を大量に供給することが司法と国民との距離を縮めることだと考えたものであるが、弁護士過剰による弊害が叫ばれ、方針変換を余儀なくされている。しかし、そもそも弁護士を大量に供給することで訴訟社会を志向したのではなく、紛争を未然に防ぐ「予防法務」の充実と訴訟に至らないためのADRによる紛争解決の人的資源として想定したものであり、司法負担の増大を回避しつつ、国の負担によらない自主解決のシステムを生み出すことによって、その増加した弁護士に適切な職域拡大を提供できると考えたのかもしれない。

　なぜなら、弁護士法72条にまったく触ることなく、弁護士の法律事務の独占を残したまま、利用者の求める結論を法的な判断、すなわち弁護士の助言や関与なしで導くことが困難である場合、弁護士以外の調停者のみでは実施できないということは、「かいけつサポート」実績における弁護士の関与数を見れば明白であり、ADR法を作る際も十分に認識されたはずである。仮にそうでないとしても、そもそも法律事務の独占あるかぎり、アメリカで活用されているような法律家の関わらないADRは不可能といわざるをえない。[72]

　調停の原則は、いずれかのみが負担を強いられるのではなく、割合や大きさは別として、当事者双方が解決すべき「動機」となる要因が存在しなければADRは成立しえない。むしろADRに参加するという時点で、双方が解決を目指すという認識が共有されているのであって、「総論賛成、各論反対」という状態を、話し合いによって各論まで同意を得るというものであって、

Problem Solver" *Cognitive Science*, Vol. 13, No. 4, 1989, pp.507-546.

72　Coy, Patrick G., Hedeen, Timothy, "A Stage Model of Social Movement Cooptation: Community Mediation in the United States," *The Sociological Quarterly*, Vol.46, No.3, 2005, pp.405-435.

その各論を最終的には法によって決していくとすれば、なんら瞠目すべき制度ではないということになる。

　次に着目したいのが、民間ADR事業者としての運営は採算性が極めて低いという点である。

　利用者から徴収する利用料と手続き実施者の養成、能力保持、向上のための定期的研修、出務費用や事務費用、施設の維持管理費など、利用されればされるほど出費がかさむことはいうまでもない。社会貢献の一環としてこの事業を担って行うというだけでは、事業者としての負担を考えると決して得策とはいえない。もちろん、他の業界団体や法人などにおいては、業界としての社会的責任として、あるいは業界そのものを社会により認知させるとともに、業界の基本的な利害を損なう可能性を含む紛争の拡大を回避するための、いわば臨界を設けた紛争の解決ステージとして認証を得たと考えることもできる[73]。また、士業と呼ばれるなかで、弁護士会の認証が極めて少ないうえに、新たな認証の動きが見られないのは、弁護士会が改めて事業者にならなくても、各々の弁護士会が独自の紛争解決のための、自前のADR機関を持っており、また新たな職域拡大を企図する必要も理由もないからである。

　ただし、そのなかでも弁護士会などは各単位会の独自性が高いことから、認証を得て調停機関を持つことが社会貢献、あるいは弁護士の職域確保、そして何より司法における弁護士の優越性を示せることになる。それが隣接法律職との差別性を明確にしようとするものかどうかは断定できないが、他の事業者と異なり他者の助言を得ずとも自己完結できるという点においては、少なくとも宣伝効果は大いにあり、別の視点からの採算はとれているといえる。

　では、取り扱う紛争という視点から考察してみると、認証を受けた弁護士会の取り扱う紛争が「民事に関する紛争」とされ、また司法書士会も同様に、金額の制約（東京会を除く）があるものの「民事に関する紛争」を掲げており、従来から裁判所での調停で受け付けられていたもの、いわゆる司法

73　Rundle, Olivia, "Lawyers' perspectives on 'what is court-connected mediation for?'," *International Journal of the Legal Profession*, Vol. 20, No. 1, 2013, pp. 33-65.

型ADRの窓口が増えただけで、内容そのものは、民営というだけで目新しいものではなく、ともに法的判断を含んだ法情報の提供を是とするものである。その調停手法においても、司法型ADRとの差異もないうえに、その司法型ADRの担い手である裁判所の調停においても同席調停や傾聴などの新たなスタイルや技法を積極的に取り入れていこうとする動きも見受けられる。このことから、この二つの系統の事業者のADRは司法型ADRと近似といえる。

社会保険労務士会については「労働関係紛争」と統一されており、従来、この種の労働に関わる紛争は、労働委員会などどちらかというと行政型ADRに分類される紛争解決であり、それをいわば労働関連専門職として特化した紛争解決の場面を通じてその専門性の確保を目的としており、これも「官」の一部を担う「民」と見なすことができるだろう。もっともこの場合、労働関連法規の解釈や提供については一定の制約があり、弁護士の助言などが求められるという点においては、民間型ADRの域にすっぽりと入るものである。

土地家屋調査士会における取り扱い紛争は「土地の境界に関する紛争」となっている。これも従来からの司法型ADRあるいは行政型ADRで解決が図られてきたもので、詰まるところ、司法型ADRにおいて調停委員が担う部分を事業者の手続き実施者が行うということである。そして裁判官の代替として弁護士の助言があるのであって、これも司法型ADRと近似である。

行政書士会における取り扱い紛争は、司法型ADRで取り扱われてきたもののうち、研修を受けた行政書士たる手続き実施者が単独で実施できそうなものを対象としている。そこに至る過程で、行政書士連合会と弁護士連合会との協議の激しいやりとりがあり、その成果として獲得したものと仄聞する。行政書士会の取り扱う主たる取り扱い紛争のうち、自転車事故に関する紛争については、近年自転車事故の急増が社会問題化していることに加え、2013年7月4日神戸地方裁判所で出された1億円近くの高額な損害賠償判決などで注目を浴び、紛争そのものがすぐさま過失責任や逸失利益などの問題が生じ、はたして話し合いによる解決がどこまで実現可能なのかという懸念も生じている。そして、敷金に関する紛争についても、1998年の国土交通省か

ら出された「原状回復をめぐるトラブルとガイドライン」によって一定の基準が示されたことにより、紛争そのものが減少していく傾向になることは否めない。

またペットに関する紛争についても、法律上はペットが「物」として扱われる以上、ペットそのものが損害をこうむった当事者にせよ、何らかを求められた相手方にとっても、どれだけの成果が期待できるのかは今後検討されなければならないものであり、同会においては、抜本的な見直しは避けて通れないものとなるだろう。

民間型ADRの紛争領域を概観してみたが、つまりはそれぞれの持つ個性が利用者からみて明確でないばかりか目新しいものでもなく、なぜ民間ADR事業をあえて利用するのかという強烈な動機が見つけられないことも、利用率の低迷につながっていると考えられる。

そして今後これら130近く（2014年時点）の事業者がどのようにこの事業に取り組むのか注目していかなければならないし、いわゆる司法型、行政型、そして民間型というしっかりした区分の特徴が出せるのかはこれからの大きな課題である。同時に、ただ単に窓口が増えればよいというのではなく、各々の事業者が特色と魅力あふれる取り扱い紛争の特化と瞠目すべき手法の開発を目指さなければならないだろう。つまり、紛争への認識と関わり方についてのより深い理解に基づいて紛争解決を検討していくことが求められることになる。[74]

ただし、廃止を届け出た二つの事業者を調べてみると、事業者としての枠組みを新たに構築し認証を得ている。例えばその一つは、大阪弁護士会が単独で事業者として認証を受けていたものから、多様な業種を手続き実施者として網羅することによってさまざまな紛争形態に対応することを目指したいわゆる「ワンストップサービス」と呼ばれる考え方で、[75]「守備範囲」を広げ

---

[74] Benson, John, "Alternative dispute resolution in Japan: the rise of individualim" *International Journal of Human Resource Management*, Vol. 23, No. 3, 2012, pp. 511-527.

[75] 弁護士、認定司法書士、特定社会保険労務士、認定土地家屋調査士、不動産鑑定士、税理士、行政書士、建築士、医師、消費者問題など関係者、その他の資格者。

利用者にとって便利で使いやすいものを作り、実績を上げていることは、注目に値するものである。

また、行政書士会のなかでも、行政書士連合会の統一的な取り扱い区分を越えて、常に弁護士同席を前提とした民事紛争を取り扱うものも出てきたことで、事業者全体としての組織、構成、取り扱う紛争の区分など再編成の動きも、例外的ではあるものの出てきている。

これらの問題は、いみじくも過去に中村芳彦が指摘した、[76]
「ADRを自らの職域拡大の場であるいう視点から捉えて、機関の立ち上げを行おうとしたり、ADRの手続きに主宰者や代理人として関与し、これに取り組もうとすることによって、実際に十分に機能するADRが育まれるかというと、この点については悲観的な見通しを持たざるをえない。すなわち、これら各種法律専門職種の人々が、公正・適格を強調し、法律基準あるいは条理を解決基準として、それによって手続きをリードしようとする従来型のADRをイメージして、これに取り組もうとするならば、司法型ADRや弁護士会型ADRと差別化することは困難であって、そのニーズは、わが国では順次これら既存のADRに吸収されてしまうことにならざるをえないように思われる」

ということが、まさに現実の問題として生じつつあると言えるものである。中村が弁護士という立場からの視点であったとしても、わが国の司法制度における弁護士などのいわゆる法曹と隣接法律職域のありかたそのものを真剣に考えるべき時期に来ている。そして、認証を得た事業者がADR事業に対しての熱意や負担能力に不足があって、積極的に啓蒙や社会へのアピールを意識的に行わないということも否定できない。特に、この民間ADR事業者として認証を得た士業団体においては、司法分野における職域拡大を組織内で鼓舞してきた経緯のなかでその実績作りのための設立、認証であると考えられるものが少なくない。このことは司法制度改革の流れのなかで奏功し、代理権を獲得したことでいわば完結したと考えて積極的な活動をしないとこ

76　中村芳彦「ADR法立法論議と自律的紛争処理志向」早川・山田・濱野前掲書255－266ページ。

ろもある。一定の目的を達してからは、より積極的に推進する動機の減衰が生じたとしてもあながち不自然ではない。

例えるならば、かつて各地方自治体はじめ国においても、積極的に施設などいわゆる「箱もの行政」を推進することが地域の活性化につながるとして、山深い過疎の村にひときわ立派な公民館や地域センターや、あるいは大都市のコンサートホールと肩を並べるような装置を完備した大規模な建物をわずか数千人の人口の町に造っていた。まさしく「仏作って魂入れず」の言葉どおり、ソフト面を考えることなく、箱さえ造ればよいという発想で進んできたものである。ところが、その利用方法や維持費用などがむしろ行政や地域住民にとってのお荷物になっている現状は、そこかしこに見受けられる。

同様にこの民間型 ADR を担うそれぞれの事業者らが、今後どのような展望や積極的な ADR の取り組みを継続しうるのかは未知数であって、そこには利用者に比して調停人の確保や施設の維持管理などとのアンバランスから、今後長期的なビジョンを持ちえないという苦渋の決断があるとすれば、取り扱う紛争による偏差や事業者の経済事情、そして何より事業者における ADR に対する取り組みの覚悟が問われることになるだろう。認証を受けることによって、目指していた当初の目的が達せられたことにより事業そのものが形骸化し、あるいは動けば動くほど費用がかさむことを避けてあえて塩漬け状態にしてしまい、積極的な活動ではなく休眠状態を選択することは、行政書士会の組織にあっても確認できたことである。そうなれば、たとえ何百という事業者が次々と認証を得ても「案山子」のように生命のないものであり、ADR 事業が「箱もの」とならないためには、今一度 ADR の「肝」ともいうべき ADR に求められる本質的な命題を改めて考えなくてはならない時期に来ている。

民間型 ADR が、しかるべき舞台と調停者という助演者を得て、主役たる当事者の抱える紛争とその紛争意識をハッピーエンドの終幕に向けるものであるならば、単に舞台を造り照明や音響の設備があれば良いというものではない。主役となるべき紛争当事者や相手方の特性や彼らの持つ背景はもちろん、隠れている紛争の核となるべきものを見つけるという「心を軸とした

ADR[77]」でなければならないのだ。わが国の民間型 ADR にもこのことが強く求められるものでありながら、制度としてこの点を担保している保証はどこにもないのである。

ADR 法第六条二においては、「前号の紛争の範囲に対応して、個々の民間紛争解決手続きにおいて和解の仲介を行うにふさわしい者を手続き実施者として選任することができること」と規定されている。

では、ここにいう「ふさわしい者」とは、どのような者であるのか。

また、「民間紛争解決手続きの実務に当たり法令の解釈適用に関し専門的知識を必要とするときに、弁護士の助言を受けることができるようにするための措置を求めていること」ともされている。しかし、民間型 ADR が当事者双方の話し合いから生まれる互譲が主となるべきものである以上、対立する当事者間の話し合いを促進させ、互譲を導くことは、法や規範に対する知識、情報にもまして、当事者の内面に潜む紛争に対する「思い」や「心の動き」を見極める能力とそれを基礎としての解決に導く「創造性」こそが、民間 ADR 事業における調停者に求められるものでなければならない。

換言すれば、その調停者に必要なスキルは、法律では解決しにくい、あるいは法律の範囲を超えるところの、まったく異なる解決のための価値観の創造でなければならない。型のできあがった ADR というよりも、むしろ私人としての感覚を中心とした立場で、紛争当事者双方も調停者もまったくフラットな関係で行われる「私的な ADR[78]」というものに目を向けなければなら

77　Thompson, Leigh, *The Mind and Heart of Negotiator*, Prentice Hall, 2011, pp. 1-12
78　例えば、アメリカの学校においてピア・メディエーション（仲間による調停）の教育と実践が行われている。これは、クラスメイトや仲間が、ささやかな紛争の解決に向かってアクションを起こすものであるが、私的な調停という意味で示唆に富む。
池島徳次、吉村ふくよ、倉持裕二「ピア・メディエーション（仲間による調停）プログラムの実践的導入に関する研究」http://www.nara-edu.ac.jp/CERT/bulletin2007/b2007-H16.pdf（最終検索日：2014 年 11 月 1 日）
Tindall, Judith A. & Black, David R., *Peer Programs: An In-Depth Look at Peer Programs: Planning, Implementation, and Administration*, Routledge, 2008, pp.19-24.
McCorkle, Suzanne & Reese, Melanie Janelle, *Mediation Theory and Practice*, SAGE Publications. Inc, 2014, pp.59-78.
東京弁護士会「インタビュー　調停人グレック・F・レルィェーさん」（『LIBRA』Vol, 4、

ないのだ。そこには将来にわたって既判力を持つ結論では必ずしもないとしても、当事者と相手方がその時点における紛争意識の軽減や消滅を期待して自らの紛争と対峙する勇気と覚悟を評価しながら、相手方にも納得のいく結論を目指すという意味で、外的刺激による ADR というよりも内的刺激による ADR といえるものである。既判力を持たないのならば ADR の意味がないとの批判は当然であるが、その時点で解決したとしても後日「蒸し返し」が生ずるとするのは間違っている。なぜなら、一定の話し合いによる互譲で得た結論に対しての後日の不満は、当初の紛争から変異したものであって、そもそも紛争原因を見つめて導き出した解決に対する不満は、その解決策に対する不満である。その趣旨は同一にも見えるが、実はまったく新たに生じた紛争と言えるものであって、ADR に既判力を求めること自体が適切でない事案も数多く存在するものであり、第4章に記した事例などを通じてその証左とするものである。

No. 7、2004 年、13ページ)。

民間型 ADR の趣旨と実効性

　そもそも ADR 法の第一条に掲げられた「目的」においては、国民に紛争解決の新たなるツールとしての民間型 ADR すなわち専門的知見を有する第三者の仲介のもと、自らの紛争解決をしていこうというものである。国としてこの第三者を適正な管理監督のもと、認証機関として国民に利用を促すということである。

　これまで「調停」として裁判所や行政で行われてきた紛争解決の法に基づく判断を軸として話し合いを進めるスタイルと異なり、ADR 法の主旨は当事者が紛争の背景や本質を見極めるということを促進、援助することによって、どこまでも当事者の自立的な判断に解決への選択権を与えるという考え方を強く意識している。つまり、権威や法に頼らない当事者中心の考え方が、この法律の目指す「民間型 ADR」に他ならない。

　しかしながら、これまでの日本人が経験したことのない、どこまでも自己完結を求めるこのスタイルは、まだまだ社会に定着しているとは言えない。

　2014 年 11 月 1 日までに、法務大臣認証を受けた民間 ADR 事業者は 130（認証上は 132 であるが二つは廃止された）であるが、公開されている現在の活動状況を見るかぎり、年間をとおして活動実績がない、あるいは問い合わせ件数さえないという事業者が複数あることは、民間型 ADR の目指すものが理解され、活用されているとは考えにくい。認証事業者は、弁護士会をはじめとした士業と呼ばれる隣接法律職などを母体とするもの、製造業や各種業種団体によるもので構成されているが、それぞれの団体の法務大臣認証 ADR 事業者を目指した動機が異なるという点もその理由の一つかもしれない。例えば、弁護士会はこれまで同様、法律の専門家として、裁判以外の場面でも主導的な紛争関与によって、業務に結びつける[79]ということを指向するものであり、当然といえば当然のことである。

---

[79]　読売新聞社会部『ドキュメント弁護士　法と現実のはざまで』（中公新書、2000 年）182―205 ページ。

また、隣接法律職すなわち司法書士、社会保険労務士、土地家屋調査士、行政書士などは、弁護士法によりがっちりと固定されている法律関連業務についての部分的参入を目指しての突破口、すなわち「ADR 代理権」獲得を目的として[80]、社会貢献という大義のもとに社会的認知をより広範囲に、より強固に行おうとする意図があったことは[81]、これまでの各士業の機関誌に掲載されたスローガンなどで明らかである。

　業種団体によるものは、主に消費者と企業との間に立って、そこに生じた紛争を必要以上に拡大することなく、一方で消費者保護を掲げつつ、同時に各企業のダメージの予防と軽減に資するものと捉えているように思われる。

　これまで裁判所においてしか話し合えなかったものが、それ以外の場所で相互の主張をし合い、理解と調整を可能ならしめることは意義深いものである。しかし、利用者たる国民が従前の裁判所における調停のように、裁判官を含めた調停委員を交えて相手方の主張の確認や出方を観察しながら次の展開を考えることもできる、いわば裁判のリハーサルともいえる調停をイメージし期待していることも考えられる。その場合、民間型 ADR においては黒白をつけるべき基準をあえて明確にせず、紛争当時者が自らの判断と労力によって、独自に法的情報を収集し、そのうえで話し合いに臨むということに慣れていなければ、その実効性は高くなりようがないと言わざるをえない[82]。

　そもそも、近時の ADR についての考え方は、主にアメリカで行われているものを参考にしているが[83]、アメリカでは交通事故を起こしてもまず自分の

80　吉岡翔『知れば怖くない！弁護士法72条の正体』（彩流社、2008年）11―32頁。
　　河野順一『司法の病巣　弁護士法72条を切る』（共栄書房、2001年）57―58頁。
　　いわゆる隣接法律職種からの批判はこれまでもずっと行われてきた。
81　司法制度改革以降の弁護士のプロフェッショナリズムについては、武士俣敦「弁護士の役割と展望」和田仁孝編『法社会学』法律文化社、2006年）187―204頁。
82　Lascarides, Alex & Asher, Nicholas, "Agreement, Disputes and Commitments in Dialogue," *Journal of Semantics*, Vol 26, No. 2, 2009.
　　Alo, G.E.D',"Justice, Understanding, and Mediation: When Talk Works, Should We Ask for More?" *Negotiation Journal*, Vol.19, No.3, 2003, pp.215-227.
83　Brunet, Edward J.,"Judicial Mediation and Signaling," *Nevada Law Journal,* Vol.3, 2003, pp. 232-258.

主張を声高に言い、相手の非を責める。トラブルに巻き込まれたとしても、自分から率先して謝らないとよく言われる。

それは、人種・文化の異なる人たちの集合体である社会において、それぞれの持ついわゆる常識の偏差があまりに大きいため、まず自己の考え方を明確に主張しておかなくては、不利益をこうむるという意識が強く働くからであると考えられる。[84]

わが国において、例えば交通事故にあったとしても、多少なりとも原因があると思った段階で、謝罪の言葉を発することが多いと言われるのは、責任をまず認めたうえでそのことに対する自らの誠意を汲み取ってもらい、相手方が少しでも柔軟にその後の対応をすることを期待していると考えられるので、紛争に対する対処はアメリカとは真逆になる。[85]つまり、アメリカにおいてはまず自らの主張をし、それから相手の主張を聞くのに対して、日本人はまず相手の出方を見て、自らの主張をしていくという差異が存在する。人種、言語、文化的背景、価値基準が多様な国柄であるからこそ、話し合うことによってお互いの差異を認識し埋めていくことが紛争解決につながると考えるアメリカのような社会と、文化的にも道徳規範や価値観が比較的統一されている日本とは、そもそも異なる。ところが、高度成長期以後、社会における価値観の著しい多様化が、アメリカの状況に近似してきたのではないかということが、アメリカにおいて効果を挙げているADRを取り入れる素地になったと考えられる。[86]

したがって、そもそもレビン小林久子が紹介した法律家以外の調停者によるADRシステムが実効を上げ、国民のなかにその効能と使い方が充分に浸

---

[84] 紛争を認知の変容の観点から説明するものとして、Felstiner, W. L. F. & Abel, R. L. & Strat, A.,"The Emergence and Transformation of Disputes; Naming, Blaming, Claiming," *Law and Society Review*, Vol.15,No.3, 1980, pp.631-654.

[85] Edwards, Harry T., "Alternative Dispute Resolution: Panacea or Anathema?" *Harvard Law Review*. Vol.99, No.3, 1986, pp.668-684.
Edwards, Harry T., "The Growing Disjunction Between Legal Education and the Legal Profession," *Michigan Law Review*, Vol.91, No.1, 1992, pp.34-78.

[86] Galanter, M., "The Vanishing Trial : An Examination of Trials and Related Matters in Federal and State Courts" *Journal of Empirical Legal Studies*, Vol.1, No.3, 2004, pp459-570.

透しているアメリカの ADR[87] をそのまま日本に持ち込んだとしても、はたしてそれが根付いていくのかという懸念は払拭できない。長らく法律家の知見に依存した話し合いのなかでも確かに自らの主張はできるものの、それは法律家の設定した範囲のなかでのことである。それに拘束される形での解決への模索システムと ADR を捉えるならば、当事者自身の解決への主体的行動や意識を期待することはできないことになる。まさしく第二次大戦後、アメリカが「民主主義を日本人に教え、根付かせる」とした状況に例えられる。また、国民のなかに ADR 法や民間型 ADR の考え方が充分に理解されないかぎり、その利用が低調で、利用そのものが偏在している状態が続くだろう。もちろん、それぞれの事業者が掲げている取り扱い分野は、ADR 法にいう「専門的知識」に関連するものであるが、同時に弁護士法の関係から、かろうじて許容される範囲のメニューということにもなる。もっとも、利用者にとっては、紛争の相手方に文句を言わせないためにも専門知識を基準として判断をしてくれるほうが楽である。

　また、自らの情報収集のために求められる負担も、客体としてこれらの事業者を利用すれば心理的負担も軽減され、裁判所ほどではないものの一定の権威に依存できるとの期待がある。しかしながら、民間型 ADR そのものが、直接的に法の基準に頼るのではなく、それ以外の要素を第三者である調停者とともに模索し、なにかしらの気づきや発見を得ることによって、利用者自身も紛争そのものを解決していこうとする本来の目標に近づけるという強い期待と合意がなければ、本来の民間型 ADR の特徴も目的もどこかに行ってしまうことになる。そのことは裏を返せば、利用者にとっては相互理解のための冷静な話し合いのための魅力あるシステムとは映らない。多様な紛争の形態のなかでは、法では解決しえない要素が潜んでいることに注目しなければならないし、調停者としても、それぞれに持つ法律的・業種的知識、経験だけでなく、専門的知見としての当事者の心の深層を見抜く能力と技術がそ

87　Eye, Alexander. V. & Mun, Eun & Mair, Patrick, "What Carries a Mediation Process? Configural Analysis of Mediation" *Integrative Psychological and Behavioral Science*, Vol. 43, No. 3, 2009, pp. 228-247.

れ以上に求められることを意味する。[88]

　本章で確認すべきは、ADRにおける三つの類型において、単に手続き主体や手続き者が異なるだけでなく司法型、行政型がその歴史的な経過や調停におけるコンセプトが民間型ADRと異なるということである。この二つは、話し合いというよりも双方の主張を調停の場で明らかにすることによって、法的基準に照らしてある妥協を求め、求められるという相関になる。そのために、その手続きは、民間型ADRと異なり、当事者の紛争に対する理解、感情よりも、客観的事実に注目することとなり、「自主交渉援助型」とはまったく異なるものと言わなければならない。また、このような決定的な差がありながら、民間ADR事業者にあっては、司法型を前提としながらも民間ADR事業者として法務大臣認証を目指す理由が、別にあるということであれば、単純に司法型窓口が増加しただけであって、民間ADR事業者のなかでも異なる形が混在していることになる。

　だとするならば、ADR法の基本理念にいう「専門的な知見を反映して紛争の実情に即した迅速な解決を図る」(ADR法第三条)というのは法的評価に他ならず、質的なものではなく法的基準を軸とする評価型の事業者が大半を占めるということになるだろう。

　むしろ、民間の人的資源とこれまでの司法型、行政型では、活躍しえなかった専門知識、例えば当事者の紛争による心の痛みを和らげつつ解決に導く手法を具備した手続き実施者[89]が関与するなど、これまでの二つの類型とは異なる質的な選択をしうるのが、民間型ADRの存在意義であると考えれば、法務大臣認証事業者としての制度設計がはたして妥当だったのかは、現況を見るかぎり、その検討が不十分であったと言わねばならない。[90]

88　Colvin, Alexander J.S., "The Dual Transformation of Workplace Dispute Resolution", *Industrial Relations,* Vol.42, No.4, 2003, pp.712-735.

89　Jones, Tricia S. & Brinkert, Ross, *Conflict Coaching: Conflict Management Strategies and Skills for the Individual*, SAGE Publications.Inc, 2007, pp.3-20.

90　深山卓也「法務省から見たADR法の状況」(『仲裁とADR』Vol. 5 仲裁、ADR法学会、2010年) 15―24頁。深山は法務省大臣官房司法法制部長として認証状況その他を論説しており、そこでの「当面の課題について」で、ADR認証制度の現状として認証紛争解決事業者数および取扱実績のさらなる増大、取り扱う紛争の範囲の

法務大臣認証民間 ADR 事業者

　ADR 法において、法務大臣は、認証を受けようとするものに民間紛争解決手続きの業務が基準に適合するとともに、当該業務を行うのに必要な知識および能力並びに経理的基礎を有することを求めている（ADR 法第六条）。
　法務省は、それについて「認証申請・届出の手引」[91]として詳細に説明しているが、もっとも不明確なものは、「専門的な知見」である。
　例えば、それが民法はじめそれぞれの事業者が掲げる紛争の範囲に関わる法律知識を含むことは理解できるとしても、「和解の仲介を行うのにふさわしい者」とはどのような趣旨なのか明確ではない。一般的には「調停技法」と呼ばれる話し合いを促進させる手法を理解、実行しているものと考えられるが、その教育や能力担保についての統一的なものは見当たらない。となれば、事業者それぞれが持つものについて、「認証の手引き」をもとに条件を整えたとしても、必ずしもそれが適切な調停能力を持つ者である保証はない。
　この点について、事業者全体の構成を確認するとともに、法務省の公開している解決サポートのデータから、実績を通して認証事業者としていかなる

一層の多様化が望まれるとするとともに、ADR 認証制度の周知広報として、法務省がこれまで行った「解決サポート」との愛称およびロゴマークを定めており、①ホームページにおける認証紛争解決事業者に関する詳細な情報提供（http://www.moj.go.jp/KANBOU/ADR/index.html）、②各種ホームページへのバナー広告の掲載、③関係機関に対する広報用パンフレットの配布、④メトロガイドなどの私鉄沿線の情報誌・フリーペーパーや政府広報オンラインにおける広告記事の掲載、⑤政府広報番組における広報などを行ってきたが、今後とも ADR 認証制度の周知広報に積極的に取り組んでいきたいとしている。そして、認証紛争解決事業者その他の関係者間の連携強化の重要性のなかで、認証紛争解決事業者が、その連携強化を目的とした団体を設立することが考えられる。現に関係者による団体設立に向けた活動も行われているところであり、法務省としては、このような関係者の自発的な活動を大いに期待するとともに、可能なかぎり支援をしていきたいと述べている。
　ADR 認証発足後約 3 年後に法務省担当者によって示された各指摘について検証していくということも本書の目的となっている。

91　http://www.moj.go.jp/content/000004645..pdf（最終検索日：2014 年 11 月 1 日）

意義を持つものか考察を進めたい。そこで、運営管理事業者として認証直前から筆者が関与した「行政書士ADRセンター兵庫」は、最初から別の意図に基づいて認証を目指し、認証を得やすくするための雛形に基づいて作成された規則などの運営指針は、必ずしも実際の運営について合致するものではなかった例を取り上げたい。そこで、民間ADR事業に法務省が何を求め、何を目指したのかを考察し、それらの規則細則などを確認しながら浮き彫りになった課題を検証していく。

民間ADR事業者の実務

　民間ADR事業者は、法の理念のとおり「紛争当事者の自主的な紛争解決の努力を尊重する」という使命を負っている。

　紛争に悩む当事者が、なんとか紛争解決に向けて民間ADR事業者にたどり着いてからの手続きは、認証事業者としての厳格性が求められると同時に、司法型、行政型とは異なり、裁判所や官庁が関与しないという意味で「権威」に頼れない。それだけに、その手続きそのものが簡便でありつつも、解決に向けて紛争当事者の理解と協力を求めることは簡単なことではない。

　そこで、民間ADR事業者としての行う手続きの実際を見ることによって、司法型、行政型と異なる部分を確認しておく。

民間ADR事業者における調停手続きの流れ

　民間ADR事業者は、ADR法の趣旨に沿って法務省による申請前段階で、設置などと同様ADR手続きについて指導を行っており、それが申請に向けての前提であることから、取り扱い分野において、各々の申請者の性格による独自性はあるものの、若干の数字などの差異を除き、運営に関わる規則や細則などの規定は、共通する部分が多い。そこで、実際の手続きの流れについて、主として「行政書士ADRセンター兵庫」を例にとりながら順に沿って確認しておく。

（1）利用しようとする者の選択とアクセス

　紛争を抱える当事者は、その紛争の種類、例えば、家族・親族に関するもの、他者との権利・義務に関するもの、日常生活において生ずるものなど、多様な紛争の形態から、解決に向けて最も適切と思われる解決手段を模索する。それは経済性、迅速性、将来の相互関係などを勘案することはいうまでもない。その結果、裁判による解決でもなく、またあえて裁判所における調停ではなく民間ADR事業者を選択する場合、各々の事業者の標榜する取り扱い

分野に対する専門性はもちろん、「民間」という意味での気楽さが働くものと考えられる。各事業者が作成したパンフレット、ホームページあるいは新聞、テレビ、ラジオなどのメディアを通じて得た情報をより詳細かつ正確にするために、インターネットで広範な情報収集とりわけ「口コミ」などとして個人が匿名で公開している当該案件に対する論評や感想を参考に、自らの抱える紛争に適合する事業者へと到達するのである。また、そのほかにも、行政サービスの窓口などへの照会や「消費者センター」など広く市民に認知されている機関から案内されることもある。そしてそれだけではなく、「渡り」と呼ばれる問題解決のために次々と相談窓口を訪ねて回る利用者も決して少なくない。いずれにしても自らの紛争に対する解決への志向は、その深刻の度合いに比例して強いものであるものの、そこには特に経済性と迅速性に対する欲求が強く働くものと考えられる。このような動機と模索によって利用者は、自らの問題解決に最適と考える民間 ADR 機関に到達する。

(2) 利用申込み

　前述のように民間 ADR 事業者は、法務大臣認証取得を担保として、統一的な基準による運営を求められており、多少の違いはあってもおおむね、近似の形態システムであるといえる。利用者が、自らの調査や他者からの助言によってたどり着いた民間 ADR 事業者に対して、電話や訪問によって利用の意思を伝えるわけであるが、ほとんどの ADR 事業者は、その設置母体の事務機能の一部として運営されており、特別な場合を除いて、設置母体に職員として勤務する者のなかから ADR の基礎的知識、職務上の守秘義務、文書管理など ADR 事業関与者としての一定の研修を終えた者を選任する。本書で取り上げた「行政書士 ADR センター兵庫」でも施行細則において、事務職員に対する教育、研修を義務付けている。事業者によっては、この担当者が、利用しようとするものに与えるべき情報、例えば「調停者の資格などの説明」「担当する調停者の選任」「標準的な手続きの流れ」「話し合いに関わる秘密の取扱い」「調停手続きを終了させるための要件及び方式」「話し合いによる解決困難との調停人の判断」「話し合いの成立した場合の書面作成」「手続きに要する費用」など、事細かに利用者に対して告知し、承諾を得る

べき事項について説明することになる。

　もっとも「行政書士ADRセンター兵庫」においては、センター自体の執務が毎月第2、第4木曜日と限定していた。また、センター長以下常勤でないため、情報を正確かつ適切な判断材料としうるよう、担当職員は紛争のアウトラインと利用者の連絡先、連絡時間帯などの希望を聴取し、事務的に運営責任者（行政書士ADRセンター兵庫においては「センター長」）に伝達する。それから、それぞれの責任のもと、申し込み者に紛争の詳細を直接聞き取ったうえで、上記の告知事項について詳細に説明を加える。それから、資料を持参してもらい執務時間内での来訪を求めている。来訪時には、当事者に関する資料、紛争に関わる資料を預かり、受任要件がADR事業者としての取り扱い分野であること、また、住所、発生地などが規則に定められた範囲であることを確認したうえで、署名押印された申し込み書類の提出を受けてから申込金の受領をする。その後、運営責任者であるセンター長は、手続き関与弁護士に事案の概略と提出された資料を示し、高度な法律判断を要するものなのか、あるいは取り扱いに注意を要する法的な問題点がないかなどを協議してから、受任可能という判断をしたうえで、正式に「申し込み受理」ということになる。

　申し込み内容については、申し立てが不当な目的によるもの、あるいはこれを受理することがADR事業者の趣旨に反するものである場合、または取り扱い分野でなかったり、申し込みにかかる紛争が調停手続きに適さないと考えられる場合、さらには、申し込み者に申し込み内容について補正を求めたにもかかわらずこれに応じないなどそもそも「話し合いによる解決」が望めない場合は、「不受理」とすることはいうまでもない。

（3）申し込み内容の確認

　申し込み者から提出された申込書などの書面、および手続き関与弁護士の意見をADR機関の運営、担当、組織（行政書士ADRセンター兵庫においては「運

92　「行政書士ADRセンター兵庫」では、利用者との金銭授受はすべて銀行振り込みとなっているので、振り込み確認後の「受け付け」となる。

営委員会」)に諮った後、異議がなければ紛争の相手方に対して、話し合いによる紛争解決に向けて、ADR事業者として関与する旨、申し込み者による紛争内容を記した書面とともに通知を行う。従来の裁判所による調停と異なり、民間ADR事業者の存在や働きについて、まだまだ周知されているとは言い難い状況に鑑み、配達証明付郵便などにより相手方に当該告知書面が到着したのを確認して、センター長が相手方に直接電話で連絡を取り、ADRの趣旨、ADR事業者の位置づけ、調停者の立場などシステムの紹介を兼ねて、話し合いの参加を促すこととなる。聞きなれない組織から、いきなり紛争や申し込み者すなわち紛争の相手方の主張が知らされることになることは不愉快極まりないものであり、そもそも相手方が主張する紛争そのものを認識していない場合もあり、そのような通知自体が「青天の霹靂」という場合も少なくない。

　この話し合い参加の勧奨は、極めて重要であるとともに、これに失敗すればADRそのものが成り立たないこととなり、その職責と精神的重圧は相当なものであり、実際の調停場面以上に深刻である。この勧奨に失敗すれば、その後の調停手続きの質は大きく変わるばかりではなく、調停の場さえ設定できないことになってしまう。

　具体的には、事業者として裁判所の調停とどう違うのか、どこまで実効性があるのかという問いかけはもちろん、表現方法一つをとっても、申し込み者側の立場で勧奨してきているのかという警戒感、結果に対する責任の所在など、相手が対話をいつでも遮断、拒否できる電話での参加の勧奨は、もっとも困難な作業といえるものである。

　例えば、これを事務的にマニュアル通りに読み上げたとしたら、よく知らない組織や人間に突然呼び出されて、わざわざこれに応じる者などほとんどいないだろう。裁判所による調停は強制ではないものの、そこには暗黙の権威がある。ADR事業者は参加せざるをえないような心理的な圧力を持たない組織であるがゆえに、裁判所名で届く書簡との効果の差を埋めるものがここにある。

（4）調停人の選任

申込人の主張に基づき、話し合いの可否を相手方に求めた後、参加する旨の返書が届いた段階で、センターに備えつけてある調停人候補者名簿により登録分野、性別、年齢などを勘案して当該紛争解決にもっとも適任と考える調停人候補者数名を選び、担当職員が彼らのスケジュールの確認を行う。調停人は、原則として２名選任し、必要に応じて手続き関与弁護士を話し合いに加えることとなっている。

調停人２名と予備１名の調停人、そして手続き関与弁護士のスケジュールの一致する期日候補日を申し込み者、相手方に電話で確認して、全員が参加可能な期日を初回調停日として、期日通知書を当事者らに送付するが、この作業もずいぶん困難なもので、あまりに先送りの日程にすると当事者の解決意欲の減退だけでなく、事業者そのものへの信頼の低下につながる恐れがある。この日程調整についても申し込み時に申し込み者との面談、相手方への話し合い参加勧奨などの事務的打ち合わせを通じて、少なからず人間関係が構築できていることもあって、また、責任者という職責上の権威効果も期待できることから、「行政書士ADRセンター兵庫」では日程調整も事務担当者ではなくセンター長が直接連絡調整をすることになっていた。

なお、この調停人候補者については、除斥規定に抵触しない者であるのは言うまでもない。

（5）期日当日

当事者双方が話し合い開始までの精神的負担にならないよう、話し合い場所となる小部屋と各々の待機場所となる部屋二つを用意して、定刻前に事務担当者により参加を確認。定刻、センター長が双方を調停室に招き入れた後、参加に対する感謝とともに、調停人らを紹介した後退出する。規則上、話し合いについては、調停人以外が関与することは制限されており、センター長であっても同席はできないこととなっている。

（6）調停手続きの進行

話し合いは、おおむね３回から４回、３カ月程度を目途（各事業者によって

若干の差がある）に続行するが、基本的には高度な法律判断が求められる場合のほか、話し合いの経過中も含め、調停人はいつでも手続き関与弁護士の助言と指導を受けることができるようになっている。話し合いは同席を基本とするものではあるが、必要に応じて調停人の判断により別席も認めるものであるものの、できるかぎり同席調停で進行することを定めている。

(7) 成立
　調停人は話し合いがおおむね一つの結論として見えた段階で、調停案の試案を作成したうえで、その内容が公序良俗に反するものでないか、法的な問題点がないか、手続き関与弁護士の意見を求めて、特段の意見がないときには、当事者双方の考え方を確認して和解案としての検討に入る。これを経て、双方が同意をした場合において、和解契約書を作成して読み聞かせた後、当事者双方の署名押印を得て、話し合いを終了し、センター長は、同書面を保管するとともに、双方にこれを送付して調停手続きを終了する。

(8) 取り下げ終了
　申込人は、書面、もしくは口頭により理由を付して申し込みの取り下げができるとともに、相手方はいつでも調停手続きの終了を申し出ることができることになっている。

(9) 和解成立の見込みがない場合
　一方の当事者が正当な理由なく2回以上欠席、あるいは和解をする意思がないと明確にしたとき、または和解が成立することにより著しい不利益が生じる可能性があるときなどは、センター長は調停人の報告に基づき調停手続きを終了決定するほか、
　・申し込みそのものが和解に適さないと判断したとき
　・当事者が不当な目的で申立てをし、また依頼したとき
　・一方または双方の当事者が調停人の指揮に従わず継続困難となったとき
　・当事者がセンターに納付すべき費用を納付しないとき
なども終了事由となる。

以上のように民間ADR事業者においては、当事者の話し合い解決に向けての理解と協力を前提として弁護士の助言を得ながら、適切な方向と結果を目指して、調停者の知識と忍耐、努力が結実するよう組織としての運用がなされ、その責任はADRの本質を保証していくものになるようにとの趣旨は理解できる。

　しかしながら、これらの手続きについて利用者から見れば、はたして気軽で簡便な手続きといえるかどうかは疑問である。裁判や裁判所の調停に対するある種の敷居の高さは、権威とともに公的機関であるということから想像する煩雑な手続きを避けて、もっと気軽に簡単にADRを利用できるのではないかという期待もあって、利用を考える者も少なくないはずである。大臣認証など、公的なお墨付きによって、公共性、公正性をアピールするために厳格なルールは当然必要ではあるものの、それがために、煩雑さや時間がかかるとすれば決して使いやすい機関であるとは言えないのではないだろうか。

法務大臣認証 ADR 事業者の課題
(行政書士 ADR センター兵庫を例として)

　全国 47 都道府県の単位会と呼ばれる各都道府県行政書士会で組織されている日本行政書士連合会(以下日行連)[93]は、全国の行政書士の統一的組織として「行政書士会の会員の品位を保持し、その業務の改善、進歩を図ること」を目的としている特別民間法人である。2006 年、日行連の理事会および総会において行政書士における ADR の取り組みが決定され、会内の理解とコンセンサスを得ることになった。そして ADR 認証制度の実施に向けて法務省、日本弁護士連合会(以下日弁連)など関係する諸団体と協議を重ね、行政書士における ADR 事業の算入に向けての準備を始めた。その具体的内容は、「社会貢献活動の一環と位置づける ADR 機関を指定単位会毎に設置し、平成 18 年秋以降の受付開始に向け、当該単位会と協力して必要な措置を講じるとともに、研修センターと連携し人材の育成を推進するとした」とされ、事業計画案としての議案のなかでは、

・研修センターの独立組織化について
・研修体制の再構築と内容の充実について
・司法研修について
・ADR 機関設立について
・ADR への対応について
・ADR 実施についての研修体制の再構築と内容の拡充について

なども承認決定された。そして、これをより具体的に推進するため「裁判外紛争解決機関推進本部規則」を定めた。[94]

---

[93] 1953(昭和 28)年 2 月創設、1960(昭和 35)年 12 月強制会、1971(昭和 46)年 12 月法人格取得(行政書士法上の法人)。

[94] (目的)第 1 条　日本行政書士連合会(以下「本会」という)は、裁判外紛争手続き(ADR—Alternative Dispute Resolution—)を通じて社会に貢献するため、本会会則施行規約第 2 条 2 に基づき裁判外紛争解決機関推進本部(以下「ADR 推進本部」という)を設置する。
(事業)第 2 条　ADR 推進本部は次の事業を行う。
一、ADR 機関の設置に関すること。

これらを受けて日行連および各単位会においては、ADR機関設置に向けて走り出した。
　しかしながら、すべてが不案内な領域でもあり、例えば弁護士との連携や取り扱い業務など、日行連が法務省や日弁連とすりあわせを行い、一つの雛形を各単位会に示して、各々の単位会の規模、すなわち経済的、人的資源などを勘案して可及的速やかな設置を促したものである。
　しかし、設置のための研修や施設などについては各単位会の負担であり、当初の人材養成については日行連が主催したものの、その後は各単位会が責任を負うことになり、設立に慎重であったり、初めからADRによる社会貢献という趣旨に「事業や組織の永続性」という観念から敬遠する単位会があったのは事実であり、現在に至っても新規の認証申請は牛歩である。
　当時、日行連に兵庫会から選出された役員がいたことも強く影響し、東京は別として、取り組みに対しての各単位会の温度差が著しいなか、兵庫県行政書士会（以下兵庫会）は積極的に会員に対して繰り返しアピールしつつ、勉強会などを実施し、一定の活動の成果は見ることはできたが、その後、当時の担当者が兵庫会機関紙に寄稿した記事が、それまでの経緯を明確にするものと言える。

　「全国ADR担当者会議参加報告」[95]
　　平成17年2月10日（木）13時30分より、行政書士会館（東京都目黒区青葉台3−1−6）において「全国ADR担当者会議」が開催された。（各単位会1名が参加）
　　司法制度改革推進本部第14回会合において「今後の司法制度改革の推進に

　二、ADRに関する調査、研究及び指導。
　三、前号に掲げるもののほか、ADR推進本部の目的を達成するために必要な事項
（組織）第3条。
　一、ADR推進本部は会長が委嘱する9人以内の者をもって組織する。
　二、ADR推進本部には、本部長及び副本部長各1名を置く。
（任期）第4条、（雑則）第5条、附則は省略。
95　「行政ひょうご」2005（平成17）年3月号。

ついて」の中で行政書士のADR参入については「税理士、不動産鑑定士および行政書士の代理人としての活用の在り方については、裁判外紛争処理手続きの利用の推進に関する法律（省略）の施行後において改めて検討されるべき課題とする」とされた。すなわち行政書士が代理人としてADRに参入することについては見送られた。そこで、日行連として「今後は、手続き実施者としての実績を築き、代理権獲得に向けて努力していきたい。そのために、各単位会には、法施行前に施行後、法務大臣から認証を受けうるADR機関を立ち上げていただきたい。財政面で支援していく」との説明があった。

　設置：各単位会
　手続き実施者：当面は調停委員が中心となる。
　分野：各地域の実情に応じて選択。
　財政：利用者からの徴収は、弁護士法72条により不可。
　　　　各単位会で予算を計上。日行連も補助する。

　なお、機関の位置付けなど、具体的については今後さらに検討していく。また場合によっては、本会会則の改正など、関連法規の整備が必要となると思われる。との会議内容であった。

　この報告は、まさしく政治的取り組みとしての性格と経過を如実に物語るものであり、日行連が掲げたADRへの取り組みの動機が、司法制度改革に向けて「社会貢献の一環として位置づけるADR機関の設置」というよりも「代理人としてのADR参入を企図していたもの」であり、それが「持ち越し」となったので、当面は手続き実施者として実績を築いて代理権獲得に向けて努力するということで、ADRに対する考え方そのものが他の隣接法律専門職団体同様、職域の拡大という目論見であった。

　そもそも前述したように、弁護士以外のADRについては、法的評価ではなくレビン小林久子モデルを基準とした当事者間の対話による相互理解が求められるわけである。とりわけ「同席調停」という手法では、当事者双方が相手方の表情、息づかいを感じながら自己の思いを伝え、自らのうちにこもっている紛争へのマイナスな感情を良き第三者の協力を得て昇華していく作業と位置づけている。そして、隣接法律専門職団体はその援助者として能力

担保を行おうとしているわけである。したがって、各隣接法律専門職団体そのものが自らの資格、職によってADR代理を目指すとすれば、紛争当事者でない代理人を志向することになり、それは紛争そのものを紛争当事者本人によって解決していこうとするADRのスキルなり手続きと矛盾するのではないかとの疑念が生じるのはいうまでもない。[96]

　また、日行連が当面、手続き実施者については、会員の中で簡易裁判所、家庭裁判所の調停委員を務めている者が中心となるとの考えを示していたが、民間型ADRと裁判所における調停やそれぞれの特徴的差異や手法、手続き実施者に求められるものについても、この時点では十分に理解していなかったと考えざるをえない。そしてこの考え方が、基幹である各単位会に伝達していったとするならば、他の業種団体も含めADRの取り組みが首尾一貫したものであったのかどうか、疑念を抱かざるをえない。つまり、従来わが国におけるADRは、裁判所で行われる調停のほか、行政機関や弁護士会や一部の業界団体などにかぎられていた。しかしながら、大きな司法改革の流れと規制緩和の流れのなかで司法書士会に続き、隣接法律職としての行政書士も、その悲願である代理権獲得とあいまってこの流れに積極的に乗っていこうとするものに他ならないものであったのである。

　しかしながら、当然、法律事務を独占する弁護士会からの反発は強く、その調整は、その取り扱い分野について幾度となく協議がなされ、ようやく四つの取り扱い分野が決まり相互に協定を結ぶこととなった。それは、弁護士の取り扱うものとしては規模が小さく、また、その当時としては法的基準というものが充分ではなかった分野で、法による解決が難しい要素も含んでいたこともあって、はたして日行連の当初の目論見の分野とは言い難いものであった。それでもなんとか妥協の見い出せた分野について、日行連から全国の単位会にそれぞれ認証申請に向け準備をするよう要請がなされた。

　早速に東京都行政書士会が「行政書士ADRセンター東京」として認証を受けたものの、そこは会員数、予算など他の単位会と比べて抜きん出る単位

---

[96] この指摘において、廣田前掲書『紛争解決学』(103—139ページ)による「代理人」に関する考え方は否定せざるをえない。

会であり、いわば例外的なものであって、他の単位会が法務大臣認証を獲得するためのハードルは高かった。手続き実施者の養成には長い期間と莫大な費用がかかること、また、この期間の運営については安価な費用で紛争解決を図るという本来の趣旨から利用者からの収入は低く設定しなければならない。つまり、そもそも赤字が大前提の機関であることなどで、全国の単位会において一斉に立ち上げることは到底無理な話であった。なにより、ADRそのものや認証事業者となることへの理解が、それぞれの単位会役員で十分に理解されていないことなどもあって、期間を空けて一つ、また一つと認証を得る状況であった。

兵庫会では、2012年2月11日、法務大臣第111号としての認証を得て、「行政書士ADRセンター兵庫」（以下、ADRセンター兵庫という）として、活動を開始することになったわけであるが、そこに至るまでにも紆余曲折があった。

前年、兵庫会において会長はじめ役員の改選があり、それまで民間ADR事業者としての「ADRセンター兵庫」の法務大臣認証の申請が出されていたにもかかわらず、一向に認証されないため、新役員らにとっては大きなアサイメントとなっていた。監督官庁である兵庫県との接触で、法務大臣認証がいわゆる「塩漬け状態」になっている原因が判明したのは2011年秋のことであった。法務省から兵庫県に対してその申請についての意見を求めていたが、兵庫県としては、

「センターの予算案について予定される利用者からの収入に比べ、あまりに莫大な支出となっており、それらは今後も継続していくことで、ずっと赤字が続き、運営主体である兵庫会そのものの支出を考えた場合、それだけの余剰金が捻出できるなら、会費の減額など会員にその利益を還元すべきではないか、またそのような状態を会内で是とし続けることができるのか」

として、民間ADR事業者としての継続に重大な懸念があるとの認識を持っていることがわかった。

その予算計画はおおむね認証後2年間の収支を考えたものであるが、センターの存在が周知されるまでには、相当の時間がかかると考えられた。なによりも、そもそもの調停依頼についての収入と支出はバランスのとれるものではなく、加えて手続き実施者の研修、養成費用は利用に関係なく必要なも

ので、収入見込み額の何十倍もかかることから、兵庫県が疑念を持つのもやむをえないことであり、至極当然な指摘であった。その結果、法務省への認証に関わる兵庫県としての意見を留保していたのである。

これを受けて、翌年1月、兵庫県に対し手続き実施者養成に関わる費用を中心に当初の予算案から大幅に圧縮するよう努力することを約束した結果、これを「可」として早々に兵庫県は法務省に回答し、直後に認証する旨の内示がなされるに至った。

この経過はまさしく民間ADR事業そのものが採算が取れないものであり、法務大臣認証を得るためには、人的、予算的に継続が担保されることが必須であるものの、当面の立ち上げからの収支においては矛盾する運営を強いられるということを示している。

このような経過を経て、認証され活動を開始したのであるが、いずれの機関にも共通するもっとも大きな課題は、手続き実施者[97]の養成である。以下、これらも含め「ADRセンター兵庫」を例に、法務省大臣官房司法法制部審査監督課による「認証申請・届け出の手引き」「行政書士ADRセンター兵庫・規則、細則」「民認証申請・届け出の手引き」などから、民間ADR事業者の実際の運用を通して検討すべき課題を抽出していくものである。

まず、この民間ADR事業者としての位置づけは、設置主体が兵庫会であり、手続き実施機関としての「ADRセンター兵庫」に関わる規則などの決定事項はすべて設置主体である本会の審議機関である理事会の決議による。

そして、センター長はじめ運営に関わるものが、その設置主体の理事に加わるべき規定がない。運営上生じる問題や議題に対して迅速かつ正確に理事会に対して提起しうるためには設置主体における意思決定機関と手続き実施機関との連携をしっかり規定している必要がある。

とりわけ、センター長をはじめとして運営委員そのものがADRに対する深い理解と専門的知見を求められるところであり、利用者からの問い合わせや申し込みでの諾否などは手続き実施者とは異なる視点で紛争や紛争当事者

---

[97] 「行政書士ADRセンター兵庫」規則においては、「調停人」「調停人候補者」と呼称している。同規則第14、15、16条参照。

の立場を判断する必要があり、手続き実施者以上に法的知識と ADR 機関の運用に関わる手続きを熟知するだけでなく、本質的な ADR の考え方を十分理解していなければ事業者としての存在意義を失うばかりか、利用者はもちろん社会に対しての認証事業者としての信用を著しく損なうことになってしまう。ところが、130 近く（2014 年時点）の認証事業者においてもすべからく手続き実施者としての能力については定めているが、運営に関わる人的資源の要件や確保についてはたして充分な問題意識や人材の検索について信頼に足るものであるかは疑わしい。

次に、「ADR センター兵庫」が発行しているパンフレットを見てみると、利用者がパンフレットやインターネット・広報物そして消費者センターなどの他の ADR 機関からの紹介により、自らの抱える紛争がセンターの取り扱う四つの紛争すなわち、

・外国人の職場環境・教育環境に関する紛争
・自転車事故に関する紛争
・愛玩動物（ペットその他の動物）に関する紛争
・居住用賃貸物件に関する敷金返還または原状回復に関する紛争

のいずれかに該当するかを確認して、手続きについての問い合わせや申し込みをすることになる。

これら四つの取り扱い分野については、前述したように弁護士会との調整が難しいものであったが、ぎりぎりのラインで双方の妥協が得られた日行連の成果と言えるのかもしれない。しかしながら、センターが「調停手続きの意義」（ADR センター兵庫規則第 18 条）に言うところの「当事者間における対話の促進と利害の調整を図ることによって合意形成を目指すことを旨とするもの」との趣向に照らしても、例えば急増する自転車事故は日毎に社会的問題として取り上げられ、前述した子供の乗る自転車によって障害を受けた女性に対して莫大な金額の賠償を命ずる判決が出るなど、およそ対話による解決が困難になりつつある。[98]

また、ペットについての紛争も、飼い主にとっては家族同様の想いを持つ

---

98 『判例時報』平成 25 年 11 月 11 日号 2197 号（判例時報社）。

対象ではあるものの、法律上は「もの」としての扱いとなる。そこで、人間同様最後は金銭的解決しかないということになれば、まさしく法律や条例に従ういわゆる評価型調停あるいは裁判による解決に向かわざるをえない分野となってきている。

同様に、自らの一般的な法情報のなかで具体的金銭解決を志向するならば、敷金に関する紛争も対話による解決は期待できないものとなる。

外国人の関わる紛争では、その文化的差異に起因する紛争であるならば対話による紛争要因の相互理解で一定の成果は期待しうるかもしれないとしても、対話を促進するといういわば当事者の意識変化に依存する手法でこれらの紛争全般が解決しうるのかという懸念は払拭しきれない。

言い換えれば、はじめから経済的利害が伴う紛争であり、かつ事実や責任の判定すなわち法的評価が必要となる紛争について、弁護士の助言が必要となる事案であれば、対話促進による紛争解決は困難であるということになってしまう。利用者においても、これまでの裁判所などにおける調停の最終的には「妥当な法的評価」により一定の解決ができるというイメージを抱いての民間ADR事業者の利用であるだろう。そして、申し込み時までに「対話促進による紛争解決」という説明を繰り返し受けたとしても、当事者双方が法的基準も使わず相互理解と互譲のみで解決を目指すというそんな理想論のような手法を、すぐさま完全に理解でき信用して任せてくれるのかはなはだ疑問である。

一般社会における紛争は最終的には経済的求償に関わる案件がほとんどであり、その解決のために裁判官の指揮を受ける調停委員が活躍してきたし、当事者に代わって参加する弁護士も法を基準とする調停を是として話し合いに参加するものであった。しかし、今次のADR法の想定している対話促進による解決は、ある意味で法からはみ出た部分について双方の納得を構築していくものであるし、法律に頼る部分はそもそも最小であり、また、そうしなければまったく意味のないことにもなってしまうだろう。

仮に、ある過失があり可愛がっていたペットを喪ったとしよう。愛する家族の一員であるペットが「もの」として法基準による金銭で一方的に解決されることは、自らのペットに対する想いや価値観を全否定されるようなもの

である。しかし、相手方にしてみれば、金銭以外に何をすればよいのかと当惑することだろう。そこで求められているのは、法基準によって示された金銭以外の気持ちを込めた謝罪であり感謝でなければならない。それこそが「法からはみだした紛争」の核心的要因と考えなければならない。ならば、民間型 ADR に期待されているものが文字どおり法から開放された部分も対象とするのであれば、それこそ「法」ではなく「心」の問題であって、法の専門家である必要はないことになる。むしろ心の専門家でなければならないだろう。

この認識を持たないのであるから、民間型 ADR を旧来の調停の延長線上のシステムと捉え、ほとんどを法務大臣が認証し法務省が監督官庁となるのは至極当然なことかもしれない。逆に、法基準ではなく当事者の相互理解と協調を目的に、それを促進する手続きをもって紛争の解決を図るのならば、むしろ、法務大臣や法務省は最も遠いところに位置するのだから、別の認証制度を考えるほうがよいのかもしれない。

少なくとも、行政書士会関連の単位会 ADR センターはじめ士業団体が弁護士法との「せめぎあい」のなかで妥協の産物として取り扱い分野を決めたことは、それこそ本来転倒と言わざるをえない。もっとも、製造業はじめ業種団体によるものの場合、経済的解決もさることながら、関係する企業や団体に対してその意識の変革を求めるためのニーズから、法基準とそこからはみ出した紛争の核を抽出するという目的で利用するとすれば、第三の ADR の担い手としての意義はあるのかもしれない。

以上を総合してみると、ADR 法の立法時に ADR そのものについてはたしてどのように考えていたのか、深い疑念を抱かざるをえないのである。現実の各事業者の利用実績や例として取り上げた「ADR センター兵庫」においても、こうしたジレンマには直面してきたし、これからもこの問題を内包したままに進まざるをえないだろう。

具体的に、手続きに着手する段階で時効や要件事実の検証が避けえないとセンター長が判断し、調停手続き当初あるいは途中からでも手続き関与弁護士を手続きに参加させた場合を想定してみよう。弁護士以外の調停者である教育、訓練を受けた行政書士が、いまだ解決の兆しが見えなくとも当事者に

根気強く手続きの趣旨を理解させ、紛争解決に向かってともに進んでいこうと鼓舞していたとする。一方、法基準に照らしていわゆる紛争の「スジ」が見える弁護士にとっては、そのこと自体が意味のない行為であり、いたずらに解決から遠ざけてしまうような回り道に見えてしまう。その結果、関与弁護士が法を根拠として「合意の見込みなし」と早々にあきらめてしまったら、弁護士以外の調停者がなお食い下がっても、調停の続行を主張することは実際上不可能となってしまう。そうすると、話し合いすなわち「対話促進による紛争解決」がいつの間にか「法を基準とする」調停になってしまい、これまでと何ら変わりないものとなってしまうことになるのだ。

ペットに関わる紛争のケースでは、近年、ペットはもちろん他者に損害を与えた場合に損害を賠償する保険が普及しているため、ペットを傷つけたり死亡させた場合も、交通事故同様、当事者が前面に出て相手に謝罪を繰り返したり、相手の要求を聞くことなどに保険会社は否定的である。すると、保険を利用すると決めた段階で当事者は舞台から消えてしまい、かわって法基準すなわち判例などの法情報という強固な鎧をまとった保険会社社員が前面に登場することになる。それに納得しない当事者には、保険会社の提携弁護士が「いやなら裁判で決着をつけることになる」というような高圧的な文書を事務的に送付してくることとなる。あくまで「当事者同士の対話による紛争解決」である以上、これらの防具をまとった代理人はその資格や手法において話し合いの当事者とはなりえない。

なぜなら、自分のペットへの想い、悲しみ、怒りを、金銭ではなく相手に直接伝えたい、わかってほしいという感情があっても、それを直接に連絡することを控えるよう保険会社や弁護士に求められることになれば、ますます紛争の核が解消されることなく深く沈殿していくだけでなく、憤懣はどんどん膨張して悪い方向へと変容していくこともある。そうならないために、当事者への直接アクセスを制限されたとしても、ADRセンターから紛争の相手方に書類や添付資料などを送付することで、紛争に発展することとなった自己の想いを届けることも可能となる。調停に至らなかったとしても、当事者の「法からはみでた紛争の核」を解消できる可能性もある。

いずれにしても、民間型ADRにおいては、弁護士による代理人手続きは

もちろん病弱や高齢などのやむをえない事由でも当事者が参加できないとすれば調停手続きはおよそ全うしえないことは、筆者のセンター長としての経験から明らかである。そのため、日行連が獲得しようとした「ADRにおける代理権」に逆行するものとなるが、「ADRセンター兵庫」においては、センターでの調停は本人参加を原則とし、本人が参加できない事情がある場合は親族などに代理人を限定することを運営委員会として提案した。
　そして、「ADRセンター兵庫」においては「調停人の責務」として、「調停人は、当事者間に存在する真の問題点の抽出、これに対するそれぞれの当事者の意見その他の主張の明確化及びそれぞれの当事者の真意に基づく利害調整を通じて、双方の当事者がともに納得することができる合意案を構成できるように必要な援助を行うとともに、調停手続きの機が熟したと判断したときは当事者間に紛争解決の合意が成立するように努めなければならない」[99]
　と定めている。早々に法基準からの判断をしてしまう場合や、当事者本人ではなく弁護士などの法律の専門家が代理人として参加する場合もある。彼らにとって法的基準を軸としないADRは意味のないものと映り、これまでの司法型と呼ばれる裁判所の調停と同様に裁判所での話し合いを志向するのは当然である。法基準を軸としないADRは、彼らにとっていわば「格闘家に格闘ではなくじゃんけんで勝負させるようなもの」なので、その意味からも民間型ADRを法の範疇で固めることには違和感がある。
　次に、ADR法第6条で「当該業務を行うのに必要な知識及び能力並びに経理的基礎を有すること」を認証の基準としている点を考えてみたい。そこでは、「和解の仲介」を行うのにふさわしい者を手続き実施者として選任しうることができるとしている。多くの「民間ADR事業者における手続き実施者としてふさわしい者」、あるいは「必要な知識および能力」についての考え方は多少の差異はあるとしても、おおむねは法律および調停の進め方に関するものであろう。これに加えて各々の民間ADR事業者の特性に応じた分野の知識を指すものと考えるべきであるが、利用者の意識変革や紛争に向

99　ADRセンター兵庫規則第16条2。

き合う姿勢づくりの援助をより一層目指すのならば、そして調停でやりとりされるすべてについて弁護士の助言を得るべきか否かという判断をしなければならないとすれば、調停者自身にどの程度までの法律知識が必要なのかということは大きな課題である。

例えば、「ADRセンター兵庫」の取り扱い分野にかぎって考えるならば、自転車に関連する道路交通法、ペットに関してならば動物愛護法、敷金返還に関してならば借地借家法、外国人に関わる分野については入管関連法、労働関連法、教育関連法などがあるほか、全般的知識としての民法、民事訴訟法、刑法などのいわゆる基本法の知識も必要であると考えられる。しかしながら、法律は条文だけでなく判例も含めた実務的なものでなければ専門的知識ではなく、一般的常識の範疇に若干の付加がされた程度ならば、それを専門的知識と見なすには無理があるだろう。

実際、「ADRセンター兵庫」において、認証時点でほぼ養成研修を終えていた調停人候補者を目指す者は十数人いたが、研修開始から足掛け3年にもわたって研修が実施されていた。その内容は、

①法的能力に関する研修として科目「法律研修」で合計50時間
②紛争解決能力に関する研修としてのべ60時間
③規則第5条各号の専門分野に関する研修「外国人関係」10時間・「自転車事故関係」10時間・「愛護動物関係」10時間・「敷金原状回復関係」10時間

というものであった。これらは事前に法務省とのすりあわせにより了承され、本会理事会決議に基き申請され認証されたものである。

しかし、①の「法的能力に関する研修」の実施報告によれば、
・民法総則
・民事訴訟法
・調停に必要な法律知識
・契約法
・不法行為
・借地借家法
・ADR法

などの研修が行われているが、これらを選択する具体的な指針も根拠も見当たらないのである。

筆者は運営責任者として、研修実施の「大学への委託」を視野に必要とされる法律の種別について何度も法務省に確認、協議したが、法務省からは「明確なものがあるわけではなく、提出された法律を概観して問題がなかったので了承した」という極めて漠然とした回答があったのみであった。他の民間ADR事業も同様にそれぞれが提出したものについて法務省として確認するということであり、手続き実施者としてふさわしいものの条件としてこれらの法律研修がどこまで実効性があるのかは疑問を抱かざるをえない。

また、紛争解決能力に関する研修を「調停技法」と称して日行連が各単位会の担当者を集めて実施したことがあった。その招聘された講師陣の設定した「自主交渉援助型調停技法」についての基礎的な考え方の説明と、当時行われたワークショップなどによる実技演習をビデオ鑑賞するのみで、研修してから若干のワークショップを行っただけであった。日行連が採用した「自主交渉援助型」と呼ばれる調停スキームの理解は不十分なままであった。

筆者がセンター長就任直後、初めて出席した日行連主催のADR責任者会議の席上、ある単位会のADR責任者が、「うちは、日行連の要請どおりに認証をもらいましたので、これで代理権獲得のための責任は果たしました。あとは費用もかかるので、静かにしています」と発言したことが冗談ではないとすぐに理解することになった。

つまり、人的、予算的に規模が小さい単位会がなぜ早々と法務大臣認証に動いたのかそれまで疑問を持っていたが、これによって取り組み当初の方針がわかったと同時に、そもそも認証を得た後に活発に活動することを考えていなかったというわけである。運営はもちろん、研修や新たな調停人養成にかかる労力と費用を考えると当然の選択かもしれない。

いずれにしても、法務大臣認証に求められる要件の基本的なことが抽象的かつあいまいであり、法律知識や調停技法と呼ばれる話し合いの進め方に関するスキルでさえそうであるように、取り扱い分野についても何をどのように研修すべきなのかその研修内容は漠然としていて具体的なイメージもつかない。

もっともそのお陰で、新たな調停人候補者養成研修においては講師も自由な観点からテーマ選択できたものの、明確な統一基準が示されない状態で、認証を受けようとする団体から提出された書類を審査し、認証としたとすれば、はたして法務大臣認証としての統一性・一貫性・継続性を法務省自身がどのように担保していこうとしていたのか疑問である。

　他の事業者を見てみると、取り扱い分野と専門性が関連していることから、関連する法律も限定されるという意味では、「日行連」関連のみにつきまとう課題ともいえる。

　いずれにしても認証のために求めた条件が実は漠然としていることは、筆者が法務省担当者とのやりとりのなかで得た結論であり、「認証・申請届出の手引き」を見ても、何をもって「和解の仲介を行うのにふさわしい者」とするのか明らかにされていないのは、外形は管理するものの中身についておろそかで、その質とボリュームにばらつきが生じるのは必然である。

　民間型ADRにおいて調停手続きの手法が、

　　・話し合いの促進

　　・問題点の抽出

　　・意見または要求の明確化

　　・真意に基づく利害の調整

ということならば、法律的知識は一般社会人の具備する程度で充分であり、その手法に対してはカウンセリング、対話法、交渉法、アサーティブ、コーチングなど、むしろ心理学やその他の技法が必須とされるはずである[100]。いわゆる調停技法などの研修においてはそれらの専門家によるものであるべきで、法律家や法律分野にくわしいからといって決して教授できるものではない。もちろん、それぞれの事業者において独自の手続き実施者の養成や研修システムを持ち、それらによって認証を得ているわけであるが、例えば日本カウンセラー協会などはその名が示す通りカウンセリング手法を中心としたものであり、民間型ADRはむしろこの方向に属するものである。調停者の

100　大澤恒夫『法的対話論──「法と対話の専門家」をめざして──』（信山社、2004年）82—94ページ。

資質として求められるものは当事者の気持ちを引き出すカウンセリング技術で、当事者を受容する態度・言葉、そして心を開くことのできる環境を創造できる能力でなければならないし、そうでなければ到底、紛争当事者間の対話の促進はかなわない。また、それぞれの当事者の語る紛争に対しての「想い」の表層にとどまらない、より深層に眠っているものの存在を探査し引き揚げる作業は少なくとも法律とは無縁のカテゴリーである。

　権力や権威が紛争を処断するシステムと異なり、「横丁のご隠居」が長屋の八っつぁん、熊さんの紛争を「常識と理」を用いて、人生経験においての権威は持ちつつも、結果を押し付けるのではなく条理を説きながら、当事者の紛争に対する視点を変えさせ、善良な人間としての判断と行動を促すことによって処理していくというプロセスを、書物や映画、テレビなどを通じて何となくイメージを得ており、それこそが民間型ADRの真骨頂である。しかしながら、これまでの司法型調停のイメージが強いために民間型ADRが「横丁のご隠居」的解決方法であるにもかかわらず、ともすれば調停において調停者が法的判断をしたり、法情報を提供してくれるのではないかとの思い込みを持っていることは、問い合わせや申し込みの際に筆者の痛感したことである。

　そのことを考えると、従来の日本人の持つ調停と民間型ADRの本質は「似て非なるもの」と考えるべきであり、ADR法そのものがあいまいで「法律事務」との関連で弁護士法のしばりを強く意識した結果、本来目指す新しいADRの世界を矮小化してしまったといわざるをえないだろう。

　そして、民間型ADRを司法制度改革における一つの目玉として華々しく立ち上げたにもかかわらず、外形はアメリカで広く行われている非法曹による調停のイメージに強く影響され構築されているものの、運用面では極めて

101　なお、外村晃「『解決』から『変容』へのパラダイムシフト」（安川文朗・石原明子編『現代社会と紛争解決学　学際的理論と応用』ナカニシヤ出版、2014年、22―34頁）では、調停スタイルを整理紹介する。それによると、facilitativeな調停は、当事者双方が自らの意思によって解決に達することを助力する技法である。これに対して、transformativeな調停は、当事者が自己の能力を高め（empowerment）、相手方に対する認識を深める（recognition）ことによって変容することを理想としている。

中途半端な感は否めない。国民に対してもそのコンセプトの周知が不充分であるがために、特殊な取り扱い分野を持つ事業者以外の利用は低調となっている。活発な利用状況にあるのは弁護士会や交通事故など明確な法的判断が必要となり、それを提供しうる機関にかぎられていることがなによりの表れである。「仏作って魂入れず」という言葉を前にも引いたが、当初から理念と実際の乖離に気づいていながらADR法そのものが実績を重ねることで定着させることを意図しているものの、見直しを前提に「見切り発車」したものであることを自覚しなければならないだろう。

　民間ADR事業者の心臓部であり、最もエネルギーを注ぐべき存在の調停者に求められる資質を考えるに際し、問題意識としてADR法そのものに対する疑問を調停者自らも抱え込まなければならない。認証を受けた事業者は各々の運営でそれを自問自答しながら調停者のジレンマを感じつつ、収支バランスの著しい不均等のなかで苦しみ、利用されればされるほどそのバランスがより極端なものとなっていく体験を重ねていくことになってしまう。したがって、設置母体が「社会貢献」あるいは「別の企図する目的」に資するためのツールとして認証を受けたとしたら、実績がゼロであることは当然かもしれない。改めて、民間ADR事業者のコンセプトが「理想論」であり、従来の日本人の持つ意識と異なるがゆえに、実際にその手続きを利用したいと思うことは少なくなるうえに、法的な判断をその都度弁護士に求めるシステムであるのならば、最初から裁判所の調停やそれよりほんの少し柔軟なイメージの弁護士会の主催する調停を利用する方がよい。

　これらの問題はADR法成立直後から気づいていたものであり、「ADRセンター兵庫」認証に向けて動き始めていた当時の本会に対して筆者は批判的な姿勢であった。そのときは、日行連が「行政書士代理権獲得を目指して積極的にADRに関わっていこう」との趣旨で各単位会に盛んに働きかけており、人的、予算的に贅沢な有力単位会が認証の先鞭をつけたものであった。しかし、必ずしもADR事業で成果を挙げるのが目的ではなく、設置認証されることが目的なので、認証後まったく活動しない単位会もあることが、なによりも「行政書士とADRの不幸な出会い」であったのかもしれない。

　事業者として利用を積極的に進められない人的、予算的制限のある単位会

は、今後、ADRといかに関わっていくのか。業界としての喫近の課題であり、行政書士会のみならず130近くの認証民間ADR事業者にあって何年にもわたり利用実績のない事業者は、今一度、真剣にその存在意義を問いかけるべきである。

「認証申請・届出の手引き」を見るかぎり、一旦、認証を受けると破産および合併以外の理由による解散は法務大臣に届け出ることになっているが、非行・不正などによる認証取り消しについては触れられていない。もちろん、他の各省庁の行う認証事務同様、然るべき手続きがあるのは明らかであるが、少なくとも「利用がない」ことを理由に認証が取り消されることはないと解するべきだろう。そうだとするのならば、いくら民間ADR事業者が増えたとしても、利用のないままの状態が続くようなら「不活動事業者」として、ADRに対する取り組みなどを法務大臣の責任において指導、勧告すべきである。幸い、「ADRセンター兵庫」については認証後、当時の会長の方針により単位会全体の取り組みとして積極的広報を実施した結果、一定の認知を得るとともに、他のADR機関からの紹介などもあって初年度としては順調なすべりだしであった。それぞれの利用の詳細については守秘義務により記述できないが、それぞれが「ADRセンター兵庫」や民間ADR事業者にとっての課題を投げかけるものばかりであったことは言うまでもない。

この民間ADR事業の認証申請あるいは申請内容の変更について、具体的には実際の運営をしていくうえで不適合であるからと、規則、細則の変更などを何度となく筆者は法務省担当者とやりとりしてきた。そのなかで多くの異議や矛盾を感じつつも、法務省側の主張を受け入れざるをえなかった。多大の自己犠牲を払いつつ養成研修を経て「調停人候補者」となった者も多い。あるいは単位会としての独自性と創造性を目指してきたところもある。しかし同時に、ADR法、民間ADR事業そのものに対してのさらなる検証が必要であることは痛感している。その一端として「ADRセンター兵庫」の運営責任者として筆者の苦慮した問題は、他の民間ADR事業者も同様と考える。

第 3 章　ADR における治療的側面と寛解

　わが国の ADR は、時代の要請に従い整備されてきた。しかしながら、これをもってあらゆる紛争に対応できるとは言い難く、現代社会における多様な紛争の実態に対応する新たな調停論を求めるなかで、いくつかの調停理論を確認しながら、現行の ADR システムの網からこぼれ落ちる紛争や手法、視点を変えることで解決に結びつくのではないかと思われるものについて、本章は考察しようとするものである。

　従来から裁判所などで実施されてきた調停は、法を基準として進められるいわゆる「司法型調停」「評価型調停」であり、法に則した当事者の妥協を求めるものであるが、これは近年紛争当事者の納得の醸成と高次の満足感そして紛争の再燃を防ぐ意味で、紛争当事者が紛争に関わるあらゆる事象も含めて、自らの言葉で紛争を語ることで解決につなげようとする「物語型調停」（ナラティブ・メディエーション）として広く理解され認知されてきている[102]。そもそも、「ナラティブ」とは、精神医学の分野から派生した考え方である。人間が自らの置かれた環境や立場について充足感や満足感が得られず、むしろ不満として肯定的に認知できないとき、いたずらに過去にこだわり先々を心配することとなる。そうした状況において、「ナラティブ」とは、これまでの人生の経験を積極的に捉え、これらに影響のある障害を再検証し、再解釈し、それらが行われたときに達成感を感じることができるとするものである。それはとりもなおさず、自己の経験を肯定する心理的な安全装置であるとともに、人間の持つ特権的な「自己治癒」のシステムといえるものである。「ナラティブ」では、当事者の持つ複数のストーリーを探し出して、これを

---

[102] Winslade, Jhon & Cohen, Richard, "Narrative mediation: Waikato Mediation Service's answer to community concerns, theoretical shifts and practice demands" *Waikato LawReview*, Vol.3, 1995, pp.87-88.

再評価しながら自らにとって好ましいものへと変容させていくことでクライアントの心理的安定を図るという考え方から「ナラティブ・セラピー」としての形が誕生することとなった。換言すれば、「問題を抱えている人への問題の認識する過程と、そこでドミナント（支配的）なストーリーから解放され、オルタナティブ（選択的）なストーリーに書き換える療法」といえるものである。[104]

　不幸な出来事、不運なめぐりあわせとして扱われるような事象であっても、そこから新たな発見や解釈、そしてそれに繋がるあらゆる事柄との相関を見つめ直すことで、そのマイナスの事象を他に変化を強いることなく自己完結という形でプラスに変えていく作用に他ならない。[105]「禍を転じて福となす」という故事があるが、自らに起こった災難や不遇について通例的に判断するのではなく、それが起こった原因、経過などを辿りながら自らとの関わりを見つめていくこと、そしてこの見つめる過程を物語として、自分の言葉で語っていくことこそ肯定的な生き方であり、紛争という災いに直面したクライアントにとっては魅力的かつ極めて有効な考え方で、自らの抱える問題と対峙しうる手法になる。[106]

　「ナラティブ」において重要なことは、対話の疑問の空間を拡げることであり、対話を通して新たな物語を想像し、クライアントに変化を起こすことによって問題解決につなげるとするならば、その変化を起こすためにセラピストがあらかじめ用意された理論体系や固定観念を持つことなくクライアントと向き合うことが重要であって、クライアントの抱く「当たり前」がはたして「当たり前」なのか、違う見方はないのかという見直し作業をセラピストとクライアントが共同して行う機会を作っていくことが求められる。その作

103　Russell, Jesse & Cohn, Ronald,, *Narrative Therapy*, LENNEX Corp, 2012, pp. 5-34.

104　Blake, Susan & Browne, Julie & Sime, Stuart, *A Practical Approach to Alternative Dispute Resolution*, OUP Oxford, 2014, p17.

105　Winslade, Jhon & Cohen, Richard, "Narrative mediation:Waikato Mediation Service's answer to community concerns, theoretical shifts and practice demands" op. cit.

106　Paquin, Gary & Harvey, Linda, "Therapeutic Jurisprudence, Transformative Mediation and Narrative Mediation, A Natural Connection" *Frorida Coastal Law Journal*, Vol.3, 2002. pp.173-180.

業にあたるセラピストに求められる専門知識は、心理学あるいは精神医学の学識が当事者の優位に立つものではなく、クライアント自身の経験に従うものである。その観点に立てば、セラピストはクライアントや問題そのものを「分析」するものではなく「理解」しようとすること、絶えず変化しているクライアントの経験への視点から理解しようとしなければならないということになる。クライアントの物語を解釈し理解するうえで重要であり必要となるのは、セラピスト自身の経験と想像力となる。クライアントが語った物語としての経験をできるだけ忠実に飲み込んで解釈し、クライアントの立場に積極的に近づきながら、セラピスト自身が他人の経験を理解しようとする際に求められるのが「共感」ということになる。その結果、クライアントとセラピストとの対話によって、新たに見出された物語が、過去の失敗のストーリーではなく、未来へのストーリーとなるものでなければならない。

　この「ナラティブ」によるクライアント自身のもつ認識の再構築ともいうべき作業についてJ. S. Bruner[107]は、認知と思考（実証と物語）について論じるなかで、実証は自らの経験である出来事の真偽と因果関係に注目し、物語は複数の事象が意味連関で結びつけられるために複数の結果が生じると考えれば、物語はその過程において創造的手続きであるとしている。

　この「ナラティブ・セラピー」をそのままADRに移植することは、適当ではないしすべきではない。なぜなら、セラピーが治療者（セラピスト）と当事者（患者・クライアント）との1対1であるのに対し、ADRにおいては当事者、調停者らが複数であることで、それぞれの物語が輻輳し、混乱するリスクに留意しなければならないからである。しかしながら、この「ナラティブ・セラピー」を構成する考え方そのものは、「物語型調停」（ナラティブ・メディエーション）として、当事者が紛争によって傷ついた部分について、セラピーとは異なる法的思考や手続きを視野においた紛争の解決に利用できる有効な手法、考え方であることは疑う余地はない。

107　Bruner, J., *Actual Minds Possible Worlds*, Harvard University Press, 1986, pp.11-43.

Gary Paquin[108]は、「治療的法律学[109]とは、法システムが人々に良い感情的影響を与えられる方法を探求するもので、法が単なる社会コントロールの道具ではなく、当事者の心の安寧や心の癒しに使えないか」と考え、「法を使って当事者らにそれらを与えることは、『治療的』な作業である」としている[110]。例えば弁護士らの実務において、カウンセリングの要素を指摘し、法を使いながらも人間の心に関わる部分が軽視できないことを指摘している[111]。同様に調停においても、当事者は「安全で援助的な（治療的な）環境」が設定された場合自らの言葉での物語が可能となり、心に沈殿させている多くの想い、怒りや悲しみ、喜びや楽しみを自由に表現する端緒を見出し、自らの精神的な浄化と安定に繋がると考えられる。もちろん、この「安全で援助的な環境」は、調停に関わる当事者たちはもちろん、調停者やその他、直接、間接に関わる者すべてが、これを理解し保障していく強い義務感が前提条件であるとしている。

　また、John Winsladeらは、当事者の語る物語のなかにある対立の構図と、それが存在しない場合とを検証し、当事者らが自らにとって望ましい結果を模索する機会を得て、当事者らの求める物心両方の欲求の調整が可能となると考える[112]。

　重要なことは、これらの紛争の溶解プロセスを促進しうる調停者は、調停において対立に至るプロセスだけでなく、それが各々の生活にどのような影響を及ぼしているかを認識させる努力をしつつ、調停者が同席調停という場

108　Paquin, Gary & Harvey, Linda, "Therapeutic Jurisprudence Transformative Mediation and Narrative Mediation A Natural Connection," op. cit.

109　Irving, Howard H. & Benjamin, Michael, *Family Mediation*, Sage Publications, 1995, pp.147-201.

110　Mercer, Diana & Pruett, Marsha Kline, *Your Divorce Advisor: A Lawyer and a Psychologist Guide You Through the Legal and Emotional Landscape of Divorce*, Touchstone 2001, pp.23-30.

111　Rozen, Michelle M., *The Effective Mediation: Practical Strategies for Effective Divorce and Family Mediation Practices,* Createspace, 2013, pp.67-76.

112　Winslade, John & Monk, Gerald D. *Practicing Narrative Mediation: Loosening the Grip of Conflict*, op. cit.

面で当事者たちの語る物語を拡張させていくような質問を重ねることで、異なる選択肢を考える「情緒的空間」を拡げることが期待される。[113] 調停者は、彼らの物語の進行に沿って、

・話し合いで起こったことをわかりやすく要約する。
・当事者の考え方や物語を拡げていく。
・話し合いに居なかった人に起こったことを知らせる。
・その時点で合意できたことを整理した手紙を書く。

などが重要な技法であるとしている。

つまり、調停者の行うべきことは、当事者の物語を注意深く聴きながら、そこに内包された紛争に関わる小さな要素に着目して、その存在を当事者に気づかせつつ、新たな物語の構築を促進する任務を負うものであることを指摘している。

また、「問題解決型調停」(プロブレムソルビング・メディエーション)が当事者らの妥協の目的となる争点、当事者の利益に焦点をあてて「解決」を図るのに対して、BushとFolgerによって発展した「変容型調停」(トランスフォーマティブ・メディエーション)[114]は「エンパワメント」と「承認」の機会を与えようとするものであるとしている。調停者は、当事者の選択や視点を判断することなしに、当事者が合意に到達できると信じて調停を進め、彼らの感情表現や過去の議論を妨げることなく、当事者の持つ紛争意識をありのままに受け入れることを主眼とし、たとえ合意に辿りつかなくても、個人が自己を強くしたり、相手の立場を理解したりすることがあれば調停は成功と考えるとしている。

この「変容型調停」は、導入、当事者の持つ紛争の争点の絞り込み、熟慮と選択肢づくりの促進、新たなる視点の獲得をプロセスとして、当事者が紛

---

113 Patton, Bruce & Stone, Douglas & Heen, Heila, *Difficult Conversations: How to Discuss What Matters Most*, Viking, 2011, pp.147-162.

114 Bush, Robert A. & Baruch, Folger & Joseph P., *The Promise of Mediation: The Transformative Approach to Conflict,* Jossey-Bass, 2004, pp.41-84.
　Bush, Robert A. & Baruch, Folger & Joseph P., *The Promise of Mediation: Responding to Conflict Through Empowerment and Recognition,* Jossey-Bass, 1994, pp.81-112.

争についての自らの見方を述べる過程で問題が明確化され、「エンパワメント」の機会が増え、調停者は争点の周辺の当事者のコミュニケーションに焦点化することができる。

これらを通して調停者が、「エンパワメント」と「承認」を高める機会を探しつつ「手がかり」を模索することが重要であり、調停のあいだ新たなことを聞き、見方を変えて当事者らのこれまでの言行を言い直す（リフレイム）ことで、過去の傷がさらけ出され、受傷のプロセスとそこに隠れていた原因を見つけ出させ、受け入れられたときに、当事者は本来の穏やかな自分に戻ることができるとしている。同様に Friedman らは、「物語型調停」と「変容型調停」という紛争での治療を強調するモデルが、ともに、安全な場所で十分に当事者の物語を表現させることが共通であるものの、各々哲学的相違があるとしている。[115]

「変容型調停」が当事者が相手方に物語を話すように「エンパワメント」しようとし、それによって当事者は個人主義的見方を変え、それが文化やコミュニティに影響を及ぼすとともに、当事者の紛争解決経験を通して文化的な世界観が変わることに着目している。一方「物語型調停」においては、調停者が文化的な世界観の影響力を明らかにしながら、そのしがらみから当事者を切り離して再構築させようと努力するという違いがあると指摘している。すなわち「変容型調停」においては、行き詰ったとき、関係性のなかでの議論を拡げて物語を展開させようとするのに対し、「物語型調停」では、物語そのものが最初の争点になるというのである。

その具体的プロセスは、
・当事者は調停者に話をする機会を持つために個別に面談する。
・調停者は「変容型」の観点から調停の進め方を説明する。
・紛争の物語を話すように促す。
・当事者自身の言葉で対立を客観化していく。

---

115 Friedman, Gary J., *A Guide to Divorce Mediation: How to Reach a Fair, Legal Settlement at a Fraction of the Cost*, Workman Publishing, 1993, pp.13-66

・調停者が個別面談後、当事者宛に当事者の物語をまとめた手紙を出す。[116]
・そのうえで調停者と当事者双方の面談を行う。
・当事者らは相手の前で改めて自らの物語を言い直しながら、物語を拡げ、選択肢を考え、相手の見方を承認する機会を模索する。
・調停者は、彼らの持つ「こだわり」から解放しながら前向きな考え方を取る手伝いをする。
・面談後、再びその結果を書いた手紙を当事者それぞれに出す。
・調停者は「ナラティブ・セラピーのスキル」により当事者の変容を拡張する。
・当事者双方がエンパワーされたことで相手の立場を承認するように手助けする。[117]
・当事者が、相互のこれまでの関係を癒し、脱構築的な質問、すなわち既成概念や過去の出来事へのこだわりから解放された質問や手紙を使う。

これらの実施によって解決への道筋がつくと指摘している。

　紛争当事者が、過去、現在、未来のなかでの紛争を多角的視点から客観的に見ながら、自らの想いや憤りを超えて、真の心の平安を与える紛争解決とは何なのかを模索するプロセスが、紛争解決を治療的要素として当事者の内面に直接影響を与えながら、目前の紛争そのものを新しい感覚で捉えられることができるように、紛争にまつわる傷を修復しうる調停の存在を示唆しているのである。そこで、紛争による当事者の内的な傷を治癒することができる調停によって、当事者自身が自己の生活の歴史、人生観、価値観、利害すべてについて、他者との関係を素直に直視し、どこまで客観的な視点に立てるかによって、紛争そのものの大きさや質も変わりうる。そして、具体的な要求や支配権の争奪から一旦意識を外して考えたときに、自己に内包する紛争の種子そのものが消えるかあるいは、紛争に至った原因である種子そのも

116　Haynes, John M., *The Fundamentals of Family Mediation,* State University of New York Press, 1994, pp.187-206.

117　McCorkle, Suzanne & Reese, Melanie Janelle, *Mediation Theory and Practice*, Allyn & Bacon, 2004, pp.37-58.

のが自分自身で作り出した幻であったと気づくことが期待される。紛争によって生じたダメージを容易な妥協やあきらめで終結させるのではなく、自分自身が納得できる答えを探し求める旅こそが調停であるとすれば、それこそが紛争で傷ついた自己に対する治療であり、新たな出発点である。

当事者の物語そのものは、語り手自身の視点、観点に基づくものであり、感情表現であり、語り手自身の経験や道徳的秩序、関係性の始まりと終わりにほかならない。個人の価値観や倫理観、果ては道徳観を含めた人生観を含むものであり、そこで感じた違和感の原因こそが紛争の原因である。それらを客観的な視点を交えながら反芻し検証していく過程である「物語」が、紛争への自らの意識や取り組みが適正であったのか、また、将来に向けていかなる思考や行動を成すべきか試行錯誤していくことの有用性を惹起する方法である。

以上のような物語型調停論と問題意識を共有する本書では、満たされない思いの結果として生じた紛争を通して、調停が単に法的な視点のみならずそれ以外の要素に大きく作用されることであり、これに示唆を与えるものとしてBeth M. Erickson[118]の論点を確認しておく。

Ericksonは、家族関係紛争を扱う調停について、「当事者間のコミュニケーションの障害」への着目と「Forgive」による紛争解決の目標として注目する。

「当事者間のコミュニケーションの障害」とは、当事者自身のコミュニケーション能力が根本的な原因となって調停をうまく進められないことが広く認識されており、とりわけ離婚調停は、そこに至るまでの夫婦関係の足跡を辿れるのか、言い換えれば法的要素や原因となるべきもの以前に彼らの相対的な人間関係としての構造がどうであったかがより重要であるとしている[119]。当事者との話し合いを重ねながら当事者のコミュニケーションやお互いの関係

---

118 Erickson, Beth M., "Therapeutic Mediation: A saner Way of Disputing," *Journal of the American Academy of Matrimonial Lawyers* Vol.14, 1997, pp.233-266.

119 McGhee, Christina, *Parenting Apart: How Separated and Divorced Parents Can Raise Happy and Secure Kids,* Berkley Trade, 2010, pp.64-73.

についてどうだったかを丁寧に検証していけば、それぞれが落ち着きを取り戻しつつその態度や反応が変化し、話し合いの過程で自己の傷が治癒していくことも可能だとしている。

　Erickson は、離婚に関わる調停の多くに婚姻中での言動が調停においてもそのまま反射され、なぜそこまでに至ったのかということに意識を向けることで、相互に傷ついたことを自身の力で感じ取るとともに、必要なものは何だったのかをあきらかにすることがポイントとなるとしている。換言すればコミュニケーションの形に問題はなかったのか、いつごろから互いを傷つけることになったのかについて見つめることが重要としている[120]。例えば、当事者の心の動きをどう扱うのか。相互作用としてのそれぞれの怒りや悲しみをそれぞれに調整しながら生活するなかで、片方のかたくなな態度が一方の引くに引けない状態を作り出していることもあり、相互の態度や言葉によって発生した「不和」であるならば、人間関係としての婚姻（夫婦生活）関係を見ず単に個々をそれぞれに見るだけでは双方の主張の衝突でしかないと言わざるをえないと指摘する[121]。また、単に当事者だけの問題にとどまらず子供にも大きな影響を与える可能性のある調停[122]では、双方が作り出す結果が子供にとってのベストなものかどうかを模索するなかで、これまでの家族関係で欠けていたものが何であったのか、将来に対する考え方をも含めての調停が求められる[124]。往々にして当事者を見た後で家族関係を見がちであるが、個々は単に「パーツ」であって、そのパーツの組み合わせから生ずる関係に着目しなければならないものとしている。

120　Noble, S. Cinnie, *Conflict Mastery: Questions to Guide You*, Cinergy Coaching, 2014, pp.159-224.

121　Edited by Folberg, Jay & Milne, Ann L. & Salem, Peter, *Divorce and Family Mediation: Models, Techniques, and Applications*, Guilford Pr, 2004, pp.129-179.

122　Erickson, Stephen K. & Erickson, Marilyn S. McKnight, *Family Mediation Casebook: Theory And Process,* Routledge, 2013, pp.116-146.

123　Harper, Gary, *Joy of Conflict Resolution: Transforming Victims, Villains and Heroes in the Workplace and at Home*, New Society Pub, 2004, pp.93-106.

124　Roberts, Marian, *Mediation in Family Disputes: Principles of Practice*, Ashgate, 2012, pp.223-250.

離婚に向かう夫婦が経験するのは、夫婦として、また子供を含む「家族としての生活」のなかで、間断なく生ずる大小の判断や接触におけるやりとりは、家族全員が個々に体験し抱えていく問題であり、それらを家族として共有することは、相互に活発な情報交換を通じて、各々の思考を理解したうえで、全員にとって最上の結論を求めていくことに他ならない[125]。しかしながら、このプロセスにおいて充分に時間、意見、考え方を確認したり、それに対する問題提起の期間が充分確保されなかったなどのわずかな考え方のすれ違いが、大きな不信感や不安感となって傷口を広げることは想像するに難しくない。

　ちなみに、精神医学や臨床心理の分野においての「コミュニケーション障害」[126]の理解は、
・過去のトラウマから対人恐怖になった。
・幼少期の家庭環境を原因として外部との接触が煩わしくなった。
・勉強、仕事、恋愛などで傷つき自信をなくした。
・人間関係の煩わしさから逃避したいと強く思う。
・夫婦関係はじめ親族兄弟と折り合いが悪くなった。
・容貌などのコンプレックスに苦しんでいる。
などによって誘発されることが多いとされる。

　しかしながら、疾患としての「コミュニケーション障害」ではなく、家庭

125　Irving, Howard H., *Children Come First: Mediation, Not Litigation When Marriage Ends*, Dundurn Pr Ltd, 2011, pp.27-180.

126　松本真理・小川数美『コミュニケーション・バイブル―より良い人間関係を育む生き方』（風詠社、2014 年）。Bhatnagar, Subhash. C,（舘村卓訳）『神経科学―コミュニケーション障害理解のために（第 2 版）』（医歯薬出版、2009 年）。齋藤孝『コミュニケーション力』（岩波書店、2004 年）。渡邊忠・渡辺三枝子『コミュニケーション力　人間関係づくりに不可欠な能力』（雇用問題研究所、2011 年）。Patterson, Miles. L『非言語コミュニケーションの基礎理論』（誠信書房、1995 年）。末田清子・福田浩子『コミュニケーション学・その展望と視点　増補版』（松柏社、2011 年）。大坊郁夫『しぐさのコミュニケーション・人は親しみをどう伝えあうのか』（サイエンス社、1998 年）。深田博己『インターパーソナル・コミュニケーション』（北大路書房、1998 年）。橋元良明『コミュニケーション学への招待』（大修館書店、1997 年）。長田久雄『心触れ合う「傾聴」のすすめ』（河出書房新社、2008 年）。

を含む社会生活でこれまでとは異なるコミュニケーションの障害が生ずる可能性は誰にでもある。

　離婚に至るまでのコミュニケーションの障害は、もちろん離婚をするためにあえて障害を作り出すこともあるだろう。しかし、調停という場において、もしそれを修復させたいと望むのならば、過去の自らの言動とともに相手はどうだったのか、他の家族はどうだったのかをそれぞれが振り返り、物語にすることは重要なことである[127]。

　家族を含めて他者とのコミュニケーションをとるための会話で、うまく言葉のキャッチボールができない、あるいは相手の言葉の意味するものを理解するのにタイムラグが生じるなどのことは決して少なくはないし、社会生活を送るうえで必要な他人とのコミュニケーションを上手く交わすことができないことで必然のない紛争を生じさせて当事者になることも珍しくない。

　自分の意思を伝える際、しっかりと道筋を立てて自分の思っている通りに会話ができない、あるいは自分の言いたいことがなかなか言葉や単語として出てこないという場合、相手はもちろん自分自身もその反応を見て一方的な「思い込み」を喚起する原因ともなりうる。「思い込み」とは、皮肉なことに「一を聞いて十を知る」ことのできる人間の優秀な情報処理メカニズムによって起こるもので、その能力のゆえに、逆にときとして正常な判断を阻害する要因にもなるものである。

　夫婦、家族において、ごく些細な事柄をきっかけに相互にそれまでのような円滑で寛容な会話やコミュニケーションが徐々に欠けていき、より大きな不信感や警戒感を生じさせることになり、そのまま今度は意識的にコミュニケーションそのものを回避したり、今後来るかもしれない災難を予測して自らのダメージを矮小化しようとコミュニケーションそのものを否定する、あるいは必要最小限に止めようとする。そして、コミュニケーションそのものが「負のスパイラル」となり、より強固で重篤な「コミュニケーション障害」へと向かうことになる。そこでは「負の思い込み」が加速器となって家族関

127　Benson, Lisa A. & Meghan M.McGinn, et al. *Acceptance and Mindfulness in Cognitive Behavior Therapy: Understanding and Applying the New Therapies*, Wiley, 2010, pp.210-232.

係、夫婦関係を崩壊させることとなる。[128]

　それを回避するためには、どこからその障害が始まったのか、その種子は何だったのか、そのとき当事者が何を感じどのように対処してきたのかについて考えなければならない。[129]例えば職場における事故であれば、

- 「エラー→原因」
- 「エラーをしたから事故が発生した」
- 「エラーした者が悪い」
- 「やる気、真剣さが足りない」

と流れのなかで、ややもすると精神論にすり替えることが多い。しかしそうではなく、

- 「エラー→結果」
- 「何らかの原因が潜んでいる」
- 「なぜそうなったのか？」

という視点で見ることによって、事故に繋がったエラーそのものに対する汎用性の高い対応策の発見が可能となる。そこには、「思い込み」「見間違え」「聞き間違え」などの責任追及型ではなく、そこに至る埋もれた要因を見逃さない検証能力と努力が求められる。

　同様に紛争当事者が紛争の原因となった事象、時期はもちろん、そこから現在に至るまでの人間関係や周囲との関連のなかから紛争に発展するまでのプロセスを辿りながら、どこにコミュニケーションが欠けていたのか。[130]そのことによって何が起こったのか。当事者の心のなかに芽生えたものは何だったのかについて、当事者だけでなく客観的視野をもった調停者が冷静かつ精細に解明していくことが、紛争解決の可能性を広げるものである。

　このことは次章以下で検討する事例に示すとおり、紛争そのものだけでな

---

[128] Irving, Howard H. & Benjamin, Michael, *Therapeutic Family Mediation: Helping Families Resolve Conflict*, SAGE Publications Inc, 2002, pp.212-221.

[129] Kressel, Kenneth, *The Process of Divorce: Helping Couples Negotiate Settlements*, Jason Aronson.Inc, 1997, pp.218-240.

[130] Winslade, John & Monk, Gerald D., *Narrative Mediation: A New Approach to Conflict Resolution*, op. cit., pp..57-93.

くそこに至るまでの当事者の気持ちはもちろん、彼らがどのように感じ、何を恐れ、何にストレスを感じるのかについて調停者が常にそれを意識しながら、そこで欠けていたコミュニケーションを復活させるような舞台設定、場面作り、役割の確認を当事者らに感じさせていくことによって、当事者にとって我慢できない「憤懣」の強烈な意識を取り除き、紛争という「疾病の寛解」に繋がりうる大きな「治癒」になっていく。

次に Erickson は、紛争解決における「Forgive」[131]の重要性を指摘している。

そもそも、「Forgive」とは、相手が行った事柄やその理由、意図などを充分理解したうえで、その理由を是とすることができないとしても、少なくとも「やむをえない事情があったのだから、責めるのではなく、再びその轍を踏むことのないよう期待し、また同様の事柄をしないようしっかりとした条件付けを間接的に行う行為」である。

それは当事者が相手の気持ちに思いを近づけながら、自分自身のなかでその気持ちを消化し理解する努力を促されることで、受容しがたいものであったとしても、治療的な調停によって自分自身と相手との立場の違いを認識したうえでの共感が可能であるとしている。それは、当事者自身が相手の立場や思いに共感することによって、自己の紛争意識が融解し、そこにいたるプロセスこそが治癒につながると考えている。

ただし、そのようなプロセスにおいては、当事者が調停人に依存するあまり、ともすれば他者への責任転換や曲解する危険もあり、臨機応変に法律家の協力などを得る必要を指摘しつつも、調停者に加え法律家の加わる共同調停（協働調停）[132]が、それらを促進し、補完するなどしてその利点は多いとしながらも反面、調停にかかる費用や日程調整などのデメリットも指摘している。もっとも、この Erickson の考え方については、元来、非弁護士による調停が定着している米国でのものであって、わが国にあっては司法型調停として法律家の関与する調停が主流であったことを考えると制度上の違いに起

---

131 「赦し」と読み替える。
132 Rubinson, Robert, "Client Counseling Mediation and Alternative Narratives of Dispute Resolution," *Clinical Law Review*, Vol.10, NO.2, 2004. Rev:83

因することであって、必ずしもわが国の民間型 ADR モデルに合致するものではない。

いずれにせよ、「訴訟」から「心理療法」に至るまでの行程のなかで、その段階が「心理療法」に近接するものとしての「治療的調停」[133]には、当事者相互が共感し、自らの内面でも相手を受けて入れその存在を認めて受け入れることである「Forgive」が「治療的調停」のゴールに他ならず、調停人は当事者のなかにこの「Forgive」の感覚を芽生えさせるように導きながら自分自身も「Forgive」していくような援助もあるとしている。何かが欠けていたことによって傷を負い、その傷口が広がり悪化してしまった現実から、その傷のできた原因、時期、そしてどのような応急処置をし、それからいかなる治療をしてきたのかを「コミュニケーション」の視点から確認したうえで、本来、必要であったものを当事者が発見することを遅ればせながらも適切に行っていればここには至らなかったという事実を当事者間で共有することが、当事者らの紛争で負った傷を治癒しうるものである。そこには、まず、相手の行為や考え方がどのような事情や動機があったのかの充分な説明があり、その立脚点が自分であったらどう考えいかに行動するのかということも含めて、「相手を慮る」立場に身を置く機会が調停であれば、それがより実行されやすくなるのである。

なぜなら、調停者が、相手からの情報を引っ張り出していく過程をつぶさに観察できるうえに、言葉の応酬ではなく、調停者の存在が当事者方に自制的ではありながら、相手の反応を恐れることなく、より正直な自らの思いを吐露できるからである。

本書における事例のなかにも（第4章）、本人以外にはわからない思いや考え方について扱わざるをえないものがある。その真贋や正邪が判断、判定、共有できない紛争は、決して少なくない。そのような紛争は、「あきらめ」が自らの内面に何らかの「傷」とはいわないまでも「傷跡」を残すとするものである。そうではなく、自らがより主体的に相手の事情をおおらかに受け

---

133 Erickson, Beth M., "Therapeutic Mediation: A saner Way of Disputing," *Journal of the American Academy of Matrimonial Lawyers,* Vol.14, 1997, pp.259-260.

容れ、同じ視点からではなく自らをより高次の視点に置くことによって、期待値としての内なる紛争解決こそが、Ericksonの指摘する「Forgive」と考えられる。

　この「Forgive」は、Erickson自身の持つ文化的背景を勘案しなければならない。そもそも、「Forgive」は、キリスト教文化圏に深く浸透しているものであり、「紛争や迫害そして憎しみの原因に対して、自らがその処断を行う理由としての憤怒や悲しみを抱くのではなく、主イエス・キリストにすべてをゆだねるという前提のもと、その『しもべ』である個人は、怒りや悲しみを喚起することとなった事象や対象に対して寛容な気持ちで赦す」ということが聖書に散見する。[134]

---

[134] ・「もし人を赦さないならば、あなた方の父も、あなた方の過ちを赦してくださらないであろう」マタイによる福音書6：15

・「怒ることがあっても、罪を犯してはならない。憤ったままで、日が暮れるようであってはならない。また、悪魔に機会を与えてはならない」エペソ人への手紙4：26、27

・「愛する者たちよ。自分で復讐しないで、むしろ、神の怒りに任せなさい。なぜなら、『主が言われる。復讐は私のすることである。私自身が報復する』と書いてあるからである。むしろ、『もしあなたの敵が飢えるなら、彼に食わせ、渇くなら、彼に飲ませなさい。そうすることによって、あなたは彼の頭に燃え盛る炭火を積むことになるのである』。悪に負けてはいけない。かえって、善をもって悪に勝ちなさい」ローマ人への手紙12：19—21

・「しかし、私はあなた方に言います。自分の敵を愛し、迫害するもののために祈りなさい。それでこそ、天におられるあなたがたの父の子どもになれるのです。天の父は、悪い人にも良い人にも太陽を上らせ、正しい人にも正しくない人にも雨を降らせてくださるからです。自分を愛してくれる者を愛したからといって、何の報いが受けられるでしょう。取税人でも、同じことをしているではありませんか」マタイによる福音書5：44—46

・「そのとき、イエスはこう言われた。『父よ。彼らをお赦しください。彼らは、何をしているのか自分でわからないのです』彼らは、くじを引いて、イエスの着物を分けた」ルカによる福音書23：24

・「あなたがたを迫害する者を祝福しなさい。祝福すべきであって、のろってはいけません。自分こそ知者だなどと思ってはいけません。だれに対してでも、悪に悪を報いることをせず、すべての人が良いと思うことを図りなさい。あなたがたは、自分に関する限り、すべての人と平和を保ちなさい。愛する人たち。自分で復讐してはいけません。神の怒りに任せなさい」ローマ人への手紙12：14—21

つまり、自己を超える存在を設定しつつも内的な葛藤を自らの意志で消去させていくことで、怒りや悲しみから解放され心の平安が来るとの思想に基づくものである。

自らの意志で、問題式や情緒的不適応を積極的に消去する作業は自律的であり、抵抗感を生じさせることなく解決することであり、紛争解決において相手や相手のとった言動すべてを「Forgive」することは、示唆に富むものである。

また、外的圧力や条件による圧力によるものでないゆえに、相手や事象に対する憤怒や悲しみが再燃しにくいものと考えられ、その意味でのEricksonの考え方は正しい。

しかしながら、その文化的背景の異なるわが国において、「Forgive」は必ずしも汎用性をもたない。むしろ、この行為に近似なものとして、俗に「水に流す」と表現される行為、それは、ある時点で双方がそれ以上の議論や衝突が相互利益にならない、あるいは障害となって大きなダメージが予想されるという共通の利害から、紛争に関わるすべてを停止させて、密封したうえで双方とも紛争そのものを忘却し、それ自体をなかったことにするという手法のほうがより理解しやすい。しかしながら、ときとして「水に流したことなのに……」ということが起こりうる可能性は、Ericksonの「Forgive」という解決方法と比べて高い。

・「それなのに、なぜ、あなたは自分の兄弟をさばくのですか。また、自分の兄弟を侮るのですか。私たちはみな、神のさばきの座に立つようになるのです。こういうわけですから、私たちは、おのおの自分のことを神の御前に申し開きすることになります」ローマ人への手紙 14：10

・「それゆえ、今後わたしたちは、互にさばき合うことをやめよう。むしろ、あなたがたは、妨げとなる物や、つまずきとなる物を兄弟の前に置かないことに、決めるがよい」ローマ人への手紙 14：13

・「剣を取る者は皆、剣で滅びる」マタイによる福音書 26：52

・「互に忍びあい、もし互に責むべきことがあれば、ゆるし合いなさい。主もあなたがたをゆるして下さったのだから、そのように、あなたがたもゆるし合いなさい」コロサイ人への手紙 3：13　　（『口語訳聖書』日本聖書協会、1955 より抜粋）

135　Smedes, Lewis B., *Forgive and Forget: Healing the Hurts We Don't Deserve,* Harper One, 1996, pp. 93-122.

なぜなら、単に「忘れよう」という極めて低いレベルの合意、すなわち喫緊のダメージ回避という緊急避難的な解決であることから、何かのきっかけでその密閉が解放されて蒸し返しが起こることは否めない。その意味で「水に流す」解決より「Forgive」解決の方が、当事者が自らの気持ちを主体としての判断で相手を「Forgive」していくわけであるから、紛争の再燃やそれを起点とする新たな紛争の種が残る可能性は少ないと考えられる。

もっとも、古来からわが国のアウトローの世界においては、「水に流す」解決の上位に位置するものとして「手打ち」という手法がある。これはいわば当事者双方が八百万の神々の前で「和解を約する」という誓いの儀式であって、わが国の文化的背景に由来する解決と言えるのかもしれない。

Ericksonの議論は、紛争のまっただなかで、怒りや悲しみに打ちひしがれる当事者自身のこれまでの生活、すなわち個人としての言動や家庭やコミュニティにおける相関関係をつぶさに検証し、そして、紛争の原因がどこに潜んでいたのかを調停者と一緒に探し出す作業のなかで見つけ出した紛争のきっかけに対して、どうすれば回避できたのか、萌芽を止めることができたのかを一緒に考える過程で、あたかも外傷を消毒し、自らの持つ自然治癒力を最大限に高める環境において、治療していくための調停が存在すべきであるし、その消毒にあたる考え方が「Forgive」であると解釈できる。

いずれにしても、当事者自身が紛争による自己の苦しみを軽減し、消去するためには、自らの意識の変革が必要であり、その変革の原動力としての個人の持つ宗教観や良心、倫理が紛争解決を長引かせたり、早めたりすることを示唆するものである。

痛みをともなう傷をそれ以上化膿させ悪化させないために調停という治療場面で相手を「Forgive」していくということが紛争を無害化させることに他ならず、症状を緩和させ当事者の苦痛を取り除きながら治療することで、痛みのなかった時点までに状態をもどす。あるいは、少なくとも症状を緩和させ、さらなる進行を阻止することで紛争状態からの「寛解」が期待されるものである。

このことを念頭に、具体的な事例のなかで、「コミュニケーション障害」や「Forgive」がどのようにあらわれ、治療型調停実践においてどのように「寛

解」されていくのかを次章から検討していく。

第4章　事例研究

　ここで紹介する八つの事例はそれぞれ異なる種類の紛争であるが、「利益対立」と「価値対立」という区別をすれば、事例①②③は、自己の利益の確保をめぐる紛争であり、事例④⑤⑥⑦⑧は、当事者間の価値観の相違による紛争でありその価値観を調整することによって紛争解決が図れるものと考えられるものである。一般に、「利益対立」は交渉に「価値対立」は裁判に向いているとされている。各事例は、このような紛争の類似化にかかわらず、当事者が自らの紛争に対する明確な動機ではなく「紛争で生じた自分で処理しきれない気持ちの持っていく場所がない」という内的な苦しみを抱いているもので、治療型調停の関与が有効である。

　いずれの事例を見ても、紛争の期間の当事者間におけるコミュニケーションの欠如、それに起因する「思い込み」が、紛争を拡大させ複雑にさせていたことを発見するとともに、相手方が何らかの理由で自らの紛争解決のための対応をしようとしても能力やおかれている環境から、対応や解決ができないことを認識した段階で、相手を責め立てたり怒りをぶつけるのではなく、紛争との折り合いを自己の責任で完結させることを当事者が自己の内面で感じていく過程が見て取れる。

　また、紛争意識をもつ当事者であっても、何らかの条件や事情で、裁判などの法的な解決はもちろん、裁判所の調停や行政による解決を模索することが、より問題を複雑にし、かえって解決の糸口を失ってしまうという懸念から、あえて名づけるならば「消極的解決志向」ともいうべき、紛争の相手方

136　棚瀬孝雄「準裁判過程の基礎理論」川島武宜編『法社会学講座6　紛争解決と法2』（岩波書店、1972年）30—31ページ。樫村志郎「自主的解決」『岩波講座基本法学8　紛争』（岩波書店、1983年）97—98ページ。

を刺激することのない、また、裁判所などの調停のように法的な評価や判断を前提とする調停ではなく、調停者も職務としての調停人ではなく、自分たちの身近にいる善意の第三者によって、自己の紛争に対する意識変革をなしえたことを示す事例でもある。

　その結末は、確定的なものではないにせよ、紛争当事者の持つ紛争意識と解決を望む思いが、調停者を通じて紛争の相手方に伝わり、紛争解決志向の共振ともいうべき作用、すなわち、双方に利害のない人物の存在と「なんとか、解決できればよいのに」という当事者にソフトな紛争解決のアプローチが、当事者双方に共振している事例を示している。

　なお、ここに示した各事例は、いずれも筆者が相談や依頼を受け、無償で解決のために関与したものであり、かつ文中の人名など固有名詞はすべて仮名とし、当事者には掲載する旨了解を得ている。

事例① 「いずれが原因か」（ペットの障害と責任の所在をめぐる紛争）

【経緯】

　旧知のマンション管理組合の理事長から「相談にのってほしい」との連絡を筆者は受けた。話を聞いてみると、理事長のところの住民の一人が同じマンションに住む住民とトラブルになりかけているので、理事長に間に入ってほしいと言われているが、自分には荷が重いし、どのような結論になっても今後の管理組合の業務に障りが生じる懸念がある。公正な利益の伴わない立場として両者を連れてくるので、話を聞いてやってほしいとのことであった。

　後日、理事長と当事者双方が来訪し、紹介の後、当事者双方のみが残り、話を聞き始めた。

　トラブルの原因となった事実は、以下のようなものだった。

　2012年8月1日の午後8時頃、今回、理事長に相談に行った一方の当事者、小田昭子（43歳）は、自宅マンション前で夫の帰宅を待っていたところ、同じマンションに住むアジア系留学生秀美麗（24歳）（相手方）が自転車でぶつかってきた。

　自転車は小田昭子の右足にあたり、よろめいたものの軽症で治療に至るものではなかったが、このとき小田昭子は友人夫妻が長期出張のために預かっていた小型犬（6カ月前にペットショップで、55万円で購入したと聞いている幼犬）にリードをつけた状態で胸に抱いていた。

　その犬が衝突の拍子に驚いて胸から飛び出し、そのまま落下して動かなくなったのだ。驚いた小田昭子は、秀美麗とともに近くの動物病院に運びこみ緊急手術を行ったが、脳に障害が残り半身不随となってしまった。治療費の18万5000円は、とりあえず小田昭子が支払った。

　これについて小田昭子は、相手方の衝突が原因であると考えている。

　しかしながら、秀美麗は「小田さんの怪我には責任があると思うが、抱いていた動物が飛び出すことは、いわば予想できない不可抗力であって、責任を負わなければならないとは思わない」とのことであった。

　そこでこの事案が、愛玩動物という特別な感情を伴うものが対象で、現行

の法律では必ずしもその特別な思いが反映されない。さらに加えて、それが自己のペットではなく知人から預託されたものであることで、一層解決が困難な様相を呈していた。

　その動物が半身不随になったそもそもの原因が簡単に判断できないことも含め、「いずれから見ても、法的な判断が分かれるものであり、司法判断を待たなければ解決は難しいと思うので、法的手続きを検討してはどうか」と双方に伝えた。

　これに小田は、

「知り合いによればペットに関わる裁判例は少ないし、また、法律上は『物』として扱われるので、慰謝料なども難しいと聞く。そのために裁判などをして長期間の費用と手間をかけることはできない。裁判所での調停やネットで調べた調停センターなどの利用も考えたが、それぞれ手続きなども簡単ではなく、手間もかかるうえ、預かった友人への報告や対応にも困ってしまうので、双方を知る立場であり相手方の秀美麗さんも理事長さんの呼びかけなら応じてくれると思ってお願いした。その理事長さんから、公平な立場で、しかるべき知識や資格をもった人に入ってもらおうということでありがたく来させてもらいました」

　とのことであった。相手方である秀美麗は、

「私は二年前に日本に来ました。語学学校を経て、今春から希望していた大学の工学部に入学しました。現在、コンビニと居酒屋のアルバイトをかけもちしながら勉強しています。あの日もアルバイト先から一旦、着替えのために帰ってきたところでした。

　小田さんにはご迷惑をかけたと思っていますが、ワンちゃんについてまでの責任があるとは思えませんし、この国の法律がどうこうということもさっぱりわかりません。大学の相談センターに相談に行きましたが、専門家に相談するしかないと言われました。

　仮に裁判やその他の手続きになると時間をとるばかりか、トラブルをかかえた留学生として、在留許可にも影響するのではないかと心配です。マンション入居以来、何かと気にかけてくださる理事長さんから、第三者を入れた話をしてみたらどうかと言われ助かりました。私としてはとるべき責任は

とらなくてはならないと思いますが、自分のなかで納得できる範囲ということは、おわかりいただきたいと思います」
との発言があった。彼女自身は、外国人でもあり、完璧な日本語を期待することはできないので、会話ではそれなりに理解しようとする忍耐と努力が求められることはいうまでもない。

そこで、双方とも解決しようとする真摯な態度、そして期間や費用を考えたとき、既存の司法機関ではなく、あくまで公平な立場の第三者を入れて解決したいとの強い要望を受けて、この話し合いを主宰することを受諾した。もっとも双方には、この話し合いの結果がどのようなものであっても、その時点で合意した内容を誠実に遵守すべきは、法的な義務以前に人間としての守るべき道理であることを強調した。

この前提で話し合いを開始したが、冒頭に事案の概要を聴守するため、双方ともに同席のまま経過の説明を受けたが、微妙な表現の差や、スタンスの違いは避けられるべきものではない。事案の核心ともいうべき責任の所在、それに伴う賠償の範囲などの輪郭はある程度見えていたものの、主張したいことや今思っていることなどを片方ずつ話してくれるよう伝えた。それは、当事者の前では言いにくい本音の部分を探るためで、一回だけそれぞれ30分ずつという時間的枠組みを両者に伝え、話を聞くことにした。

というのも、交互に話を聞くということは同席で行うのと比べると倍近くの時間が必要であり、いかに問題解決のために参加しているとはいえ、当事者双方にとっても間に入って話を聞く立場の人間においても、おのずと集中力の維持には限界がある。

また、今回の場合、双方の事情から何回もその機会をもつことが困難と予想されるため、短期間に効率的かつ集中的に調整を行わなければならない。しかし交互に話を聞く場合、待っている側は待機中に「相手方はどんな話をしているのだろう。自分にとって不利なこと、膨張や虚偽を申し立てているのではないだろうか」とあれこれ疑心暗鬼になるのは当然であるから、聴守時間もできるだけ平等に、跛行的なものとならないよう配慮する必要があると考えたからである。

その日、午前10時に集合することにしたのは、最速でその日の夕刻まで

に一定の形を作りたいと考えたからである。そして、双方に当日は予定を入れないで1日空けてきてほしいと伝えてもらった理由もここにある。

そして、何より正午を挟むようにしたのは、昼食の時間をとることで、午前中の話し合いについて双方が、自分と向き合い考える時間を与え、話し合いの雰囲気によっては、三者揃って、弁当をつつきながら、雑談するということもでき、当面の案件から離れて相互に理解を深める機会を得られるかもしれないと考えたからである。

さて最初に話を聴いたのは、当事者の小田昭子である。彼女は、
「今回の件で私に何か落ち度があるのでしょうか。主人を出迎えようと玄関前に立っていたところ、突然、自転車があたってきてよろけてしまい、おまけにすり傷まで負っています。私の怪我は、数日で消えるようなもので大げさにはしませんでしたが、正直なところ、警察を呼んでおくべきだったかもしれません。何より、そのことでお預かりしている他人様(ひとさま)の大切なワンちゃんを驚かせた結果、胸から飛び出して大変なことになってしまいました。自分としてもお預かりしている方にどう申し開きし、お詫びしてよいのかわかりません。

あのときは気が動転していたし、相手の秀美麗さんも、申し訳ありませんとその場で謝罪して、獣医のところへも一緒に行きました。何より同じマンションの住民なので、逃げもかくれもしないだろうと考えました。

このマンションは分譲マンションで周囲から見てもそう安いものでもありませんから、仮に分譲貸しの部屋に住んでいるとしても、それなりの家賃のはずですし、何より留学して来るとなれば、それなりの家の子女であると思います。

とりあえずペットの治療費は立て替えていますが、秀さんがワンちゃんを半身不随にしたわけですから、今後の獣医さんにかかる費用と飼い主さんへの慰謝料は秀さんに払ってもらいたいと思っています。

それに、秀美麗さんと同じ階にいるお友だちに聞くと、朝早くから入れかわり立ちかわり女友達が出入りするばかりか、夜遅くもドアの開閉音がして落ち着きがないうえ、食事以外でも、深夜に料理するためか独特の香辛料の臭いがただよい、それもどうなんだかと思います。部屋そのものは静かなの

でクレームをつけるわけにもいかないが、外国人ということで、難しい面があると言っています。ただし、多分、秀さんのことだと思いますが、顔を合わせると会釈するなど感じのよい娘さんなので、今のところは、黙っていると聞きました。私として偏見がないといえば嘘になるかも知れませんが、お国柄の違い、それも体制が違う国で育った人なのでよくわかりません。

ややこしくなる前に結論を出して、来月には帰ってこられるお預かりした友人に納得はいかないまでも、一定の報告とお詫びをしたいと思います。長引くと思われるなら、ぜひその旨お知らせください。早急に次のことを考えなければなりません。

いずれにしても、何を考えているのか、また常識が違うということも考えられますので、お友達とも話していましたが、この件が結着したらマンションから出ていってもらえればよいとも思っています。もっと環境が穏やかなところの方が、秀さんにとっても気楽ではないのでしょうか。

いずれにしても、治療費とワンちゃんの購入費そしてお詫び金は、当然払ってもらわなければ困りますし、預けた知人にも申し訳が立ちません」

と述べた。

この話のポイントは、
- 謝罪や求償が自分に対するものではなく、犬を預託した相手に対してのものであること。
- 金銭による解決しかないことを十分理解していること。
- 自分の立場として預託された犬に対しての「善管義務」に反していないという確証がほしいこと。
- 同じマンションに住む友人の話として、自らの体験以外の情報によって相手の生活や国籍など不確実な情報と思い込みがあること。
- そこから、ある種の偏見とそれに起因する不安とその裏返しとしての攻撃性が見受けられること。

などであると感じた。

彼女の述べることへの「あいづち」と「くりかえし」によって、かぎられ

た30分間で本音、核心を吐露しやすい環境にするように配慮しつつ、一回目の聴取を終えた。そして、これから秀美麗さんにも事情をうかがうので、同じ時間程度、別室で待機してくれるよう伝えた。

このとき、あえて「事情をうかがう」としたのは、相手の「言い分を聞く」とすると、主張の差を拡大する懸念を感じさせてしまうと同時に、対立軸の存在を明確にしてしまうこととなりかねないからである。より硬化させてしまい、待機中にあれこれ策を講じようと思いを巡らす可能性が高くなると考えて、本人の直接的な主張を指す「言い分」という言葉ではなく、相手の置かれている立場、そのなかには当然当人の主張が必ず含まれるものであるが、あえて「事情」という客観的条件を指す言葉にした理由はここにある。

次に、相手方である秀美麗を部屋に呼び入れ、まず、
「今、小田さんには、当日の状況も含めて小田さんの考えておられること、解決するためにはどうすればよいと思っておられるかうかがっていました。もちろん秀美麗さんにとっては、同意できることできないことがあると思います。あえて今の段階では、それを申し上げませんので、秀さんの立場から見た当日の様子、そして今どう考えているか、どうすれば円満に解決できると思っているのかうかがえますか」
と話しかけた。その際も、日本人同様の速度では理解することは困難であり、ゆっくりと言葉を変え表現を変えて、より理解しやすく説明したことはいうまでもない。[137]

秀美麗によれば、
「私は、どうしてもエンジニアになりたくて、本国の大学に進もうと思ったが、まだまだ、その方面は男性が多く実家は農家できょうだいもおり、長女である自分のためにみんなが協力して渡航費用を念出してくれた。奨学金を

---

[137] これは言語の違いのみならず、調停場面あるいは調停そのものが、当事者間の立場の違い、常識の違いを平準化することが、最大にして唯一の解決への道程になるからである。共通のイメージ、共通の利害というものを、双方に理解させるという調停者として心がけなければならないことの一つである。本事例は、言語の差異を超えて、いかに正しく双方の思いを伝えるかということが、求められる典型的事例である。

受けているものの、学費や書籍代でほとんどなくなってしまうので、二つのアルバイトをかけもちして生活費を稼いでいます。

　部屋も大家さんが不動産屋さんに事情を話して、他の留学生とルームシェアしています。

　また、日本に来て初めて知った言葉ですが、『女だてらに……』というような風潮がまだまだ私の国や故郷には残っています。私の勉強したい分野では、日本やアメリカが先進で、実験などの施設や環境を考えたとき、日本に留学したいと思い続け、コツコツとアルバイトをして留学資金を貯めて来ました。私の実家は辺鄙な田舎の決して裕福ではない農家です。弟や妹たちもいて、日々、なんとか暮らしていけますが、私の留学費用をすべてまかなえるほどの資力はありません。

　それでも私の何年にもわたる留学への夢をかなえるため、両親は一生懸命お金を工面してようやく渡航費用を捻出してくれました。もちろん、本国で奨学金をもらう試験を必死の思いで突破し、日本に来てからも先生や大学の事務の方々のお力添えをいただいて、学費や必要最小限のお金はもらえるようになりました。しかし、勉強のための専門書はとても高価で、図書館などの本をくまなく探したり、留学生の集まりなどで知り合った友達の大学の図書館にあるかどうか探してもらったりしています。それでも、どうしても手に入れられないもののために、アルバイトをかけもちしています。

　このマンションに入るときも、もっと安くて入りやすいワンルームも考えましたが、いろいろ考えてみると、何部屋かあるこのマンションの一室を借りて同じ国から留学している女子学生同士でルームシェア（同居生活）した方が頭割にしたとき安くなるうえ、寂しさもまぎらわせるし、何より女の子一人を外国に出しているという親元の心配も、女の子同士で同居して共同生活しているという方が安心してくれるものと思いました。

　もちろん寮など学校の施設にも当初入りましたが、生活習慣や基本的な就学姿勢の差があって、必ずしも快適とはいえないものであったことも原因の一つです。

　不動産屋さんを通じて部屋のオーナーさんの理解を得て、こうして住まわせてもらっています。そんなわけで、現在私の部屋ではオーナーさんの許可

を得て4人の女の子たちが、順番に自分たちの学校やアルバイトの都合で、お掃除当番、食事当番などを決めて、ルームメート同士はもちろんフロアーやマンションの人たちに迷惑のかからないよう心がけて生活しています。

　今回、私が自転車のバランスをくずして小田さんにぶつかったことは事実ですし、申し訳ないと思います。怪我をされたとのことですが、そのときはワンちゃんのことで慌てておられ、ご自分の怪我のことはおっしゃらなかったし、獣医さんのところで見たときも出血やあざになっていることもなかったので、後で怪我をしていたと聞いて驚きました。

　ワンちゃんについては、抱いておられてすぐさま落ちたのではなく、小田さんがよろめいてバランスがくずれたときに驚いて飛び出し、しかも小田さんが持っていたリードにひっぱられて充分な着地体勢がとれなくて体を道路に強打したものです。私が小田さんにあたったことで、落下、強打し、結果として不幸なことになってしまいましたが、すべてを私の責任だと言われるとつらいものがあります。

　先ほどお話ししたように、決してありあまるお金で留学して来たわけでもありませんし、裕福な生活をしているわけでもありません。ですから、もし、お払いするものがあるとしても日々のアルバイトの給料のなかから分割してお払いするということしかできません。

　もっとも、このことが原因で大学や日本にいられなくなることを心配しています。両親や家族のためにも絶対卒業して、できれば日本の企業に就職したいと願っているので、小田さんのご理解を得たいと思います」
ということであった。[138]

---

[138] この話のなかで、真偽のほどは知る由もないが、秀美麗について小田昭子が思っていることと秀美麗自身の口から出たものの相違について整理する必要がある。というのも同席で語られる場合、変形なく伝達しうる反面、発言内容そのものに、猜疑心や反発もあって、素直に受け取らず、本事案の場合、そもそも小田昭子においては、少なからず、ある種の偏見と思い込みがあるかもしれないと思われることから、同席において話し合う前に伝えるべき内容は、率直にして、簡潔なものでなければならない。調停者自身の受け止め方や感想は綴れば綴るほど変更し、知らない間に加工がなされる危険が生じるからである。すなわち調停者に必須の条件は、当事者の思いを当事者の表情、しぐさなどを注意深く観察し、その発言が建前のものか真

双方からの１回目の各々の考えや意見を聴守したところで、近くの飲食店から３人分の出前を取って一緒に食べた。調停者として、意図をもって会食[139]した結果、ずいぶん気楽な雰囲気が出てきたと同時に、相手の話を聞こうとする態度の変化が表れてきたように感じた。

　そして食事中の雑談も含め、小田昭子にとっては経済的負担もさることながら、「事故があって治療中」とだけ伝えている預託した友人との人間関係や責任の追及を恐れている自分に気付くとともに、秀美麗においては、法律はもちろん文化的背景の違いのなかで自分はどうされてしまうのかという思いと、このまま日本で勉強が続けられるのかという不安でいっぱいであると考えられた。

　このことを念頭に、食後、同席のうえ調停する際、「小田さんは、経済的な負担もさることながら、お友達に合わせる顔がないと思っておられるようですが、それでよろしいですか？」と問いかけたところ、「そのとおりです」

　実の叫びなのかを吟味しながら、その発言の背景に疑義を感じられたものにはより簡潔に、真実の叫びと思われるものには、繰り返し確認の質問を投げかけるなど精度を高めたうえで確信を得ていかなくてはならない。その意味で、それぞれの発言や説明について調停者に見せるためではなく、相手を納得させるために書証などを持ち出す必要はあるものの、司法型でも行政型でも、また、民間型でもない善意の第三者による話し合いの場の設定である以上、法的評価などではなく、むしろ、そこから離れての双方の思いをぶつけ融合させていくべきものであると考えなければならない。だとするならば、自らの主観を極力透明化させるように努めつつ、当事者を注意深く観察しなければならない。

139　これも当初より予定していたもので、双方の利用者の対立や緊張状態にあるなかで、あえて、三者で会食をする意味は大きい。その理由は三つある。
・調停者が、核心すなわち事案に直接関わらない世間話をし、双方に話しかけることによって相互の人となりを観察する機会を作り、より明確に縮めた会話ができる。
・何気なく双方から聴取した内容、例えば、小田昭子に対しては金銭解決以外の要素、友人関係や動物への思い、生活態度をそれとなく予想しうる会話をしてみる。
秀美麗については、俗にいう苦学生のアピールが真実か否か、楽しみは何とか趣味は何かなど、やはり本人の主張との整合性をはかる会話を投げかければ、食事という場面で少なからず緊張がとけたものであれば、真なる姿を見るきっかけになる。
・この話し合いが、勝敗を決める決戦場ではなく、円満な解決によって今後ともに良好な関係となるように強調する場所だということを感じさせることができると考えたからである。

と答えた。

秀美麗には「あなたは責任について理屈が合うものについては責任を負うと考えていますよね。その責任の果たし方は当面金銭の支払いですが、現在の生活状態からすぐさま大きなお金を払うということは、難しいということで間違いないですか？」と問いかけた。秀美麗も「そのとおりです」と答えた。[140]

そのうえで、

「お二人の考えを絞り込んだ場合、今回の事故が大きな故意や過失ではなく、不幸な偶然の連鎖だということは理解していただけたと思います。

この解決を目指すうえで考えるべきことは、原因と結果、その結果に照らしての責任の所在、そして場合によっては『分担』も考えられます。その負担をどのように果たしていくのかという点に集約されることと思います。

これが最もわかりやすい解決方法なのかもわかりません。しかし、お二人とも既にお知り合いやインターネットなどから多くの情報を得られているだろうと思いますし、仮にそうでなかったとしても、この件を法律的に見た場合、事実はどうだったのか、例えば自転車があたった瞬間にワンちゃんが飛び出したのか、それともはずみでよろめいたことにおびえて飛び出したのか、地面に強打するについては小田さんの持っていたリードがどのように作用したのかなど、裁判になればこれらも含めて、その瞬間を忠実に再現してそれらを証明していかなくてはなりません。

はたして、お二人だけしかいなかったというその場面で、事実は一つであるものの微妙な認識の差も生じるでしょうし、また、お調べになったかもしれませんが、ワンちゃんなどのペットに関わる事故にまつわる保証は当事者

---

140 このやりとりは、双方の立場を端的に相手方に理解させるとともに、双方の立場を共有することによって、自己の思いと重ねて考えるきっかけになると同時に、必要以上の主張を加えて、問題を拡大させないようにするためでもある。内容だけでなく、主張するときの態度や主張のポイントのずれによってせっかく醸成した協調の雰囲気を破壊しないための枠組みの構築と考えた方がよいだろう。双方の主張や考え方の要約を紹介し、本人の承認とともに付加的にその要約にそった思いを発言することによって、この場において、自分の主張やその全旨が、相手方を含め共有できたと思えたに違いない。

の想いとは裏腹に法律上は『もの』として扱われることもあって、なかなか難しいところがあります。

　この場は、私個人が間に入って、お話し合いの機会を作ってお互いの気持ちを理解し合ったうえで解決を図ろうとしているもので、自分自身が納得できないことを受け入れなくてはならない裁判でもなければ、事実を認定する裁判官でもありません。

　ということはどこまで行っても、お互いがお互いの気持ちになって考えていただくということにつきます。このことをご理解いただいたうえで、今から直接お話ししていただきますが、一つだけお願いしたいのは話し合いの過程で、承服できない発言や気分を害するやりとりが生ずることがあるかもしれません。ささいな原因が増幅されているのかもしれませんし、誤解が原因かもわかりません。そんなときでも第三者として話に入っている私が注意深く聞いているのですから、立腹や感情の高ぶりから瞬間的に席を立つこと、勢いで話し合いを放棄することだけは、お互い貴重な時間を使っているのですから止めてください。お願いします」と付け加えた。[141]

　そこで、いよいよ三者そろっての話し合いを始めた。スタートは午前中に聴取していたことを、先程の要約および本人による補足を加えながら再度質問し、答えてもらった。

　そのやりとりを通して小田昭子は、
・昨今、マスコミで聞く新興富裕層の子弟が箔づけのために来日している

141　これらの前置きは、民間それも一個人の主宰する話し合いの場である以上、互譲なくして解決は見込めないこと、司法型の評価を加えてこの結論を導くものではないこと、そしてそれを望むならば、時間と費用を覚悟して裁判に委ねるしかないこと、そしてそこで導かれた結論が、すべて納得しうる結論とはかぎらないことを強調することによって、話し合い解決に対する心構えと覚悟と忍耐を喚起するための発言であり、このような話し合いでは不可欠のものである。加えて、裁判になれば、当時の状況を検証していく作業で証明できた側、反論できなかった側、各々において、責任の軽重が明確になるのでわかりやすいが、今回は、いささか乱暴なやり方かもしれないが、責任の所在をあえて明確にすることなく、それを飛び越えて双方の納得を作り出そうとすることが、何らの制約を受けない私的な調停の真骨頂である。

のではなく、秀美麗はむしろ苦学生としての生活であること。
・同じマンションの知人から聞いていた人の出入りの激しさや深夜の調理が自堕落な生活によるものではなく、苦学生同士の共同生活のなかで各々の生活費確保のためのアルバイトのシフトのためであること。
を理解したようであった。

秀美麗は、
・小田昭子が、責任をすべて押し付けるのではなく、自分の認識においてぶつけられた拍子に犬が落ちたのであるから、そちらに責任があると思っていたが、あたってからしばらくの時間差があって犬が飛び出したこと。
・自分の持っていたリードの緊張によって犬が不自然な体位で路面に強打したことなどの可能性も否定できないことに気付いたと思われること。
・小田昭子は自分自身のためというより、知人への謝罪と自らの責任を否定したいという気持ちが主因であって、感情的に秀美麗を憎んでいないこと。
が理解できたようであった。

　これらが共有できたと考えたので改めて双方に、「責任の割合を決めるのではなくお互いが納得して解決するための話し合いですから、よくよく話し合って相互に納得できた結果としての道義的、経済的負担の割合を考えたいと思うので、再度確認しておきます」と加えた[142]。
　会食から約30分経過していたが、会食時のなごやかな雰囲気の余韻のあるうちに、話し合いで解決するのだという思いを共有確認することは重要である。そして調停する者から、まったく観点を変えた形での話し合いの提案

---

[142] 話をつきつめると、負担割合を求めるあまり結局法律に縛られてしまう。この事例は、判例や立証などから極めて困難であり、双方満足しうるものではない可能性があるもののそこしかスケールがないとの思いから、この話し合い自体を否定しかねないものになるので改めて評価するのではなく、自らで交渉を促進するのだということを認識させる必要がある。

をした。

「今回、最も気の毒なのは体の自由の利かなくなったワンちゃんですが、それ以上に、ワンちゃんを6カ月間いつくしみ可愛がり、夫婦での長期出張というやむにやまれぬ事情で心を残して出発された小田さんのご友人の気持ちは、いかばかりでしょうか？　現在、必要以上のご心配やご心労をかけないためにというより、小田さんからはとてもつらくて申し訳なくて、半身不随になったとは言えずにいます。怪我をして治療中というお知らせもまだ出せていませんが、来月その御夫妻が帰ってこられたときにはすべてわかってしまいます。

　そうだとするならば、そのお友だちの立場に立って、10分ほどさしあげますから、どう考えるか想像してくださいますか[143]」

　10分ほどと提示したが、沈黙のまま眉間を寄せて真剣に考えている二人の姿を観察し、一定の考えがまとまったと判断しえたのは結果として20分経過していた。しかし、この沈黙の20分間は決して無駄ではなかった[144]。なぜなら、双方が自分たちの関わった事例で、何ら責任のない人間を悲しませ、落胆させるということが確実であり、どう釈明しようと自分にはまったく過失も責任もないと言い切れないことに気付いたようであったからである。ここまででマンション管理組合理事長による紹介での顔合わせから、1時間の昼食をはさんですでに4時間経過したこともあって、そのまま一つの方向性を出すように考えていかなければならないと思い、「それぞれに、その方にどうお詫びをすればいいと思いますか。ご自身がその立場ならどうされますか？」とたずねた。小田昭子は間髪入れず「最低限、治療費と6カ月前に購入されたときの代金はお渡ししないといけない。また、これからの治療代や障害を抱えたことによる経費を考えると、100万円は考えないといけないのではないでしょうか」と発言した。秀美麗は、その金額の大きさに驚いたの

---

[143] これは、今ここにいる当事者がなすべきことがそれぞれのためでなく、まったく責任のない第三者に大きなダメージを与えるものであり、ここで責任のなすり合いをしてもその第三者に対して何の利益もないばかりか、人間として、人の道として恥ずべき行為であることを認識させたいと思ったからである。

[144] 市毛恵子『カウンセラーのコーチング術』（PHP研究所、2002年）56―71ページ。

か押し黙っていた。

　もちろん小田昭子の発言は間違ってはいないし、彼女の立場からすれば当然なのかもしれない。判例などでは、死亡に至らしめた場合、治療費などのかかった費用、平均寿命から算出した割合での過失利益は認められているが、俗にいう慰謝料を無条件で認めているものではないし、今回は死亡ではなく障害を持つものの生存していることもあり、金額の算出については極めて難しい問題である。

　そのことをもってしても、預託した知人夫婦の憤りと悲しみがおさまるものでもない。

　また、決して少なくない金額であるだけに、その負担をどのようにするのかということが再び前面に出てくる可能性もあり、そうなれば司法へと持ち込まれ、今の話し合いはまったく無駄になってしまう。そこで調停者として、「金銭以外に、知人ご夫妻にお詫びする気持ちが双方にあるのなら、この事実やいきさつをそろってまず説明しお詫びするということだけでもここで合意できないでしょうか？　いや、私がお詫びする必要はないとおっしゃるなら仕方ないですが」と問いかけると、小田昭子は「私は、お詫びしなければならないのは避けきれませんし、預かったかぎり、その責任はあるので当然そうせざるをえません」と発言した。秀美麗もしばらく黙っていたが、「小田さんはまったく一人で自然によろけたわけでもなく、自分の自転車が当たったことが遠因となったわけだから一緒にお詫びに行きます」と述べた。

　この発言によって当初、秀美麗が主張していたように、自分の衝突と犬の落下は別のものと主張していたものが変容し、第三者を傷つける結果に気付いたことで自分のなかで責任を取るべき部分が厳としてあるのだということに気が付いたことになる。

　「では、ご一緒に、そのご夫妻にお詫びとご説明をそろって行くということに異存はないということでよろしいですね」と確認をし、双方ともこれに同意した。

　「お詫びに行くに際して、そのご夫妻の考え方や具体的要求をうかがうことになりますが、その前提条件として、ひたすらお詫びするという努力を続けていただくことになりますがよろしいですね」と続けた。「そのときに出た

条件のうち、金銭的条件にの負担について、ご自身の思いだけで結構ですから教えてください」と問いかけた。[145]

　はじめに口を開いたのは意外にも秀美麗であった。
「私は決して裕福でもありませんし、すぐさまお支払いできるお金とて持ちあわせていません。100万円という金額は、来日して以来のアルバイト代の総額より多いものです。一度にその金額はとても払えませんが、ワンちゃんのこと、その飼い主ご夫妻のことを考えると、アルバイト先をもう一件増やして月々1万円ずつくらいでもお支払したいと思います」
「具体的には総額いくらぐらいと考えていますか？」とたずねると、
「大学はあと3年あります。そうなると36カ月として36万円になると思います。それでも足りないということであれば、就職したうえでいくらかでもお払いしたいと思います。ただ、就職できたとしても奨学金の返済もありますので、やはり1万円ぐらいが限度だと思います」
　すかさず小田昭子が「冗談じゃない！」と叫ぶかと思ったが、彼女は沈黙したまま考え込んでいた。そしておもむろに、
「考えてみれば、生活費のためにアルバイトをしている留学生にまとまったお金を出せというほうが無理だし、出しますと言っていても突然帰国してしまったら、それで終わり。追いかける術もありません。だとすれば、ここで何を決めても、約束しても、実行されなければ『絵に描いた餅』です。
　私が治療費などを立て替えていますが、それも含めて帰ってこられたご夫妻に二人で誠心誠意お詫びしたうえで、どうすればよいか決めてもらいましょう。そこで、金額がはっきりしたら治療費と合計したものを折半しましょう。
　それが正しいのかどうかわかりませんが、相手もわからぬ人にひき逃げされたり、自分で石につまづいたと思えば、誰も恨まなくてすみます。
　ものわかりがいいのではありません。人間できるときとできないときがあ

145　これは避けて通れない金銭負担について、一定の意思確認をしないままだと問題の先送りにしかならない。かといって、割合を決定するために設けた場でもないという趣旨から、真っ先にこれを主題に話し合ったのでは利害の攻防に終始するのは確実だからである。

ります。

　確かに秀さんは朝出かけて夜遅くに帰宅しているそうだし、何度かコンビニの服を着ているところを見たことがあります。きっと言われるとおり、一生懸命にアルバイトしているのだと思います。

　一方、私はお友達夫妻との人間関係を壊すわけにはいきません。一緒に謝りに行ってくれるというので、私一人の過失ではないことを理解してくださるとすれば、それから先は私の誠意によるものと思います。

　秀さんは大学を出て日本で就職したいと言われているので、知らない間に帰って逃げ切ろうとする人では決してないと信じたいと思います。

　もし、今の気持ちを大切に、約束を守ろうとするならば、まず治療費の半分を負担するために数カ月１万円ずつ返してください。それから先のことは、それから考えましょう」

と落ち着いた声で話した。秀美麗は下を向いたまま何回もうなづいた。[146]

---

[146] 必ずしも小田昭子が、芝居がかった美談にしようとしたものではないだろう。むしろ秀美麗の経済的事情と自分の知る彼女の日常生活とをつなぎあわせた結果、彼女の支払能力の限界があながちウソではないこと、また、彼女と負担割合を争う時間がなく、いずれにしても友人夫妻との人間関係を維持するためには有無をうわせず自分がお金を用意しなければならないことに気付き、ここで割合が決まったところですぐには間に合わない以上いかんともしがたく、この発言になったものだろう。加えて、自分のなかで選択肢がないのなら、わずかな約束実行の期待を彼女にかけるとともに、新たな人間関係を創造したという達成感と期待を彼女に込めたものであり、彼女の言うとおり「ひき逃げ」や「ひとり相撲」であったとしたら、こんな話し合いの必要はない。外国から来た若者に対する屈折した感情なのかもしれないが、秀美麗にささやかながらも期待感を持ったということで自分のなかで納得し、満足しようとしているのかもしれない。このことは決してあきらめや投げやりな態度になっているのではなく、与えられた条件下で自分なりにもっとも飲み込みやすいものを自らの手で作り出したものであって、新しい価値観の発見というべきだろう。

特筆すべきは、小田昭子がまずは治療費18万余を当面の実行目標として提案したことは折半としてわずか9カ月で秀美麗の約束の実行具合を観察できるうえに、預託者夫妻に対する賠償について、その結果を見て判断できるということを考えると、本人が意識していたかどうかは別として、意地悪に考えればしたたかな計算が働いたのではないかと言えなくもない。

秀美麗にとっては当初、全面的に責任を否定し防御することに集中していたものの、

いずれにしても本事例は、ややもすると、責任の所在、負担割合、弁済能力や期間など決裂に至る要素はそこかしこにあり、法的判断を回避しながらの進行は極めて困難ではあるものの、良心と互譲を強調することによって一定の解決を見たものである。[147]

【特徴】
- 紛争当事者が同じマンションの住民同士であること。
- 全面的な紛争は将来にわたる日常生活に関わってくる懸念。
- 相手が外国人であり日本社会の価値観、生活習慣などどれほどの一致と差異があるのかわからないこと。
- 相手が留学生として滞在しており財産も資力もなく、また本国の両親からの仕送りに頼っていること。
- この事件の原因となった相手の故意、あるいは過失か定かではない衝突であること。
- その拍子に犬が飛び出して障害を負ったことに対する明確な因果関係を主張するだけの自信のなさ。
- 当事者の飼い犬ではなく、友人から預かっていた犬であったこと。

まったく責任のない預託者夫妻の心の痛みに共感することによって責任の軽重でなく、責任はあるのだと自省することになった。そこで応分の責任を果たす前に、まず預託者夫妻に謝罪するということで法的責任を認めたものであり、未だ不確定な責任の範囲についても自己の支払能力と弁済の期間などを正直に吐露する反面、その期間範囲においては誠実にこれを実行するという決意表明したもので、彼女にあっても新しい価値を見出したと考えられる。また、小田昭子の発言により自分が信用され約束を果たしてほしいし、果たしてくれるだろうと期待されていることを感じ、人の善意と寛容と感じるとともに、人として約束を誠実に守ろうと思ったに違いない。

147　岩舩展子・渋谷武子『素直な自分表現　アサーティブ　自分も相手も尊重するハッピーコミュニケーション』（PHPエディターズ・グループ、1999年）186―220ページ、245―251ページ。

【分析】

　当事者小田昭子の求める求償や謝罪を得ようとするうえでのマイナス要因ばかりのなかで、法律上は「もの」として扱われる犬ではあるが、かけがえない家族の一員として預かった自らの責任、すなわち善管義務以前の友人に対する釈明など、彼女のなかで自分自身ではどうにもならない状況は予想していた。そして、その一つひとつを呑み込むための自己の内面における現実への理解と自分自身が納得せざるをえないという「思い切り」が、それまでの相手に対する怒りや憤りを人としての寛大さと寛容を持つことで、自分自身を説得したと言える。

　ADRにおいて最も重要であり、続く各事例にも共通する紛争に対する当事者自身の「気づき」であり、決して「諦める」のではなく自分自身が紛争にいたる経過や要因をどんどん純化していけば、最後にはそれを自らの意思で昇華していけるという過程を、調停人が当事者の心的変化を察知して、その時期を逃さず「気づき」のステージの舞台装置を作るということもADRならではのものである。

　紛争当事者双方の対話による紛争解決とともに、調停人の舞台監督、そして大道具係りとしての役割もあると考えられる。

事例②　「ない袖ははふれないという債務者」
(返済能力に関わる紛争)

【経緯】

　筆者に頼んできたのは、同級生の宍道幸三であった。

　宍道とその知人である奥田繁二郎とは、20年余の付き合いであるという。就職直後の若造であった宍道幸三が出会ったばかり奥田繁二郎は一級建築士であり、洒脱なオフィスに大勢の社員を抱えた設計会社の社長として、そして若手のホープとして業界で歓迎されていた。わずか7歳の年齢差とはいえ宍戸にはとてつもなく大きな存在であり、取引先の社長として奥田を毎週訪問するような関係であった。しかし、年齢や役職に関係なく、「大切な取引相手の社員さん」として、きちんと丁寧に対応する奥田繁二郎に親しみと尊敬を持っていた。

　宍道自身が独立してからも親しく付き合い、頻繁に食事に連れていってもらったり、年式が古いとはいえ当時まだまだ高級外車であった奥田の車を「下取りに出しても大した値段にはならないから」とタダ同然で譲ってもらったりした。

　その後も付き合いは続いていたが、徐々に季節の挨拶のみとなり、年に1回昼食をともにする程度になっていった。それでも彼は出会った頃となんら変わることなく紳士であり丁寧な物腰であったという。それから10年近く経過したが、奥田のオフィスが一等地から少しずつ離れ、社員も全盛期の3分の1くらいに減っていることから、なんとなく経営が芳しくないのではないかと宍戸もうすうす気付いていた。最盛期には都心の一等地に商業ビルを2棟所有し、しかも銀行からの借り入れもまったくない会社で莫大な法人資産を有していたのであるから、その変化も気になっていた。

　とはいえ、相変わらず瀟洒なオフィスの社長室を訪ねるたびに、宍道自身その変化を「悪い兆候ではなく、単に合理化を意識したものに違いない」と勝手に自分で解釈していたという。

　ある日、奥田繁二郎との会食のときに、それまでたびたび奥田の口から出ていた彼の昔からの友人である佐藤一郎の名が出た。そして、

「佐藤が新規事業に取り組んでいて、その事業は自分から見ても間違いのないものだ。相手との契約まであと一歩のようである。自分も3カ月後を期限として、彼に3000万円を貸しているが、あと少し何とかならないかと頼んできた。彼の事業が成功するのは間違いないし、その後も引き続き彼のプロジェクトに関わるためにも、300万円を貸してやる気はないか」
と持ちかけられた。話を聞いてまず、奥田はすでに3000万円を貸したのだからあとの300万円くらい自分で足せばよいのにと宍戸は思った。しかし、これまでの付き合いのなかで不利益をこうむるような話は一度もなく、彼が数日前に「佐藤一郎」宛てに送金した送金票も机の上にあった。そこで、後日、何かのメリットを出させる算段が必ずあって、そのために提案しているのだと思い直した。現に彼自身が大金を貸しているのだから間違いないだろう。せっかくの奥田繁二郎からの提案を断るわけにもいかず、いわば、これまでの奥田繁二郎への恩義に応えるような気持ちで承諾した。翌日、現金で300万円を奥田繁二郎に届けたところ、
「顔を見たことのない人間を信用しろと言うわけにもいかないだろうから、自分が借用書を書いて渡す。そして今すぐ社員を銀行に走らせて『佐藤』宛てに送金してその送金票も渡すので、一緒に保管しておいてほしい。
　返済日は3カ月後にしているが、それまでにかたがつくと思う。そのときは連絡するのでそれを楽しみに待ってほしい」
とのことだった。繰り返しになるが、宍戸は見たこともない「佐藤」に300万円を融通したのではなく、あくまで奥田からの要請として引き受けたのであり、「佐藤」自身から返済があるとは思っていなかった。それから3カ月過ぎたが奥田氏から連絡はなかった。
　とはいえバブル景気の残像が未だ残っていた頃で、宍道幸三としても300万円は決して少なくない金額ではあるものの、それがなければたちどころに困るというものではなかった。そのうえ、長い付き合いのなかで、期日が来たからといってすぐさまとやかく言える関係でもない。何よりその貸付が奥田繁二郎の借用書とはいえ、実際にはすぐさま佐藤一郎に送金されたことをその場で確認しているのだから、奥田繁二郎に請求することははばかられたという。

それでも、約束の期限から1カ月近く経ったので、奥田繁二郎に「その後、佐藤さんはどうなったのでしょう」とたずねると、「取引相手の都合で長引いているらしい。こっちもそろそろお金を回収したいところだけれども、彼のことだから必ずものにすると思う。今しばらく待ってやりたいと思う」と言われ、それ以上追及することはできなかった。

　それからまた3カ月経たときに、奥田から「オフィスを変わる」という電話が入った。どうかしたのかとたずねてみると、「株の投資に失敗して負債を抱えてしまい、資産を処分したらこうなった。こうなれば一刻も早く佐藤から回収したいと思っているが、彼が捕まらない。迷惑をかけてしまい申し訳ない」と謝罪されてしまった。

　佐藤一郎にだまされたのか、奥田繁二郎にだまされたのか、どちらであっても大差はない。奥田繁二郎との人間関係を考えた場合、強く請求を繰り返そうとしまいと、彼に返済能力があれば佐藤に代わって返済するだろう。しかし、奥田自身が経済的に行き詰っている以上、請求しようとしまいと結果は同じである。そう考えるしかなかった。

「まあ、佐藤さんからの連絡、それも吉報があるのを待つしかありませんね。社長も私も佐藤さんにやられたのでしょうかね……」

　と宍戸が言うと、奥田は気色ばんで、

「あいつとの付き合いは長い。多少変わっているが、仁義を心得た男だから、時期はずれても必ず義理は果たすと信じている。今のところ停滞して迷惑をかけているが、佐藤は約束を必ず守る」

　と頭を下げた。それからまた3カ月が過ぎたが、佐藤一郎から何の連絡もなく、奥田繁二郎は心労からか入院となった。

　奥田の会社も一人また一人と社員がいなくなり、ついには留守番の女性一人になっていた。宍道が奥田と知り合う以前に、彼は離婚しており子供もなく、数年前から同棲している内縁関係の女性がその留守番であったらしい。その後も、奥田が経済的に追い込まれていく様子は手に取るようにわかり、宍道からは佐藤への貸付金の回収云々を言える状況ではなかったという。ところが奥田を病室に見舞った際、これまで聞いていなかった佐藤一郎の住所と電話番号を教えてくれた。「奥田さん自身も同様に親しすぎて貸金の請求

がしにくいのであろう」と宍戸は思い、早速、佐藤のマンションに行ってみた。
　しかし、何回行っても留守なので、曜日や時間を変えて朝昼晩と電話をかけ続けたところ、ある晩電話に出た。その電話に出た女性に、佐藤一郎に替わってくれるよう伝えると電話の向こうであれこれやりとりしているようで、しばらくして「佐藤」と名乗る人物が電話に出た。そして、奥田繁二郎を通じてのこと、奥田の現状などを話し返済の目途をたずねようとしたところ、いきなり「金はない。とれるものはなにもない。好きなようにしろ」と電話を突然切られてしまったという。それ以降、何度かけても二度と電話を取ることはなかった。
　その経過を奥田繁二郎に伝えたが、「そうか……。どうしようもなくなったのか。出してもらっている300万円は私が返すので待ってほしい」と頭を下げたというのが、筆者に相談を持ち込むまでの経緯である。
　宍戸がいくら考えても佐藤の態度は許せないと言うので、貸し付けているという事実を明確にし、請求したという事実を残すためにも、「簡易裁判所による支払い督促をしてはどうか」と筆者は助言した。
　宍道自身もこれですぐさま回収できるとは思ってもいないが、それでも腹の虫を収めるためにも、すぐさま行動に移した。電車を乗り継いで「佐藤一郎」の住所を管轄する簡易裁判所に出かけ、職員に指導してもらいながら申し立てをしたという。予想どおり佐藤一郎から異議が出るはずもなく、「仮執行宣言」を得るに至った。しかしながら彼の住居は賃貸であり、めぼしい財産もあるとは思えず、執行費用さえ回収できないことは明白であった。
　そして、奥田繁二郎にそのことを報告した。退院はしたものの彼自身が会社をたたみ自宅マンションで無為な時間を過ごしていた。彼に代わりの返済を迫ることもできないありさまであった。奥田繁二郎に、
「今のままで気が済まないことはよくわかっている。
　佐藤一郎は自分が使ったことは認めたようだが、借用書は私が書いたのであり私が返すつもりなので、期限を切らずに待ってほしい」
　と言われ、承諾するしかなかった。
　弱っている奥田を見れば余計に佐藤の態度、対応には許しがたいものがあり、たとえ費用がかかっても強制執行で動産を引き上げるくらいの制裁をと

宍戸は思い、現住確認のため久々に佐藤一郎に電話したところ、以前電話に出た女性が「佐藤は亡くなりました。私たちは相続放棄しています」と話された。調べてみると自殺で、結局「佐藤一郎」についての貸付金は、回収不能となった。

　バブルがはじけ、宍道幸三も金が少なからず必要となってきたこともあり、「奥田繁二郎に何とか一部でも返済してほしい。そのため奥田と話し合いたいので、間に入ってもらえないか」と、筆者は宍戸に再度頼まれることになった。

　約束した日に宍道幸三と奥田繁二郎が筆者のもとを訪ねてきた。事実経過に間違いのないことを双方に確認し、奥田繁二郎の現状と今の思いをたずねてみた。奥田は、

「現在、自分自身が生活のために日給で働く職場にいる。佐藤については、自分の口利きで出させる結果になったのだから大きな責任を感じてはいるが、お話ししたとおりなので、月々１万円ずつでもなんとか返済しようと思うので了解してほしい」

とのことだった。月額１万円とすれば300カ月、完済は25年も先となる。宍道はもちろん、奥田も生きているかどうかも疑わしい。奥田は、両親、兄弟もすでに他界し、いるのは同居している女性だけで、彼女のパート収入でなんとか生活をしていると言う。となれば、25年間ただひたすら約束を守って月額１万円の返済を受け続けるしかなく、それが途絶えたときにすべて終わらざるをえないということを意味する。

　宍道幸三にしてみれば、佐藤一郎に対する憤りと怒りのもって行きようがない状態に直面している。そして、「口利きをした奥田繁二郎の責任を求めたい」という思いと、「昔からの付き合いのなかで、奥田自身も3000万円の回収ができなかった。いわば自分同様の被害者である」と考えれば、面と向かって奥田に厳しく言えないために、第三者を交えて話し合いを持とうとしたのである。

　ところが、本当か嘘かは確かめようのないことながら、奥田には返済能力

がなく今後何十年にわたって少しずつ返すしかないと言われた[148]。当事者だけでその回答ならば到底受け入れがたいものがあるだろうが、第三者を前に語られた奥田繁二郎の話は、信じる、信じないよりも宍道幸三自身が自分を納得させるための必要なプロセスだと受け止めて設定したものということも考えられる。

　結局、宍道幸三にとっては、何の保証もない幻のような返済の約束しか選択肢はなく、借用書はもちろん誓約書を取る気持ちも失せて、単に「きちんとくださいね」としか言えないままに、奥田繁二郎とともに退出していった。

【特徴】
- 間接的な金銭貸借。
- 紛争の相手方は仕事上での知人。しかも長年「良くしてもらった」恩人。
- 借用書は紛争相手であるが、貸した先は紛争相手の知人（見たこともない人）。
- 法的な手立てをしても回収不能（経済的に追い込まれている）。
- 返済の意思はある。

【分析】
　債権者が債務者の不誠実に怒りと憤懣を募らせながらも、現実を見た場合、債務者が取りうる選択肢がない。すなわち、紛争の解決に必要な条件を、紛争の相手方がまったく持ちあわせていないということで、自分のなかで相手に期待すべきものが何一つないと理解した瞬間から紛争そのものが成立しえないとする自己完結が行われたのであり、紛争当事者双方がいわば「お手上げ状態」で、将来に思いもよらないことが起こらないかぎり貸付金を回収できる手立てが考えられない以上、「合意なき合意」すなわち「一致できないということに一致した」ということになる。

　紛争の解決が不可能と認識したときに、その無念をそのままに放置し納得

---

[148] 佐竹・中井前掲書234—258ページ。

できないままにするよりも、公的、私的を問わず不可能の理由を共有することによって、より自分自身の納得を得ようとするものであり、裁判などで得た判決によっての自分への言い聞かせとは違って、当事者自身が紛争の物語の最終章を描くために必要な舞台を自ら作ったことになると考えるべきである[149]。

　言い換えれば、いかにして自分を納得させるかというセレモニーとしてのADRも存在するということを感じる事案である。

149　Meyer, Joyce, *Do Yourself a Favor... Forgive: Learn How to Take Control of Your Life Through Forgiveness,* FaithWords, 2012, pp.97-138.

事例③ 「マンションのクラックにまつわる紛争の事例」
　　　　　（法に頼らない紛争のフォーカスと当事者の納得）

【経緯】
　知人から紹介を受けた遠山静雄は、築20数年の5階建てマンションの2階に居住していた。ある日、天井灯の交換をする際、壁紙が数十センチにわたり、破れていることに気がついて、周辺の紙を剥がしてみたところ、コンクリートの天井部分（建築当時の工法や設計によって、階上の床と階下の天井を構成するコンクリートは一体のものであった）にクラック（ひび割れ）があった。
　階上の藤田明彦宅で先ごろ行った室内リフォームがクラックの原因であると考え、苦情と対応を求めたところ、藤田は激怒して「断じてうちの責任ではない。出るところに出て、決着をつけよう」と反撃された。
　遠山は「そうではなく、これ以上クラックを大きくしたくないので、その原因と対応を知るのが目的であって、これらも話し合いで解決したいと思って来た」と伝えた。しかしながら、藤田は「話し合いには、こちらは弁護士を呼んでおく。あんたもしかるべき人間を立ち会わせればよい」と言い放ちドアを閉めたという。遠山によれば、
「以前、藤田さん宅の浴室からの漏水で迷惑をかけられたが、そのときは藤田さんも恐縮して保険会社と連絡を取り合って、保険会社からの補償で壁紙や家財を直してもらった。そのときのことを考えると、今回の藤田さんの思いがけない強硬な態度と激しい攻撃に驚いた」
と話した。藤田は「弁護士を立ち会わせる」とけんか腰だが、
「こちらは原因を追究してこれ以上ダメージが大きくならないようにしたいだけとの思いから直接話し合いたいので、けんかにならないようになんとか同席してもらえないか」
と筆者に依頼したのであった。
「弁護士さんが来られるということならば、遠山さんも弁護士さんに頼まれてはどうですか？」
と筆者が固辞したところ、
「それでは、穏やかな話が穏やかでなくなり全面戦争になる。そうなると今

後、いじわるや嫌がらせされては困るので、うちの方はあえて弁護士さんではなく知人として同席してもらいたい」
　とのことであった[150]。本心は、弁護士費用や裁判費用を心配しての対応かとも疑ったが、遠山夫妻が熱心なクリスチャンであり、バザーやボランティアなど地域の奉仕活動も積極的に参加する人たちだということ、また、こちらに依頼に来る前に、所属する教会の牧師に同席してもらいたいと依頼したが、「弁護士さんが来られるような席では、何もお役に立つような知識のかけらもない」と断られたとのことであった。紹介者の手前もあり、「一回だけお付き合いするが、相手方の弁護士さんが話の主導をとられるようならすぐ打ち切って、遠山さんも弁護士さんにお願いする方がよい」と釘を刺して一回のみ立ち会うこととなった。

　当日、藤田明彦宅で話し合いが始まったが、意外にも藤田明彦は弁護士を呼んでいなかった。ごく普通の生活をしている一般家庭が直接訴訟当事者にならないかぎり、テレビドラマのように駆けつけてくれるような弁護士がいることはまれであり、藤田明彦にすれば遠山静雄からのクレームを「言い掛かり」と見なしていると同時に、臨戦態勢を示すことによって圧力をかけるつもりだったのかもしれない。

　予想どおり双方ともにクラックの責任についての押し問答を一時間近くしていたが、双方とも疲れてきたころを見計らって、筆者が同席に至る経過、すなわち遠山静雄がこの問題を弁護士や裁判などで解決しようと思っていないこと、その証拠に藤田明彦は弁護士を呼ぶと言ったが、遠山は当初懇意の牧師さんに同席を依頼したことなどを藤田に説明した。すると、先ほどまでかたくなに責任がないということのみに集中していた藤田の態度が和らぎ、それに食い下がっていた遠山も少し落ち着いたように見えた。そこで大きめの紙とペンを借り、表を書いて双方の主張を整理してみた[151]。それをそれぞれ

150　中村芳彦、和田仁孝『リーガル・カウンセリングの技法』（法律文化社、2006年）3―11ページ。

151　Stone, Douglas & Patton, Bruce & Heen, Sheila & Fisher, Roger, *Difficult Conversations: How to Discuss What Matters Most,* Penguin Books, 2010, pp.23-108.

の夫婦と5人で、ずいぶんの時間、あれやこれやと言いながらまとめていった[152]。そこで出てきたものは、

「ひび割れの原因が何であれ、築20数年のマンションの経年劣化と密接な関わりがあり、たとえ藤田明彦宅の行為がきっかけで生じたものであったとしても、すでにマンションそのものが持っていた問題があって、それに影響を与えた可能性も否定できない」

ということで意見が一致し、今の両者の間にある責任論をいったん凍結してマンション全体の調査を管理組合に働きかけたうえで、どう見ても個別の責任論にならざるをえないということになったとき改めて責任の所在を明確にするということに結論づけた。

ただし、この結論について遠山静雄が簡単なメモ書きでもよいから文書としての作成を求めたところ、藤田明彦は「今は何もわからない状態だから調べたうえで再度話し合うということなのに何で一筆残すのが必要なのか。それをあとあと何かの要求の条件にするつもりなのか」と、それまでの和やかな協議から一変、憮然とした表情で態度を硬化させた。そこであえて作成にこだわらず、「それぞれの良心に記憶させましょう」ということで、その場を収め退出した[153]。

そして、この話し合いのあと遠山氏から立ち会いのお礼の手紙が届き、藤田氏との関係は良好だとあった。それから半年ほどして、マンション全体の補修工事が始まったとの知らせが届いた。そこに至るまでの経過は知る由もないが、少なくとも双方が当初の紛争を蒸し返すことなくむしろ協力して、管理組合に働きかけるとともに他の居住者に対しても積極的に「マンションの安全性・耐久性・資産価値」などを切り口に説得したうえで管理組合を動かす大きな力に育てていったことは間違いない。

---

152 「ファシリテーション」の方式で、事実関係から今後の展開まで、それぞれの意見を明示、分類して共有した。

153 書面化しようとすることは、すなわち義務の履行を意味するもので、その義務の根拠が明確でないにも関わらず、そのような書面作成を提案したことで当事者は、責任の存否にこだわっていると思い込んだことが原因であり、融和的な話し合いのなかでは文書化は特に慎重に判断しなければならない。

【特徴】
- 当事者がともに不確定な事実と情報しか持っていない。
- 法的手続きによる解決を望んでいない。
- 当事者だけの問題ではないということに、早い段階で気がついた。

【分析】
　この経過について、いわば問題の先送り、問題の転嫁という批判があるかもしれない。一般人にとって裁判も含めたいわゆる「出るところに出ようじゃないか！」ということはできれば回避したいことである。しかしながら責任の有無や問題の肥大化を恐れるがゆえに法的な解決をやむなく選択するのであって、共通の利害が、発見できたときは、それに向かって対立関係から協力関係になるということに他ならない。

　紛争の客観視、紛争意識の相違点、共通利害の発見など「対話型・自主交渉援助型」が有効となる事例であり、適切な誘導と示唆によって上位の紛争解決意識に気づき、目前の紛争を自己のなかで矮小化していくこともできる可能性を示している。

事例④ 「当事者にしか見えないもの」
(理解しがたい理由による離婚紛争)

【経緯】

　突然の来訪であった。
「知人から聞いてお願いしたいと思い来ました。前夫宛に内容証明を書いてほしいのですが…」
と筆者を訪ねてきたのは大西順子（33歳）であった。とりあえず事情を聞くことにした。「内容証明を出したいということですが、誰にどんなことを伝えたいのですか」と切り出すと、「離婚した前夫に養育費のことについてたずねたいのです」と、ここまでは養育費請求あるいは条件の確認や変更を求めるものだと判断し、大して複雑な作業ではないと思った。予定があったが、事情を聞いたうえで後日作成すればよいと考え、さらに概要を聞くことにした。
　彼女は24歳のときに広告代理店の受付嬢として勤務していた。大学を卒業して2年目で、社会人としての経験はまだまだ充分ではなかったと振り返る。そして、その広告代理店に毎年巨額の広告費を投入する企業、その都市においては誰もが知るようなレジャー産業を中心として多角経営で巨額の富を持つと言われる人物が打ち合わせのためにやって来た。
　当時、彼は56歳。すでに4度の離婚経験を持ち、年齢には見えず若々しくエネルギッシュで、それでいて屈託のない笑顔と気さくな人柄で、大西の会社にとっても上得意様であり、社員同士の休憩時間にたびたび話題になる人物であった。
　ある日の退社時間近くになって、担当上司を通じて彼女の名前と生年月日を彼の秘書が問い合わせてきているが、名前はともかく生年月日を教えてよいだろうかとの連絡があった。いったい何のためだろうと思いつつも、特に実害があるわけでもないのでこれを了承し、そのことさえ忘れていた。それから3カ月後の誕生日に会社宛に前夫の会社名での小包が届いた。開けてみると、有名なブランドのバッグ、それも直前に発表された新作で発売価格は

30万円を下らないものであった。驚いて上司に報告し、どうしたものかと判断を仰いだ。

　上司が前夫の秘書に連絡したところ、「社長からのバースデープレゼントでまったく個人的なものなので、御社としてとやかくご心配していただく必要はありません」とのことであった。会社の上得意先であり、ましてやそれがそこの社長の行為となればそれ以上詮索できるはずもなく、上司は「ありがたく頂戴しておいたらどうか。個人間のことだと言われると、会社としてはそれ以上関与できないし……」といささか当惑しながら彼女に答えるしかなかった。

　彼女にすれば親子ほどの年齢差、しかも自分の勤務する会社にとっては大切な得意先のオーナーで機嫌をそこねるのを恐れるのは当然のことである。多少の薄気味悪さはあったものの、自分のような若い女の子にすれば金持ちの素敵なオジさまであり、子供さんも何人もいるという噂も聞いているので、金銭感覚のマヒした金持ちの「気まぐれ」だろうと思い、上司の言葉の意を汲んで、ありがたく受け取ったという。

　彼女自身ごく普通のサラリーマンの家庭で、三人きょうだいの長女として弟二人とともに地方都市で育ってきた。大学入学をきっかけに大都市に住み始めて、卒業後もほとんど距離時間も変わらない通勤圏にある広告代理店に就職したこともあり、学生時代と同じマンションにずっと暮らしていた。

　社会人になってからも特定の男性と付き合うこともなく、職場の同僚とたまに飲みに行く以外は自宅で本やDVDを見たりして過ごすのが1番と思うような生活であったらしい。そのような環境にあった彼女が、身元はしっかりしているらしい金満家の取引先オーナーからの、いわば「いわれのない贈り物」に違和感を覚えつつも、短い社会人経験のなかで、それが何を意図し、どのような展開になるのかなどは想像できなかったようだ。高価な贈り物をもらったわけであるから、彼女が幼いころから両親にしつけられたとおり、丁寧なお礼状に洒落たお菓子を添えて、前夫の会社宛に送った。

　それから数カ月後の夜、突然、前夫の秘書が自宅マンションにやって来た。オートロックなので彼の顔をモニター越しに見て前夫の秘書だとわかり、玄関ホールまで降りていって明るい照明のもとで来訪の趣旨をたずねた。

「そもそも、なぜ突然自宅に来たのか？　なぜ自宅がわかったのか？」と聞くと、「お礼状の住所からこのマンションを見つけて、あれこれたずねて部屋番号を調べた」と説明された。しかし、調査会社などを使ったことは明らかで、「気味悪さ」と「恐ろしさ」を感じたという。そして、「近く社長の誕生日のホームパーティを開くので、ご招待したい」というのが来訪の趣旨で、招待カードを手渡された。その際に、「これは個人間のことなので会社に報告する必要はない」と言われ、何かしら口止めされたような気がしたという。

当日まであれこれ迷い思い悩んだが、相手にも直接お礼を述べることもできていないし、また、噂に聞く大金持ちの自宅や生活ぶりを見てみたいという好奇心もあって、意を決して誕生日のパーティに行くことにした。

秘書からもらった名刺の電話番号に出席する旨連絡し、カードに記載された時間に前夫の自宅のマンションに着くと玄関ホールで秘書が待っており、そのマンションワンフロア全体が前夫の所有だと言われて仰天しつつも、前夫の自宅に入った。

内部に人の気配はなく、秘書に促された大きな部屋の中央には高級レストランのようなテーブルの上に一流ホテルからケータリングされたとわかる豪華な食事が並べられ、その脇には真っ白な帽子をかぶったシェフと黒いエプロンのソムリエらしき人が立っていた。何かきつねにつままれたような、夢を見ているような、自分がまるでおとぎ話の世界に迷いこんだようで、そこから先はよく覚えていないとのことであった。食事をしながら前夫が、

「自分は昨年離婚して、いわば花の独身である。この年になって恥ずかしいが、あなたを見て自分のなかで衝動が走り、お付き合いをしてほしいと、失礼ながらいろいろ調べさせてもらった。今日、自分のなかで最終的な決断をするためにお招きしてお話ししてみたが、自分の目に狂いがないことを確信したので、親子ほど違う年の差ではあるが、結婚してほしい」

と求婚されたという。大西順子にとっては何もかもが初めての経験であり、突然の展開に何が何だかわからないまま、その場の雰囲気に呑まれたという方が正しいのかもしれない。そして、矢継ぎ早な前夫のペースに乗せられてこの求婚を受諾した。もっとも、前夫は自分の立場もあって、結婚式など派手なことは一切できず、婚姻届の提出のみとなることは我慢してほしいとの

ことであった。

　両親にすぐさまこのことを報告したので、翌々日には田舎から出てきてあれこれ話し合ったが、いつの間にか自分自身がこの結婚を推進する側に立って両親を説得していたことに驚いたという。その甲斐あってか翌月には退職し、それも前夫の秘書が勤務先に直談判して寿退社として辞める段取りをし、退社日の翌日に二人そろって婚姻届を提出した。

　それから前夫の自宅で、まるでシンデレラのようにそれまでの生活が一変した日々を過ごしていたが、結婚してわかったことは前夫が毎週決まった曜日決まった日に仕事と称して帰宅しないことが定例化していたことである。日中、家の片付けに来るお手伝いさんにそれとなくたずねても何も答えず、また、定期的に前夫の予定や動行を知らせてくる秘書にいろいろたずねても要領を得ないものだった。

　しかし、ふんだんに自由になるお金があり、あちこち遊びに行き買い物もできる何不自由ない日常生活のなかではそれさえも些細なことであり、かえって自由で楽しい毎日だと感じたのは今思うと「若気の至り」だと彼女は語った。

　ほどなく妊娠し、予定どおりに出産。周囲もうらやむような可愛い女の子であった。

　それからは、お手伝いさんの力も借りながらひたすら育児に専念。俗にいう「玉の輿」を実感しながらも、ほとんど不在でいたとしても会話もなく書類を見ながらウイスキーを飲む夫の姿に、夫婦とはこんなものだろうかとあきらめつつも疑問を感じ始めたのは結婚から３年目だった。

　子供も可愛い盛りであり、父親が帰ってくるのをいつまでも待つので寝かしつけるのにも一苦労する毎日であった。それでも、たまに父親と一緒に過ごしているときには、前夫も娘も、絵に描いたようなほほえましい親子の姿だったという。

　その頃、前夫が定期的に家を空けて外泊する理由を何とはなしに耳にした。これまで彼は４回の離婚を経験していて、その別れた元妻たちにそれぞれ住居を与え、生活費を与え、日や曜日を決めて会いにいっているらしいと風の噂に聞いて愕然としたという。そもそも、そんなことがありえるのか。それ

ならいったい何のために離婚してきたのか。まったく理解を超えることだらけであった。しかし、前夫の持つ財力をもってすれば不可能ではないと思い始めると、ますます不信感が増幅され、前夫を問い詰めて「止めさせたい」と思ったという。

しかしながら、前夫のワンマンな性格、言い出したら人の言うことを聞かない気性に、万が一、機嫌を損ねるようなことになれば、今の生活を一瞬で失い、小さな子供をかかえて大変なことになるかもしれないと思うと躊躇せざるをえず、悶々とした時間を過ごすようになった。ある日意を決して、前夫にずっと行動をともにし、ベッドにいる時間以外はぴったりとくっついている秘書の山口氏が自宅に前夫の着替えを取りに来た際、「夫の定期的な外泊は、別れた元妻や子供らに会いにいくためなのか」と単刀直入に聞いてみた。もちろん彼がそれに答えるはずもなく、「存じません」と述べて帰っていった。

その後、半年以上何も変わらず、あいかわらずの子供の世話と自分の時間をどう過ごすかということだけで経過していった。前夫がどんな仕事をし、どのような人と付き合っているのか、いわば彼が毎日どんな生活をしているのかがわからないということだけが確かな事実で、日々の生活には何不自由ないということのみが、彼女にとっての安心材料であったらしい。

そんななか、彼女らの娘もそろそろ幼稚園入園の準備をしなければならない時期を迎えていた。前夫から突然、

「子供には国際的感覚を身につけさせておきたい。近々、ニューヨークで新しい事業を起こそうと思っている。そうなれば、月の内に何日間かはニューヨークで仕事をすることになる。この際、娘と君はニューヨークに住むというのはどうだろう。住みやすいし、何より自分が帰ってくる頻度も今と変わらない。娘とともにそこにいてくれれば、君も娘もそして私にとっても気持ちをリフレッシュさせながら家族で過ごせるように思う」

と熱心に説かれた。最初は、知人もいない外国に行くのは不安がいっぱいだし、何より両親と遠く離れるのも嫌だったので、あまり気が進まないと答えたところ、

「ここにいても、そう頻繁に友人や両親と会うわけではない。遠いと言って

もインターネットや国際電話もあるし、時差こそあるものの日本にいるのとそう大差ない。帰りたいときには、いつでもファーストクラスで快適に帰ってくればよい」

と説得され、「見に行くだけなら……」いうことで、10日間の予定で親子3人でニューヨークへ旅立った。現地に着いた初日に事業拠点となるオフィスとニューヨークに住む際に自宅となるマンションを見に行ったのみで、後はホテルのプールで親子そろってのんびり過ごす日が続いた。ところが、1週間経った朝、前夫が「急用で日本に帰る！」と突然言い放ち、くわしい説明もないままその部屋を飛び出して帰国してしまった。英語もあまり話せず、見ず知らずの外国の大都市に幼い子供と二人が「置き去り」にされたようなものだった。前夫がとびだす間際に置いていった十数万円相当の外貨とクレジットカードこそあるものの、どうしたらよいのか、誰に頼ればいいのか、彼女は途方に暮れてしまった。

すぐさま前夫の会社や秘書の携帯に電話をしたが、時差で連絡がつくわけもなくホテルの一室で子供が退屈するのを尻目にベッドに腰掛けて途方に暮れ、ひたすら日本が動き出す時間、すなわち現地時間の夜中になるのを身じろぎもせずに待ち続けた。その間、前夫の行動に突然や突発的なものではなく、ある種の意図と作為的なものがあると感じたという。[154]

案の定、会社に電話しても、秘書の山口氏に電話しても詳細がわからず、「社長からの指示もないので、社長ご自身に確認してください」と素っ気ないものであった。

「こうしていてもどうにもならない、とにかく帰国しよう」と決め、タクシーに乗るのも怖かったので、ホテルにおいてあった観光地図を頼りに、日本の航空会社の支店まで1時間近く歩いてようやくたどりついて帰国便を確保するとともに、その航空会社の日本人スタッフに滞在するホテルに電話をかけて、「翌朝チェックアウトして帰国便に乗りたいので精算やタクシーの手配をしてもらいたい」旨をフロントに伝えてもらい、ホテルまでのタクシー

---

154 マリーフランス・イルゴイエンヌ（高野優訳）『モラル・ハラスメント　人を傷つけずにはいられない』（紀伊國屋書店、1999年）167―195ページ。

も手配してもらった。

　不安な時間を過ごした末にようやく帰国。2日目に前夫が帰宅していたので、どれだけ大変だったか、幼い娘と二人で不安だったことを彼に訴えた。じっとそれを聞いていた前夫がやっと開いた口から出た言葉は、「充分な金はやる。生活費も充分渡すので離婚してくれ」との思いもよらない発言で、彼女は言葉を失ったという。当然、離婚しなければならない理由を詰問しつつ、絶対に離婚しないと突っぱねた。

　すると前夫は、
「承諾しないなら裁判するしかない。そうなれば一時的に何がしかのお金が入るかもしれないが、決して今のような生活は維持できないだろうし、そうできないようにするつもりだ。おとなしく協議離婚という形をとるならば、少なくとも今の生活に近い生活は約束しよう」

　と告げてきた。いわばイエスかノーかを迫る脅しであり、数年間の前夫の行動や発言を見てきた経験から必ず実行されるだろう、それも時間をおけばおくほど悪い方向に流れるということがわかっていたので、「とりあえず3日間だけ考えさせてほしい」[155]と答えた。前夫はそれを聞いて、そのまま外出して帰ってこなかった。

　翌日、誰にも相談できないと思った彼女は、電話帳で見つけた弁護士を訪ねどうすべきか助言を求めた。その女性弁護士は、「配偶者の不貞であれ、その他の理由であれ、すでに気持ちが離れているのでしょうし、修復といっても、うかがったご主人の性格から期待できないとすれば条件闘争になると思います」とのことであった。弁護士を立てての交渉や裁判は、彼の最も嫌うスキャンダルの種であり、彼のビジネスに関わる関係者に格好の「酒の肴」を提供することになる。ニューヨークでの悪夢のような経験から簡単に家族である妻や幼い娘を置き去りにして帰ることのできる自己中心的で傲慢な性格を考えたとき、そのことで前夫の心証を悪くするよりも提示される条件がよければ承諾するしかないのではないかと思い始めた。

155　Hunt, June, *How to Handle Your Emotions: Anger, Depression, Fear, Grief, Rejection, Self-Worth,* Harvest House Publishers, 2008, pp.12-70. Ibid., pp.141-192.

そうこうするうちに数日が経ち、秘書の山口氏が訪問し、条件を箇条書きにしたものと契約書を持参した。契約書の内容は、前夫の所有する会社の一つで社長はその山口氏が務めているものと大西順子との間での支払いに関するものである。条件は、娘が成人するまでの間、その会社から毎月50万円を大西順子に支払うとともに、別途、住宅購入費用として2000万円を払う。それは離婚届を提出して2週間以内に自宅を撤去した時点で手渡すとの内容だった。単純に計算すれば、年間600万円、総額9600万円ほどになり、加えて住宅購入費用まで含めれば1億円を超えることになる。仮に前夫の不貞などに起因する離婚であったとしても、決して低い金額と思われるものではなかった。ただし、婚姻届中に知りえた会社に関することはいかなる理由があっても口外しないこと、前夫の私生活に関することも一斉触れないこと、この給付以外何も要求しないこと、そして3日以内に諾否を明らかにしなければ、今後、一切交渉しないとのものであった。
　自分では判断をつきかねたこともあってすぐさま件（くだん）の女性弁護士に相談したところ、
「資産がどれほどあるのかわからないが、聞けば、ほとんどの財産が会社名義であるとのことなので、個人の財産としては現段階では判断がつかない。不貞などの原因がご主人にないかぎり、慰謝料は難しいでしょう。単に『性格の不一致』ということで協議離婚をするのならば養育費はもらえるものの、あなた自身の生活費まで見る義務はご主人にはありません。また、二人で作った財産があるとも思えませんので財産分与も考えにくく、名目や支払い方法はすっきりしないものの、ある種の手切れ金とか何かしらの口止め料としては有利な条件ではないかと思う。それに離婚が納得できないとして裁判などに委ねるとしても、今以上の条件が獲得できるとは必ずしも言えない」
と言われた。大西順子自身には、定期的な外泊以外には前夫に不満らしい不満もないだけに、金銭の多寡よりもかたくなに離婚を求める理由を知りたいという思いでいっぱいであった。何もわからずにお金をあげるから別れてくれと言われることに大きな憤りを感じ、お金のことより、まずそこをはっきりと彼の口から聞かせてもらわないと到底納得できないと考えたのは当然であろう。

新しい女性ができたという雰囲気でもないし、そんな素振りを見せることもない。前妻やその子供らに関わる何かで離婚をせざるをえないという理由も思いつかない。そうすると、前夫が気にしている前夫や経営する会社のことについてとりたてて秘密にしなければならないようなことがあって、彼女に触れられたくないことまで知り始めたのではないかと誤解し、その秘密から遠ざけるために離婚を求めているのかもしれない。何となく海外とのやりとりのなかで、税金などで細工しているような感じは受けたことはあるが、何らの確証もないし、興味もなかった。そのことであるなら、釈明もできる。ならば、いったい何が原因なのか。単なる「心がわり」が理由とするなら、「こんな理不尽なことはない」と思いつつも、彼の離婚歴もここにあるのかもしれないなど、考えれば考えるほど心が乱れてしまったという。
　両親に相談しても、すべて彼らの常識を超えるものであり、娘や孫の将来を心配しつつもどうすればよいのかさっぱり判断できないという状態のなかで返答期限になり、山口氏の来訪時間直前に離婚届と契約書に署名押印して、すぐさま区役所に山口氏とともに行った。届を提出し終えると、山口氏から「月末までに自宅を退去してほしい」と言われた。2週間ほどしかなくお手伝いさんとともに荷物をまとめ、とりあえず住居確保のため、不動産屋に行ったりして、何とか期限内に退去した。
　そしてそのことを山口氏に伝えるとすぐさま来訪し、前夫の家の鍵と交換に2000万円の現金を手渡された。そのときに書かされた領収書の宛先はまったく聞いたこともない人物の名前だったが、確認することもなく署名押印し、前夫との縁は物理的にも法律的にもなくなった。生活費用の給付についても前夫からではなく、前夫の在籍しない会社からのものであり、「万が一、この会社が倒産したりしたときにはどうなるか」とも心配したが、それは個人であっても死亡すれば同じことであり、娘が相続人の一人であることを考えれば、まったく丸裸になることはないだろう。彼女が会社の秘密を知っていると勝手に思い込んでの対応であるなら、むやみに給付が途切れるようなことはしないだろうと思うしかなかった。それ以後現在に至るまで、将来の不安もあったのですぐさま住居を購入せず、渡された現金を貯金して翌月より決まった日に会社から送金されてくるお金で賃料を払い、日々暮らしてい

るということであった。

　筆者にはにわかに信じがたいシンデレラストーリーであったが、彼女が持参した2000万円の定期預金証書と毎月会社から送金されている通帳のコピーを見せられて、彼女の話を信じざるをえなかった。

　ここまですでに1時間近く経過していたが、好奇心も手伝って今の彼女の現状でどういう不満や不安があり、前夫に何をさせたいのかを聞いてみた。筆者のもとには最初、「内容証明で前夫にたずねたいことがある」と来所したので、「前夫には何をたずねたいのか」と確認したところ、
「自分は乞われて結婚をした。結婚後も恵まれた生活環境で前夫に感謝しながら、抵抗することもなくひたすら前夫の言うとおりにしてきた。それが急に外国で置き去りにされたり、距離を置いたりされた末に、突然、離婚を求められた。いったい何が気に入らなかったのか、単なる男女の火遊びだとすれば、結婚しなかっただろうし、充分な生活も提供もしなかっただろう。何より、娘ができ溺愛とは言わないまでも、よく可愛がってくれていた。だとしたら、自分に何か不満がありそれが急に大きくなったのかもしれない。それが何だったのかをどうしても知りたい。

　ところが、何度前夫に電話しても、手紙を出してもなしのつぶてである。弁護士名義で手紙を出してもらおうと相談に行ったが、現状が順調で特に何かを要求するということでもなければ、余計なことをしたことが新たな問題となって、関係がこじれる可能性もないとは言えないので、このまま黙ってもらうものをもらって、自分の生活や人生をしっかり構築するほうがよいと言われた。別の弁護士を訪ねたときも同じことを言われた。損得を考えればそのとおりなのかもしれませんが、自分のなかでどうしても、何が原因なのかという想いが日々ふくらんできてどうしようも納得ができなくて我慢できません。

　手紙を書いても一切反応がないので、内容証明という形なら少しは目に留まるかもしれないと思ったのです」
　と語った。

　彼女の話で注目しなければならないのは、

・法律上の不利や現状への不満、差し迫った将来の不安ではなく、自分自身に何が問題としてあったのかという自己検証を彼女自身がしたがっていること。前夫から見てどうこうというよりも、自分自身で気づいていない自分があるのではないかという明状しがたい不安がストレスとなって彼女を苦しめている。
・もう一つは彼女を５人目の妻として迎えたことは、前夫が心機一転して新たな人生のパートナーとして自分を選んでくれたと思っていた。ところがそれにもかかわらず、前妻や子供たちを巡回しているとの噂にひどく傷つき、自分は彼にとっていったい何なのかという思いがふくらんできたことである。それは彼の経営がつぎつぎと他社を買収して事業を拡大していくのと同様、彼女はいわば彼のフランチャイズの一店舗にすぎなかったのではないかという失望を生んでいる。そして何よりも札束で頬を叩きながら、子供が飽きてしまったおもちゃを捨てるようにされたという被害意識が彼女を突き動かしているのだというところにある。

　筆者はそんなことを考えながら、
「そもそも内容証明付郵便というのは、後日、法的手続きに進展する可能性を考慮して、その時点で相手方に対してこういう内容を伝えておいたという手段です。したがって、この内容証明付郵便によって何らかの主張をし、その先にある裁判などの準備段階としてとらえなければなりません。裏返すと、これを受け取った相手方は、そのような前提で送ってきたものとして大きな不快感とともに反発することはよくあります。
　また、内容証明付郵便は、本人がそこにいない場合や本人が受け取りを拒否すれば何の意味もありません。おっしゃるように、弁護士があなたの代理人として送付すれば相手は『何事か』と思って受け取り、開封することは間違いありません。しかし、その内容が離婚してすでに時間が経過したこの段階で、なぜ『別れてくれと言ったのか知りたい』ということでは相手の不興を買い、失うものはあっても得るものは少ないと思います。
　だからこそ弁護士さんたちは『しない方がよい』と判断したのだと思います。翻って、私は弁護士ではないので代理人として相手に通知することはで

きません。どこまでも、あなたの名前に添えて代書者として併記することになります。このことをご存知のうえで、弁護士名で送ることによって生ずる波を避けつつ、ご自身の名前に加えて代書者として資格者の名前も併記すればよいと考えられたのは、逆転の発想で妙案かもしれません。しかし、その手紙を仮に読んだとしても、それに答えてくるとは思いませんし、答える気があれば、これまでにしているはずです。

となれば、手紙を送るということよりも、ご本人と顔を合わせる機会を作る努力をされる方がよいと思いますし、そのことを考えられた方がよいと思います」[156]

と答えた。彼女はうつむいたままうなずき、「一度考えてみます」と帰っていった。

それから数日後、彼女から面談の希望があったので、その後、どうなったかという興味もあって会ったところ、

「秘書の山口さんに電話してみたいと思うのですが、これまでも山口さんに連絡しても、『社長には、お伝えしておきます。社長はお忙しいので……』というばかりで取り合ってくれませんでした。今回、先日のご相談の経過や内容を包み隠さず山口さんに話したところ、数日経って『社長が、その相談した人とお話ししたいとのことですので、電話をくださるようにお願いしてください』と言われました。申し訳ありませんが、お電話してもらえませんか」

とのことだった。業務には直接関係ないものの「乗りかかった船」でもあり、そして、そこまで自己中心の前夫の人物像に興味が湧いたこともあって、彼女の目の前で電話をかけた。秘書の山口氏がすぐ出て自己紹介したところ、すぐさま前夫が電話に出てきた。これまでの経過や彼女の相談内容などとともに、自分の受けた印象や彼女の払拭できない疑問と憤りについて20分近く話した。意外にも彼は、想像していたようなワンマン経営者としての傲慢さや高圧的態度とはほど遠く、おとなしく話に耳を傾け静かに相槌を打った。そして話し終わって、

「一度だけでも直接会われてはどうですか？ 大西さんご自身、今の生活に

---

[156] 佐竹前掲書119—148ページ。

特段不満があってどうこうしろとおっしゃっているわけでもないようですし、いきなり離婚というところに至ってしまったので、落ち着いた話し合いをしてもらっていないという思いがとれない。そういう感情が日々ふくらんでおられるように思います。話し合いをしたからといって、今さらテーブルをひっくり返すような話もなさらないと思います」

と伝えた。前夫は「よくわかりました。一度よく考えてみます」と答えて電話を切った。

そしてその翌々日、筆者に秘書の山口氏から直接電話があり、「社長が大西順子さんとお会いするとのことです。誠に恐縮ですが何かのご縁もあろうかと思うので、順子さんとともにお越しいただき、話し合いにご同席願えませんか」との話であった。「お金にもならず、あまり深入りしたくない」という思いと裏腹に強烈な好奇心も手伝って、これを受諾し、指定された日時に大きなホテルのレストランに大西順子とともに行った。[157]

少し遅れて前夫が山口氏と入ってきて、お互いにあいさつを交わした。久しぶりということもあって、大西順子はじっと前夫の顔を見ていたが、前夫はいかにも大西順子の顔を避けるようにこちらに話しかけてきた。簡単なランチを食べ終わると、山口氏は席を外し3人になった。気まずい空気と沈黙が流れるなか、

「単刀直入におうかがいするのですが、私は、第三者として、さっぱりお二人の離婚に至る経緯がわかりません。

大西順子さんもよくわからないということで、社長さんの口から直接、いきさつを聞きたいとのことですが、いかがでしょうか」

と筆者から口火を切ってみた。白髪交じりとはいえ恰幅のある前夫はしばらく押し黙っていたが、静かに口を開いた。

「順子にはまったく落ち度はなく、自分も彼女を嫌いになったのでもない。むしろ穏やかな家庭生活があったし、それ自体何の不満もないのです。失礼ですが、あなたのことを調べさせてもらっていろいろな見識をお持ちだと思

---

[157]　藤原美喜子『言いたいこと「全部」言えるスキル「何も言えなかった」私が金融の戦場・シティーで学んだこと』(祥伝社、2006年) 114―124ページ。

っています。笑わないで聞いてほしい。

　実は、彼女との間に女の子が生まれてからしばらくして、昼といわず夜といわず彼女の後ろに恐ろしい顔をした老婆やうらめしそうな顔をした男などの顔が次々と浮かんで見えるようになったのです。こうしていても、彼女の顔を見たとき、それが見えるのではないかと恐ろしくて直視できないのです。

　私自身は無宗教で神や仏などというものには、もともとごく普通の感覚以上のものはなく、初詣やお盆などもとりたてて意識したこともありません。ところが、まるでその場に人間がいるように、はっきりと彼らが見えるばかりか、上半身だけしかないことでこの世のものではないことがわかり、恐ろしくてたまらなくなってきました。

　自分が病んでいるのかもしれないと精神科を訪ねてみたり、『除霊者』としてマスコミにもしばしば登場する霊媒者のところへも行ってみたりしたのですが、一向に解決しませんでした。

　そんな日が続いて、段々と彼女と一緒にいることさえ怖くなってきてどうしようもなくなったのです。それこそ、彼女自身に何かが憑依しているとか、憑き物があるかもしれないと、彼女に除霊や悪霊落としを受けさせようかと思ったこともありました。しかしよくよく考えてみると、彼女は単にスクリーン役であって、むしろその本質や原因は自分にあるのではないかと思うようになりました。そのスクリーン役の彼女が側にいるということは、四六時中その恐ろしいイメージの出現に怯えなくてはならないわけで、恐怖でおちおち眠ることもできず、仕事に支障も出始めたことで、彼女から離れることを考えるようになったのです。

　離婚して時間も経ちましたが、正直なところそれ以来不可思議な経験は一度もありません。私は、それまでわけのわからないものを否定する現実的な生き方でしたが、この年齢になるまでで最も恐ろしい体験です。だから離婚の原因は自分の内面にあって、順子には何らの責任もないと思っているのです」

　と一気に語った。あまりに意外な発言に返す言葉もなかった。大西順子自身も、憤っていいのか、怒っていいのか、苦笑すればよいのか固まってしまった。前夫に「順子さんと対面されているこのときも、順子さんの後ろに何

か見えているのですか」とたずねてみると、「しばらく見続けていると見えてくるかもしれない、この瞬間でも見えているのかもしれない。いずれにしても恐ろしくて顔を見るのも躊躇せざるをえない」と答えた。それを聞いていた大西順子は、じっと黙ったまま前夫の横顔を見ていたが、ふいに、
「そんなものが見えているのかどうかわかりません。でも今、あなたが話している様子を見ていて、向かうところ敵なしで強引ともいえる私の知っている気性はまったく感じられません。その意味から、あなたの今の話が別れたい一心から出た出鱈目な作り話とは思えません。

　それにそのことが、私に起因するのかそれともあなた自身にその原因があるのかもよくわかりません。少なくとも私の言動や生活態度を含めて、私自身の存在を否定するために置き去りにしたり、家に帰ってこなくなったり、別れてくれと言ったのではないということがわかったので、すべてのもやもやが消えたといえばウソになるかもしれませんが、どうしようもないことだったんだと考えることにします。

　今後は娘と一緒にあなたを恨むことなく過ごしていきたいと思いますので、悪いことをしたと思う心があるなら二人が不安なく過ごせるようにしてください」
ときっぱりした口調で言った。しばらく沈黙が続いた後、
「今後、状況が変わったときは……、というような期待を持たせるような発言は控えますが、それぞれが相手を思いやって双方とも少しでも幸福な時間を過ごしてほしいと願ってくださることを期待したいと思います」
と筆者が述べて、大西順子とその場を離れた。帰途、大西順子に「納得できましたか？　思うこと、言いたいことは残っていませんか？」とたずねたところ、
「私にはよくわかりません。彼の言っていることも私には理解できません。でも少なくとも、彼の意志とは別の要因があって、そのためにそうせざるをえなかったとすれば、離婚後の生活の面倒を見ていること、そして相続が発生するようなことがあっても、彼個人とは関係なく私自身の生活の保障のために、会社との契約の形をとったこと、そうした説明をなぜそのときにして

くれなかったのかとも思いましたが[158]、もともとの要因を理解させることが難しいとすれば、彼のとった行動はそれなりにやむをえないものだとも思います」
と答えた。その後、双方から丁寧な礼状と菓子折りとともに届いた。

【特徴】
・理解しがたい理由による離婚（「見えないもの」の支配）。
・共有しえない情報。
・受容的な性格の妻。
・婚姻における経済事情。
・夫婦としての愛情の偏差。

【分析】
　この事例は、いわばオカルト的な常人では理解できない原因を含む極めて稀有なケースであるように見える。しかしながら、当事者（大西順子）の抱く問題意識は、双方の理解を超えるものであることは珍しくないだろう。
　それは、本人以外、認識できないような苦悩であったり、感情の動きなどであり、当事者同士がそれを共有したうえで双方の問題点を指摘し、互譲していくというプロセスをとりえないこともあるという典型的な事例だと考えられる。
　前夫の態度の豹変、矢継ぎ早な物事の流れが彼自身の心の動揺の表れでありながら、従来から彼自身が周辺に与えてきた自己中心的な生き様に、社会経験と恋愛経験もないいわば子供の心のような当事者から見れば、「本人の変節であり、気まぐれな生き様の犠牲になった、使い捨てのおもちゃのように扱われた」と思っても仕方がないのかもしれない。
　顕著に現れているが、そもそも当事者の結婚に至る最初の段階から、一般

158　Stone, Douglas & Heen, Sheila, *Thanks for the Feedback: The Science and Art of Receiving Feedback Well*, Viking Adult, 2014, pp.46-101.

的ではない状況、年齢差、社会的地位、財力などいわば現代のシンデレラストーリーから生まれてきたものであり、夫婦としての生活というより、夫にとっては自分が欲しいものをどんなことをしてもすぐ手に入れてきた彼の新しいコレクションだったのかもしれない。それが証拠に、当事者が幼い子供を連れて困るのを承知で外国に置き去りにするなど、自分本位、自分の意のままに周囲を動かそうとする性格に当事者は混乱するばかりであったはずだ。

そして、自分の体験や置かれてきた立場を充分理解しえないままに時間が経過し、その挙句、亡霊話を理由として、それも当事者間の充分な話し合いがなされることなく秘書を通じての別れ話であり、理不尽極まりない話である。[159]

しかしながら、もっとも厄介なことは、一方的被害者ともいえる当事者がその理不尽な夫やその仕打ちを憎むのでなく、何が何だかわからないままにいること、そして彼女の抱く感情がそれらに対する不満、怒りとしての紛争なのかということが問題である。もちろん、この事例にあっても当事者の同席による対話が、紛争の氷を溶かしたわけではない。むしろかえって理解しがたい迷宮に、調停人を含めて押し込められたようなものである。

前夫にとっては自分のもつ恐怖の原因を順子に理解してもらえないという思い込みがあった。夫婦間の説明や話し合いを極力避けるとともに、物理的な距離まで置こうとするほどの恐怖があった。そして、何ら責任のない当事者に説明してもあまりにも唐突な話でもあり、到底納得されないだろうという不安と、理由を説明すればかえって問題を長引かせ解決が遠のいていくという懸念と、彼女に対しての罪悪感があった。コミュニケーションを意識的に排除することによって問題の強行突破を図ったことが、かえって状況の混乱に拍車をかけたという他ない。

そのような状況のなかでひょっこり現れた人物は、一般的以上の法知識を持つものの訴訟を前提とした業務を担当する弁護士とは違うというある種の安心感に加えて、事前に身辺を調べて一定の宗教的理解も持っているということで、自分の抱える悩みを非科学的であると一笑に付したり、精神疾患と

---

[159] 麻田恭子（加地修監修）『トラブル依頼人』（風塵社、2010年）97—154ページ。

断定するようなことはしないだろうという期待感もあって、前夫にとっての「時の氏神」として映ったのかもしれない。

　また、大西順子にとってみれば、弁護士からの助言は「お金がすべての解決の前提であり、事件事故においても謝罪は当然として、この金銭的解決なくして解決はない」ということに尽きてしまう。すべてお金で納得するしかないという弁護士の立場は、それ以上のものでもそれ以下のものでもない。金銭以外のケアはまったくの範疇外であって、「お金じゃないのよ〜！」という心の悲鳴に対しては「何もできない」という現実しかなかった。

　夫の亡霊話は人生の百戦錬磨の達人のなせる荒唐無稽な作り話だったのだろうか。彼の怯える様子はそれをも否定しうるほどのもので、その場でそれを聞いていた当事者も納得せざるをえないものであった。その説明が彼女の持つ「なんで⁉」という素朴な疑問に充分答えうるものではないものの、彼女のなかで一つの確信が生まれた大きな話し合いであったことは言うまでもない。

　筆者は第三者としてこのやりとりを見ていて、到底理解も納得もできないが、それ以上の対話が成立しなかったことはやむをえないことだったと感じた。理解できないことをまんなかにおいて調停をしたとしても解決できないということではなく、相手のしぐさや態度から直感的に感じた印象によって調停が解決することもありうると考えたからだ。このケースは紛争の当事者双方が相手と協調したとしても解決しえず、紛争の形はしているが実は内的すなわち心理的な障害をそれぞれがそれぞれの形としてたまたま持っていたことを表す事例であった。つまり、ADRが必ずしも対話によってのみ解決されるものではないという好例である。

　また本事例においては、調停者がいかに当事者たちの話に耳を傾け、理解し共感する能力があるのかということを認識させうるか否か、そして当事者双方から見て好ましい印象、言動を保ち、話し合いを持つ前に一定の信頼感を得られるかどうかにかかっている。

　本件を「調停」と言えるのかどうかはわからない。仮に「私的な調停」と捉えたとして、何らかの要因で相互に連絡をとれない、あるいはとらない状況があり、連絡をとることによっていずれにも誤解や憶測が生ずる可能性が

ある場合、そして、内包する問題について一定の理解を示すであろうと思われる利害関係のない白紙の状態で話し合いを主宰してくれる人がいなければ、歩み寄ることができないということなのかもしれない。

　このことは、民間ADR機関においては、調停の申し込みを受けた場合、しかるべき立場の者が機関を代表して相手方当事者に調停の参加を促すことになっている。裁判所の調停とは違い、書面だけでなく直接電話などによって「話し合いでの解決のメリット」を説明することは重要なプロセスであり、相手方が応諾したときは「紛争の存在を認めるとともに、少なくとも解決を志向している」という証左にもなる。山登りに例えるならば中腹まで登ったのと同様、紛争解決の第一歩でありながら、実はすでに解決に向けての大きな最初のハードルを越えることを意味するものである。

　このプロセスは、民間型ADRの場合、徹頭徹尾、当事者の問題意識と解決に対する前向きな態度を促進させるための重要なものであり、それらを当事者にいかに気付かせ、増幅させるかが成否を決める。その意味で調停者の持つ能力は、単なる専門的知識や研修の積み重ねだけでなく、人としての生き方やある種の自分自身の哲学のうえに立脚しなければならないだろう。小手先の学習だけで紛争当事者の多様な思いを自分のかぎられたテンプレートに置き換えて解決を図ろうとすることは、「真の合意」「心からの納得」を与えることはできないのである。

事例⑤ 「近隣関係とプライバシー」（ライフスタイルに関する紛争）

【経緯】

　筆者が以前住んでいた住宅地の自治会役員から、「自治会のなかで難しい問題が起こっているので、近いうちに相談に行きたい」との電話が入った。急ぎではないとは言われたが、同じ町内で親しくしていたこともあって、早速、予定を調整して来てもらった。

　その住宅地は、25年前頃から順次開発された宅地で、バブル経済全盛期にはごく普通の規模の家であっても1億円以上の値がつく、どちらかといえば中流以上の閑静な住宅地であった。住民も、医者や会社経営者や役員、そしてそこそこ名の知れた商店のオーナーなど、おおむね富裕層が多いところである。もっとも、筆者がその住宅地に住んでいたとはいえ、分譲のカタログ写真に使われるような富裕層の家並みではなく、ひとすじ奥側に入ったそこより平均的な所得層の区画であった。それでも体面を気にし、近隣ともつかず離れず、お互いの迷惑にならない配慮のできる人々が集まっていたように思う。

　こうした印象を持っているだけに、そこでもめごとの種があるというのは解せない気持ちで彼らの訪問を受けた。聞いてみると、その比較的に友好的で常識的な人々の住む住宅地もバブル経済がはじけたことに加えて、阪神大震災（1995年）を契機として事業や会社の業績が芳しくなくなったこと、あわせて第1期分譲で入居した人々が次々と定年を迎えたり、配偶者を亡くしたりして家を売却することが増えてきたため、これまで見受けられなかった人々、すなわち職業も所得も家族構成などもばらばらで、旧来の住民から見て明らかに異質な雰囲気の住民が増えてきたとの話であった。

　そんなことはどこの地域でも見られる現象であり、特別に問題となるべきものではないと思ったが、そのなかの1家族が周辺住民を悩ませているというのである。

　そもそも、大手開発業者のコンセプトによって一定の階層に属する人たちを対象に分譲された街並みであり、日没後に周辺の山々の影と月明かりそし

てくまなく張り巡らされた街灯の灯りだけが明るく道路を照らし、ときおりバスが着くたびに家路を急ぐ人々そしてスイミングクラブなどのマイクロバスが通る他は、大型の高級外車が静かに通り過ぎるくらいであった。ところが件の一家が転居してきてから、周辺の様子が一変したというのである。

一家の構成は不明で、ときおり激しく言い争う声、怒鳴り声、叫び声がたびたび聞かれるという。主人らしい人物は、鋭い目つきといかつい雰囲気を持つ人物で、いつも夕方前にラフなスタイルで、タクシーを呼んでどこかに出かけていく。そして、いつも深夜に帰宅しており、近所では「裏社会の人ではないか」ということで、接触しないようにしているという。

高校生くらいの少年がいるが、まさしく絵に書いたような不良少年で、いつもバイクでそこらじゅうを走り回り、その騒音は夜中であることも頻繁で、当初はその都度警察に通報するものの「いたちごっこ」でまったく改善されない。

母親らしき女性は寡黙で腰の低い感じではあるものの、近寄りがたい雰囲気をもっている。いずれにしても、この一家の夜昼逆転するような生活パターン、そして周囲に対する配慮がまったく感じられない行動に、近隣こぞって何とかならないものかと思うものの、そもそもトラブルなどを最も回避したいと思うような人々であり、猫に鈴を付けることに誰も手を挙げない。それでも、連日のように「自治会で何とかしてほしい」と苦情が来て困っているというのである。

自治会役員とはいえ同じ住民に変わりはなく、世話好きな性格や人柄の良さを買われた頼まれたら断れない、俗にいう「お人好し」と呼ばれる範疇の人たちである。その役員が苦情のたびに小田原評定するものの、当然ながら「決定打」となる妙案が出るはずもなく結局、自治会長が恐る恐る訪問して、「ご近所から苦情が出ているので、もう少し配慮してほしいんですが……」と伝えるに留まるのであった。しかも、1回目は「わかった！」とつっけんどんに言われ、2回目には「その文句を言っている家は隣か！　それとも向かいか！」とすごまれて早々に退散したという。

警察や役所などにも相談したが、警察は「明らかな違法行為があれば対処するが、生活上生じた音が深夜であったとしても、それが違法な改造が行わ

れたバイクでないかぎり、また免許を所持しているかぎり、警察としては関与できない」。区役所も「近隣同士仲良くしていただくことが大原則ではあるものの、具体的にあれは駄目、これは駄目とは言えない」と、いずれも門前払いの体であったようだ。

　そこで相談に来た役員らに、「ご主人が出掛けられた夕方以降、少年の母親らしい女性に一度自治会館でお話しさせてもらえないか」と頼んでみてはどうかと筆者は助言した。ただし、複数の自治会の役員が、女性一人に対峙するのは適切ではないし、それで後日新たな問題となってもいけない。そのため筆者に、士業者として中立な立場として立ち会ってくれないかと懇請され、断り切れずに引き受けるはめになった。もっとも、一家の様子をあれこれ聞いているうちに、一家が常識をわきまえない単なるアウトローとは思えず、なにかしら一家のなかで自分たちだけでは解決できないことがあるのではないかとは感じていた。

　普段の様子を聞くかぎり夫婦不和でもなく、近隣を威圧するような言動を常時しているわけでもない。寡黙ではあるものの会釈程度はすると聞いたからである。むしろ、その住宅地や住民の持つ独特のブランド意識、閉鎖的ともいえる排他的な部分が、彼らを追い詰めているのではないかと考えたからでもある。

　数日後、自治会長がその家を訪ねて、「一度お話ししたいことがあるので、ご都合のよい日時を知らせてほしい」と伝えたところ、特段拒む様子もなく、翌日には日時を知らせてきた。

　連絡を受けて、約束の時間前に自治会館で自治会長以下数名の役員とともに筆者も彼女が来るのを待った。定刻より5分過ぎた頃、驚いたことに眼光鋭くいかついと評判であった主人と二人で連れ立って来たので、自治会長も役員らも途端に萎縮しているのが明らかな様子だった。

　ホールのまんなかの長机を挟んで役員らの自己紹介とともに、筆者も「以前この町内に住んでおられて、当時からいろいろご相談に乗っていただき法律関連の知識もある方なので、お話を一緒に聞いていただきたいと同席をお願いしました」と紹介を受けたが、相手方夫妻は特にこれといった発言もなく「よろしく」と会釈した。

このことで第一関門は突破できたと思ったのか、自治会長が、
「実は、ご近所から深夜のタクシードアの音、そして、ご子息のバイクの音などについて苦情というわけではありませんが、自治会に何とかならないだろうかとご相談があったことはこれまでにお伝えしました。しかしながらいまだにその状態が続いているということで、ご相談させていただきたいと思い、お越しいただきました」
と切り出した。その主人が怒り出さないか、とんでもない行動や発言をするのではないかと役員らが息を呑むような空気のなかで、筆者も彼らの反応を注視していた。しかし、彼らは一向に話し始めようとはせず、沈黙の時間がとても長く感じられた。ようやく奥さんらしい女性が、
「うちとしては、これまで何回かご指摘をいただいたので、それなりに気をつけているのですが、それでも駄目と言われるとこちらも事情があるのでどうしようもありません」
と応えた。自治会長、役員らもこの発言にどう返してよいかわからないようで話が停止してしまった。長い沈黙に耐え切れず、筆者から、
「もし差し支えがなければ、事情をお聞かせ願えませんでしょうか。役員さんの前ではお話ししにくいこともあるかと思いますので、私にお話しいただくということでは駄目でしょうか。おうかがいした内容は差し支えがない範囲にとどめます。それ以外は仕事柄、守秘することは心得ていますので、ご信用いただいてお話をしてもらえないでしょうか」
と提案し、自治会長らには隣りの和室で待機してもらうことにした。3人になって、
「改めて、深夜のタクシーの降車音、自宅から聞こえる怒鳴り声、そして息子さんの夜半のバイク音など改善する方法はないでしょうか」
と問いかけてみた。すると主人が、おもむろに口を開いた。
「私はレストランのオーナーシェフをしています。毎日、店を閉めてから片付けや精算で深夜に帰宅せざるをえません。普段、皆さんは気づかれないと思いますが、実は交通事故で両足を切断し義足を付けています。出勤前はそうでもないのですが、1日調理場で立ち仕事をしていると、必ず仕事を終える頃には腰の痛みから歩行が辛くなります。深夜、周囲の静寂を破ってタク

シーの音をさせて迷惑をかけているとよくわかっていますが、今申し上げた事情があります。
　自宅に帰ってからのことですが、実は私は再婚でここにいるのは後妻です。息子は別れた妻との子ですが、離婚直後から私に反抗的になり、彼女と再婚してからは手の付けられないほど反抗するようになってしまいました。
　疲れて家に帰っても、彼の生活態度や義理とはいえ母親である彼女に対しての暴言を聞くにつけ、たまらず大声を出すという毎日です。そして、その結果はいつも息子が飛び出してバイクを乗り回し、明け方まで帰ってこないという繰り返しです」
　と語った。
「言いにくいご家庭の事情を話してくださってありがとうございます。実を申しますと、私もこちらに住んでいるときに感じたことなのですが、この住宅地の皆さんは分譲開始当初から入居された方が多く、分譲価格も周囲よりかなり高かったのでそれだけにプライドを持っておられ、物静かではありますがお腹に持たれている場合もよくあるように思っていました。
　相互のお付き合いも、顔を合わせれば笑顔で会釈するものの、主婦同士の立ち話があるわけでもなく、自治会があるといえ、必要最小限に止まり、町の清掃や管理などはほとんど委託業者にやらせているという形は変わっていないと思います。したがって、個々の住民のプライバシーに触れるようなことは聞きもしないし、詮索することも憚れる雰囲気があって、言い換えれば、近隣関係が希薄なところといえます[160]。それはそれで良いし、それを好んで住み続けられている方が多い以上、とやかく言えるものではありません。
　ちなみに、大変失礼なことを申し上げますが、周辺の方は、ご主人のがっちりした体格や身長そして寡黙なご様子から、何となく裏社会の方ではないだろうかと思われているようで、今日もずいぶん気を遣われていると思いますよ」
　と返すと、初めて彼も奥さんも笑顔を見せた。そして、

---

[160] 井上忠司『「世間体」の構造　社会心理史への試み』（日本放送出版協会、1977年）69―92ページ。

「今うかがったことからすると、解決できるものもあるしなかなか難しいものもあります。あわせて、ご家族のプライバシーに関わる部分がほとんどで、どこまで皆さんにご理解いただけるのか判断に迷います。どの程度までならご事情として説明してもかまわないと考えられますか？」

とたずねたところ、主人が、

「少なくとも見てくれは悪いかもしれませんが、裏の社会の人間ではないこと、仕事のことについては差し支えありません。

どうせいつまでも隠せるわけでもないので、義足のことはかまいません。しかし、息子のことは、未成年でもありまだまだ難しい年齢でもあります。家内にとっても義理の仲というのは妙な好奇心をそそるだけですし、それを説明したとしてもすぐさま解決にならないように思います。

あなたが今ここに住んでおられたときに感じられていたことを率直におっしゃっていただき、私たちが何となく感じている違和感や疎外感が思い過ごしではなく、また、何とはなしに避けられていると思っていた原因もストレートな表現をしていただいてよくわかりました。

私は学生時代にアメリカンフットボールをしていました。その頃から上半身が異常なまでに発達しましたので、いかつく見えてしまうのかもしれません。それに食べ物を扱う仕事なので髪の毛も短く刈り込んでいますから、確かに柔和な感じではないと思います。私自身はとても人見知りで、知らない人とはこの年齢になっても緊張しますので、ついつい口が重くなってしまうのです。とにかく、私たち家族も苦しんでいることでもあるので、どうしたらよいのか逆にお教えいただきたいと思います」

と語った。そこで、彼ら夫婦の同意を得て、待機していた役員たちに彼らの口から事情を話してもらった。

この夜、わずか1時間ほどの話し合いであったが、それ以後、自治会長が当事者の了解を得た内容について近隣住民に伝えて以降、実際の事象としては相変わらずという状態ながら、近隣住民からの苦情は寄せられなくなったらしい。少なくとも家のなかで、大声で怒鳴り合うことだけはなくなったとのことだった。

近隣トラブルが、一転、家庭内トラブルの対応に変わってしまったわけだ

が、ここで注視すべきは、そもそも閉鎖的なコミュニティに入って来たストレンジャーに対する戸惑いと警戒心の屈折した思い込みがあって、それがないとすれば単純に解決しえていたのである。お互いを知るということは、集団社会において当たり前に行われているべきはずであった。それは高度成長期までの日本では、必要最小限の範囲であっても転居の挨拶や地域の行事、例えば小中学校の運動会、地域ごとの清掃活動や防犯活動など、相互理解の機会は溢れるほどにあった。ところが、日本全体が富を共有し、個人生活の飛躍的な向上によって、極端な個人主義が広がったことに加え、社会が複雑化すればするほど新手の犯罪が増加し、個人生活を晒すことが被害を惹起するとして、個人を特定するものを徹底的に秘匿する傾向が強まっていった。それとともに、良好な近隣関係を構築し、維持する目的を持つ自治会でさえ「個人情報保護法」の壁で、番地と世帯主の氏名しか知ることができなくなっている。そのため、近くにいながら見知らぬ人が増加していったことが、本件を複雑化した遠因であろうと言わなければならない。

そして、昨今の風潮を見れば、あまりに残酷な疎外や少数者への集団攻撃である「いじめ行動」に近い偏見と嫌悪が、日常の生活空間に溢れているという事実を考えなければならない。このことを念頭にこの事例を見てみると、不満を持つコミュニティの構成員らの要望を受けて自治会役員が相手方にアプローチしながらも、同じ住民として必要以上に相手のプライバシーに触れることができないという遠慮、そして地域独特の個人主義的生活様式に対する不可解な躊躇があった。あわせて、原因とされる当事者にしてもまったく裏返しとしての主張があり、自らの抱える問題を説明し理解を得て、より良い形にするという手法も勇気もなく、いたずらに時間のみが過ぎてすべての不満が増幅していったということに気づかないままであった。

今回、もめごとの起きた地域コミュニティと現在はまったく関わりがなく、それでいてその地域の事情や特性をよく知りなおかつ法律に関わる職業の者が、相手方ともいうべき一家族と地域コミュニティ特性にまつわる彼らの居心地の悪さを共有したことにより、その家族が沈黙を超えて自己の主張を喚起したことが紛争の種を摘むという意味では大きなきっかけを作っている。理解しようとする前に自分をわかってほしいと思って発言、行動することが

多い。初対面の人ばかりの集団においても、きっかけを意識して探そうとする者もいれば、いつまでも壁の花としてへばり付いている者もいる。しかしそこに見知らぬ同士を繋ぐ「継手」としての役割の人間がいれば、各々の距離は加速度的に縮まり、深度を深める可能性は高い。そうなれば、一つの不一致や齟齬が生じても、直接にその差を埋めることは容易である。

　本事例は、その時点で原因者が自らの語りたくないであろう事実を開陳したのは、彼ら自身に向けられている視線が、好奇と警戒心に基づくものであると察知して、まずそこから溶かしていこうとしたからである。それは彼らが転居する際にしておくべきことかも、あるいはしたかったことかもしれないと考えると、紛争解決の第一歩は当事者の立場をいかに早い段階で理解し、それを相手方に伝えるためのコツと能力を持ち合わせる必要が調停者には求められるということである。それは必ずしも聴取するものだけではなく、当事者自らに「語るほうがよい」「立場を説明したい」と思わせるような環境造りの能力と言い換えることができるかもしれない。

　いずれにしても、近隣の住民たちにとっては自治会長を通じて素性や事情が明らかになったことで、一定程度の寛容と納得はできるだろうと考えられる。要は、自分たちの受けている不利益について、その原因者の姿が曖昧であればあるほど大きくなっていき、想像とそれに伴う偏見や思い込みも同時に育つことに他ならない。その姿がはっきりと見えてくれば、おのずと縮小していくものと考えられる。そして、次の段階である自らも解決しえない私的な事情、この場合、息子との親子関係や息子のバイクによる迷惑行動は、近隣住民がどんなに求めても、また当事者も何とかしなければならないと思っていても解決できないものである。この問題を解決しなければ、真の解決にはなりえない。しかしながら、これには自治会や近隣住民は当然のことながら関与できないので、これ以上の話し合いはできない。原因者一家の話し合いのなかでご近所に迷惑がかかっているということを、今度は親子間の話し合い、すなわち派生的紛争解決の場面で検討されるべき要素の一つとする価値はあると考えられる。

　自治会長と原因者との深刻かつ緊張する話し合いになると筆者は覚悟していたのだが、原因者側の状況に対する高い認識力と解決に必要なプライバシ

ーの公表という決断によって、自治会役員の理解とある種の共感を生んだことで、一定の解決の道筋はとりあえずついた。積み残した問題すなわち深夜のバイク騒音については、今しばらく近隣住民の不満は解消されないものの、原因一家への攻撃だけではなく、親としての共感や同情といわないまでも新たな視点を近隣住民が獲得することにより、再び苦情を自治会に申し出る者はいなくなるだろう。[161]

【特徴】
・旧住民と新住民の紛争。
・外見からの不安。
・生活習慣の違い。
・きっかけは騒音問題。
・相手側の家庭事情。

【分析】
　昨今どこにでもありそうな近隣とのトラブルではあるものの、紛争という認識が共有されないかぎり、相手方はまったく気づくものではない。その意味ではムーアの指摘する「当事者のパワー関係」に関わる差なのかもしれない。[162]この事例においては、当事者が抱いていた相手に対する不満が社会生活のルールを守らない非常識な一家という「固定観念」へとどんどん膨張することになったわけである。このときもレビン小林久子が指摘するように、「当事者はときに肯定意見を否定的に捉え表現する傾向」どおりに独自のステレオタイプを作り上げていたため、大きな壁を当事者ら自身が築き上げてしまったということに尽きるだろう。[163]

161　Watterson, Eric, *"I Forgive You: Why You Should Always Forgive "* lulu. com, 2010, pp.7-22.
162　ムーア前掲書 358—362ページ。
163　井上前掲書 155—167ページ。

しかも、そこに至るまでに相手に関する情報がかぎられていた。また、そこまで関与する権限もない住民同士であり、当然にプライバシーのバリケードで見えなかったのであるからやむをえないことかもしれない。しかしながら、両者が紛争という意識を持つに至ったときに、相手の側がその誤解を解くために情報提供をしなければ解決しえないと決意したのは、「安全で援助的な環境」と呼ぶべき穏やかな舞台と公平な第三者の存在を得た話し合いの場であったからである。[164]

まさに「仲裁は時の氏神」と言われるように、最も適当な時期すなわち双方のニーズが熟成されたときに双方をつなぐジョイントが出現すれば、まるで峡谷にかかるつり橋のごとくその振幅は相互に影響しながら共振していくということと同様で、ときを得た紛争解決への介入は判断さえ誤らなければ解決への最短のプロセスであることは当然であり、紛争当事者双方のもつ紛争への思いを調停人が得てからのものでなければならない。

本事例が示すものは、話しやすい環境というものをいかに造っていくか、そのきっかけをどう作っていくかの重要性である。そこに関与する者は、紛争の種を紛争として発芽させる前に放置すればより問題が大きくなり、解決にエネルギーが増すということを当事者に理解させ、解決のためのアクションに一歩踏み出す覚悟を見せれば、多くを語ることなくともそこに存在するだけでも当事者らに大きな影響を与えることができるという顕著な例である。事案としては円満解決とは言えないものの、調停の理想的な形であり、これに調停としての深度を深めていくことによって、最終的な解決に結びつくことは充分考えられる。

---

[164] パフォーマンス・リサーチ・アソシエイツ（ロン・ゼンゲ編、和田正春訳）『サービスのバイブル―お客様はあなたがすべて』（ダイヤモンド社、2004 年）92―134 頁。

事例⑥ 「住民のジレンマ」（店舗開設による環境変化に関する紛争）

【経緯】

　なじみの八百屋が店を畳んだ。地域に根ざした小さな市場のなかで営んでいたが、昨今の都市部にありがちな人口ドーナツ化現象や高齢者の増加、そして古い木造住居に替わりワンルームマンション群やコインパーキングなどが市場を取りまき、環境はすっかり変わったという。それぞれの商店主は2代目3代目として地域住民の暮らしを支えてきたが、それらの変化をまともに受けて年ごとに店が一つ、また一つと廃業していき、残っているのは往時の5分の1のわずか3軒のみとなっていった。

　八百屋は、初老の主人と同年代の妻、そしてサラリーマンと結婚して近くのマンションに住む娘、卒業間際ではあるものの就職が未だ決まらずいささか消沈している息子という家族構成で、このまま灯りが消えたような市場で踏ん張っていても展望はなく、最後に取り残された1軒になるのはいやだということで大手コンビニエンスチェーンのオーナー募集に応募した。

　コンビニエンスストアのオーナーになるには、研修費や店舗スペースの賃借料をはじめ、開店費用、フランチャイズ契約などで合計すると1000万円近くの資金が必要である。八百屋を営んでいた店舗は借地上にあり、店舗といっても間口も狭く建物自体も簡易なもので、財産的価値よりも撤去費用のほうがかさむのではないかと思われるものであった。そこで、老後資金に貯めていた貯金と、30年前に建てたささやかな自宅を担保に借りた資金で、なんとか近くのマンションの1階スペースをコンビニエンスストアとして開業することにした。このまま八百屋としては先細りが見えてはいる。しかしながら、子供らに頼れるような状況にも当分なれないと考えたからである。

　1階にコンビニエンスストアを開業したマンションは駅からも近く、立地条件としてはまずまずのものであった。そもそもは周辺の区画整理事業をきっかけに、そこに住んでいた4軒の住人らが土地を提供し、自分たちのほかに8戸の部屋を造り、それで資金の返済をしたものである。いわば、その土地で生まれ育った地元の人たちのマンションで、八百屋の主人とも付き合い

の古い住人たちである。なじみの深い八百屋の開いたコンビニエンスストアは、「これまでより便利になって、年寄りになってきた今とても便利になった」と歓迎されていたと聞く。

　開店から3カ月ほどしたある日、そのマンションに住む住人たちが筆者を訪ねてきた。
「コンビニエンスストアを開くにあたって、契約や何やかやで八百屋さんにいろいろ助言されたと聞いたので、それに関連してのご相談でやって来ました」
とのことだった。旧住民の4軒がそろって来たので何事かと思い、彼らの話を聞くことにした。それによれば、
「1階のコンビニエンスストアができ、24時間営業ということで、年寄りの我々にとってとても便利でありがたい店であるうえに、夜は街灯だけで暗かった周囲も明るくなり、治安もよくなりました。また、『人寄りどころ』ということで近隣にも往来がもどり、周辺もなにかしら活気が出てきて、いいことづくめと思っていました。ところが、夜も明るく人の出入りもあって活気づいた半面、それがかえって自分たちにとっての悩みになっている」
と言うのである。明るい店内、そして前面の駐車スペースを照らす白色のハロゲン灯の灯りが、6階建てのマンションすべての階のベランダ側を明るく照らしている。とりわけ、旧住民の住む2、3階は深夜も煌々とした光で、ずっと遮光カーテンを閉めていなければ落ち着かず、夏や冬の空調の必要な時期は窓やサッシを閉めることで何とか我慢ができるが、外気を取り入れたり自然の温度に頼ろうとしたりするときには開けるわけにもいかず困っている。

　加えて、当初は人の出入りがあることは、「周囲の目」という意味で、治安上もよいことだろうと考えていたが、逆に深夜になるとどこからともなく若者、それもあまり芳しくない服装や態度の少年らが駐車スペースでたむろしながら煙草を吸い、そして食べかすや吸殻を散らかす。もちろんその駐車スペースは、店主らがその都度掃除をしている。しかし、「彼らが店舗横にあるエントランスの人の出入りをじっと監視しているように一斉に見るので気持ちが悪い」と新しく入居してきた若い夫婦からも苦情を聞いている。深

夜から明け方まで、煌々と光る看板、若者らの大きな話し声、笑い声、煙草の臭いに困っている。

ところが、八百屋の親父とは長い付き合いなので、直接苦情を言うわけにもいかず、また言ったところで主人の対応にも限界があるということもわかっている。店主も気を遣っている様子だが、親しい分かえって強く苦情や要求ができない。店主が指導や助言を受けたということを聞いたので、話に入ってもらえないかという相談内容であった[165]。

何とも厄介なことを頼まれたと思いつつも、八百屋を閉めて起死回生を図って思い切った店主の苦悩を知っているだけに、筆者も相談に応じることにした。何百何千というフランチャイズ店舗を抱える本部の数多くの経験に基づいて店舗を整え、駐車スペースの照明も指示しているのだろうから、今回の住民の悩みに応えるなにかしらの対応があるのかもしれないと思い、早速、コンビニエンスストアの店主、すなわち元の八百屋の店主に来てもらってことの次第を話し、どう考えるかたずねてみた。すると驚いたことに、住人の指摘を受けるまでもなく、彼らの困りごとの発生を開店直後から感じていたと語ったのであった。照明が正面から見ても最上階までマンションの形をくっきりと照らしていること、深夜の客は当然ながら時間が遅くなればなるほど年齢が下がっていき、夜中の２時、３時までたむろしているのは未成年ばかりであることなど、彼自身のなかでも問題であると感じていたのだ。

そんなことは他店の様子を見ていてわからなかったわけではない。しかし、コンビニチェーン本部の与えた営業に関するマニュアル同様、詳細な環境対策マニュアルもあるものと店主は思っていたのだ。ところが、それはごく一般的な対応や対策のみで、本部の担当者に糺しても「ケースバイケースですから……」と答えるばかりで、彼の店舗に関わる具体的な対策や応対はもらっていないと言う。だとすれば、大手コンビニチェーンとしての本部の対応ははなはだお粗末でいささかの疑問と不誠実さを感じたが、担当者の言うとおり立地や周辺購買層の特性などによって状況は変わることは確かに否めな

---

[165] ジェラード．I．ニーレンバーグ（高橋一訳）『交渉の技術　かけひきの心理学』（産業能率短期大学出版部、1971年）29—45ページ。

い。そこで、住人らの苦情に対してどうしていこうと考えているのかを店主にたずねたところ、
「迷惑をかけているということはよくわかっていますが、こうすれば解決できるというアイディアは持ち合わせていません。例えば、照明の光度を下げたり個数を減らしたりするのを『節電』のためというのなら仕方ないが、店自体も薄暗いイメージとなってたちまち売り上げは下がるし商売に差し支えます。深夜の自動車の出入りや若者の話し声も、別途看板を立てて『マンションの住民、周辺のご迷惑になりますのでエンジンの空ふかし、大声で話すのはご遠慮ください』と本部の指示に基づき設置したがどれほどの効果があるのかはわかりません。
　また、若者が駐車スペースでたむろしていることは、集客にたちまち影響することもあって、掃除を装って『駐車の邪魔になるので』などと言いつつその都度若者の排除を試みるのですが、すぐにまた店内に入ってきて駄菓子やスナック菓子、缶コーヒーなどを買い求めるため、客であるかぎりその客が店舗前のゴミ箱近くで飲んだり、食べたりすることを強く注意できません。
　煙草については、灰皿スタンドを建物から離れた場所に置こうと考えましたが、店舗から目の届かない前面の歩道近くしか置き場所がなく、これとて防火や管理上、なにより雨天時などを考えると到底よい場所とはいえないのでどうしようもありません。まったくお手上げの状態で、いったいどうすればよいのかわかりません。もしお願いできるのなら、住人の皆さんからのご提案や妙案がいただけるよう、一緒にご相談させてもらえませんか」
との申し出があった。なるほど、彼の説明はいちいちもっともだと思えるもので、彼の真面目な性格もあり深刻に悩んでいることは容易に見て取れた。そこで、筆者なりに何かしら解決に向けた提案ができないものかと数日間あれこれ考え、実際に夕刻、夜間、深夜と現場を見にいった。確かに住人たちの言うとおりで、店主の言うとおりであった。とはいえ、対極の立場ではある住人らと店主が胸襟を開いて話し合うことは重要であり、今回の場合、双方が問題意識を共有すると同様に、解決のためのエネルギーを惜しまないということは確実なので、はたして妙案が出るかどうかはわからないまま一堂に会することにした。

冒頭、店主が「いろいろご迷惑をかけてすみません。申し訳ないと思っています」と深々と頭を下げたが、このことでかえって住人たちは苦情や注文をつけがたく、こうして頭を下げている人間を責めるような発言は到底できないという空気に包まれた。
　とは言っても、謝るだけで解決するなら集まる必要も、話し合うこともないわけである。そもそも、このように一方の行為によって不利益を受けた当事者のできることは、行為の中止や原状回復、あるいは金銭による補償という方法しか思い浮かばないのは、法律に基づく考え方であろう。
　しかしながら、コンビニエンスストアとしての法的ハードルを乗り越えたうえでの営業であり、発生した問題についても法的判断を仰ぐというようなものではなく、旧知の人間同士としては選択できるものではない。金銭による補償や施設の改善などもおのずと限界があるし、そもそも住民らは金銭での補償など考えもしていないのは明らかで、むしろ設備に対する工夫や良好な環境を保持する方策を考えるしかないということになる。
　仮に補償として金銭による解決をするにしても、過去、現在は考えられても、将来にわたって不利益を考慮したうえで金額を算定できるはずもなく、また、その基準となるべき判例などに照らしても、決して住民にとって納得できるものとはなり難いだろう。
　そして、ここで一番重要なことは、紛争になりつつある原因が原因者による過失や不作為による行為ではなく、店舗を訪れる客などの態度や行為であることにある。深夜にたむろする集団の不気味さ、一斉に目で追われる気味悪さというものは、店主の管理できる範囲を超えているものであって、警察官を呼べるべき犯罪行為がない以上、せいぜいパトロール中の警察官が早く家に帰るよう促す程度で、警察としても目の前で未成年者の喫煙や飲酒を現認しないかぎりなす術はない。となれば、コンビニエンスストア側として、いったい何ができるのであろうか。
　これは、店主のみならず被害を訴える住人らも充分承知していることであり、では、これまでのように長い間空き店舗として放置してしまうことも、真逆の視点とはいえ治安上、美観上の問題がある。コンビニエンスストア以外の店舗であっても同じような問題は生じることも住人側は理解しているし、

なにより、店主のここに至る覚悟と負担を考えると何も言えなくなってしまうというわけであるから、出口のない迷路を自分たちで作りそのなかに店主共々彷徨っているのである。

この場合、一刀両断に解決することを目指して鳩首会議を主宰するのであれば、調停者が話し合いに加わる必要もない。

そこでまず、物理的な解決手段として、駐車スペースの照明の設置場所、照射位置や角度、そして吸音壁などの設置は、100％満足を与えるものでなくても店舗の誠意と努力は共有できるかもしれない。一方で、夜間の風紀など、具体的なリスクや被害が出ていない段階での環境を改善すべき方法は判然としない。おまけに、それが当事者以外の不特定多数に起因するとなれば、結局のところ、求めるべきは当事者らによる現状の受容であり、解決への困難さの認識の共有しかない。

この考え方を基準として、店主に対して住人が何かを求めるのではなく、同じ立場に立って何ができるのか、何をしなければならないかを全員で考え討議することを提案した。いわゆるブレーンストーミングの手法である[166]。案の定、原因者である店主と住人相互で共通の問題意識が醸成され、深夜にたむろする若者を何とかしなければならないという一体感、連帯感が芽生えたことを認めるのにそう時間はかからなかった。心理学的にもまた政治学的にも、内包する対立を解消する最も簡単な方法は、外部に共通の敵を求めるということは広く知られているところである。いつの間にか、店主と住人は同じ側に立ち、問題の所在が不特定の若者ということで一致し、連帯してこれの対策を考えることになった。

彼らを誘引する元であるコンビニエンスストアそのものの存在や店主の責任を追及するのではなく、店主も迷惑をこうむる一人になっていた。若者たちへの批判がひとしきりあってから、住民ら自身がこの排除、防止について

---

166 Osborn, Alex F., *Applied Imagination: Principle and Procedures of Creative Thinking*, Seribner, 1953.
Clark, Charles. H., *Brainstorming: The Dynamic New Way to Create Successful Ideas*, Createspace, 1989, pp.49-66.

主体的に活動をしようではないか、そして店側もそれに積極的に協力してもらおうということに落ち着いた。具体的には、定時になったら何人かが腕章やそろいの帽子をかぶって、その場にたむろする若者たちに注意していこう。自警団とはいわないまでも、自治会や消防団などの地域の団体と連携して、このマンションだけではなく近隣についても安心、安全なまちづくりの一助になるように頑張ってみようという結論になり、明るさや夜中の大声に難儀していると一番訴えていた男性が、具体的な態勢やシステム作りを引き受けた。

【特徴】

- 共同体の一部が変容した。
- 町内会、地域とのつながりのなかの紛争。
- 町の発展のため、「よいこと」と思った出来事が、逆に「悩ましいこと」になった。
- 法的には何ら問題にならない行為が、毎日続くために悩まされる（照明・利便・施設）。
- 当事者のできうることは、すべて行っている。
- 第三者の関与（たむろ、大声、環境の悪化）により紛争の火種が大きくなる。

【分析】

　従来からのコミュニティが一つのきっかけで大きく変化していくなかで、ある種の摩擦が生じる。双方が見知らぬ人同士でないことがかえって紛争を沈殿させ、互いに本心を明かしにくい情況を作り出してしまう例である。

　そもそも古い友人としての付き合いでありながら、一方の新たな行為について当初同意し歓迎していたにもかかわらず、誰もが予想しなかった展開に驚きつつも不満となっていく。その不満が必ずしも一方だけのものではなく、原因を作ることになった相手方にとっても悩みの種であることが共有できた段階で、共同作業としての方向性をともに模索して行うことになったのは、ADRの真骨頂といえるものである。紛争当事者が互いの立場や意見を踏ま

えたうえで、新たな価値の創出を目指す例であった[167]。

とは言えこの場合は特にそうであるが、その時点での合意を文章化して固めていくというものではなく、双方が納得し、理解し合ったということが、力を合わせて共通する悩みの解決に向かうものであって、まさしく「阿吽の呼吸」と呼ぶべき「合意なき合意」の好例に他ならないであろう[168]。紛争に発展する前段階で紛争の原因となるべき問題が肥大する前に、いち早く問題点と当事者の置かれている立場や限界について双方が理解し共有することによって、本来の問題とは別の新たな目標が生まれ、連帯していくという過程を目の当たりにする事例でもある。これを法的評価で責任の割合損害額の算定などという議論にしたならば、一時的な解決を見たとしても、問題がなくならない以上、当事者の納得はいつまで経っても得られるものではない。

そこで種明かしをすると、「迷惑している」と訴えたマンションの住民ら自身にも苦い経験があったのだ。低層住宅の多いその地区でいきなり大きなそのマンションを建築した際、そこに旧地主として入居することがわかった近隣が日照をはじめありとあらゆる苦情を寄せ、彼ら旧地主と近所づきあいをしていた者同士で対立した過去があった。そのときは、結局、解決金などの名目で金銭的な解決を図り一応は治まった。しかし、それ以来、折にふれ「このマンションのせいで云々……」と言われ続けてきた。不動産会社などデベロッパーが主体となってのマンション建設で、反対運動や法廷闘争が繰り広げられていることは、どこでも見られる事態である。そこで、自分たちの住むマンションの建設に反対した住民を「エゴイスト」と批判していた人たちが、その隣りに新たなマンションが建つとなると強硬に反対を唱えることもよくある話で、立場が変われば簡単に思考は変わる。

建築業者は事前に行政と建築確認などの協議を重ね、法的なハードルを越えたうえで計画を公表するのであるから、いかに反対運動が起ころうと、議

---

[167] ゲーリー・スペンス（松尾翼訳）『議論に絶対負けない法』（三笠書房、1996 年）214—249頁。

[168] 竹内一郎『人は見た目が9割』（新潮社、2005 年）87—106頁。

会に反対陳情が上げられようと、時期は遅延するものの結果として建築されることはいうまでもない。採算ベースで計算された計画である以上、反対住民と話し合いをしてもよほどのことがなければ計画案を変更することはなく、住民集会などを開き住民の意見を聴く場を設けてもそれは形だけのガス抜きとして行うことが多い。激しい反対が起こりそうな場合には、本来の計画より水増しした計画を発表したうえで、反対住民との交渉によって妥協したかのように見せかける手法もあると聞く。

　本事例のマンションは、旧地主の人々が計画でもオーナーであり、主体であるがゆえに、直接反対の波にさらされたわけである。そのため、話し合いの必要性を痛感していた。それと同時に、「最終的にはお金で解決するしかない」と言う建築会社や、彼らが住民説明会のときに連れてきた弁護士の「法律に従って進めいくだけです」との言葉で、結局、金銭を支払ったにもかかわらず旧交を途絶されたというトラウマがあった。そうした事情から、彼らが柔軟な対応を選択することは筆者に予想できていた。そのため、店主との話し合いではそのときの話をそれとなく筆者は持ち出して、利害対立があったとしても一緒になって解決を目指さなければ、今後の日々の生活のなかで面白くない小さな隙間が人間関係、近隣関係のなかで生まれてしまうので、それを避けさせようと強く希望させたのも、作戦の一つと言えるかもしれない。

　いずれにしても、調停や話し合いに際して、当事者を対立軸として捉えるのではなく、多極的な関係のなかでできるかぎり近い座標に位置する者として共通点を見つけ、提示してやることは重要で、その発見と提示の方法そのものが調停場面において求められる調停者の資質というべきだろう。

事例⑦ 「神社の太鼓」（環境適合に関する紛争）

【経緯】

　鈴木治氏とはどこかの会合で一緒になり、雑談を交わしたようであった。困りごとがあるので相談にのってほしいと、その鈴木氏が筆者に申し入れてきた。

　鈴木氏は73歳。長らくの教員生活を経て、地元の高校の校長を最後に退職した。もともと鈴木氏は祖父、父と3代続けての教職員であり、また、祖父の代から名を馳せた裕福で地域のインテリ一家の御曹司として、近隣地域はもちろん町長はじめ町役場の職員にも一目置かれている存在である。鈴木氏は退職後、地元の名士として自治会長そして各自治会を取りまとめる連合自治会長のほか民生委員など、その人望から多くの役職に就いている。

　彼も住む町は、人口2万足らずの農業を中心にした、いわゆる田舎であった。そこで生産される米は酒造に適する最上級の米として付加価値の高いものであり、そのために全体として穏やかな気候、風土に恵まれて大きな自然災害による不作などに見舞われたこともなく、総じて裕福な農家が多い地域である。

　加えて10年ほど前から新たな幹線道路の計画や鉄道の新駅ができるなど、多くのデベロッパーが活発に動き、さながら小さなくぼみにたまった水がこぼれて出してあちこちに池ができたかのごとく、農地であった場所に突如として10階以上のマンションが次々とついたてのように建てられ、旧来の住民とは異なる「新住民」が増加してきた経過がある。鈴木氏の持ち込んできた相談も、そのような背景から生じていた。その「町で一番大きなお宮さん」といっても小さな町なので、「村の鎮守さま」と呼ぶ方がしっくりするような宮司とその妻が手伝う神社がある。鈴木氏はその神社の総代長として、彼の先祖代々が神社を支えてきたのと同様に、彼も誠心誠意神社のために時間を割き、心を砕いてきていた。

　その彼のもとに、神社に隣接したマンションの住人が「神社の太鼓の音がうるさい。何とかしてほしい」とクレームを申し入れてきたのだ。マンショ

ンの住民といっても多数ではなく、8階に住む浦部智子一人であった。彼女の主張は、
「朝6時になるとけたたましく太鼓が打ち鳴らされ、驚いて目覚めることが毎日であり、それが1年を通して1日の休みもなく繰り返される。そして夕刻5時になると同じく、周囲の迷惑を考えずに打ち鳴らす。それだけならまだしも、このマンションに転居してきて3年になるが、最近はとりわけ土、日、祝日になると厄除けやさまざまな祈祷で間断なく太鼓が鳴り響き、ノイローゼになりそうで生活に大きな支障ができている。

　小学生の一人娘も落ち着かなく、情緒不安定になっている。そのために家庭生活も日々悪化していき、今では夫とも些細なことでけんかになり、めちゃめちゃになってしまった。

　同じマンションの人たちもきっと同じ思いでいるに違いないと思うし、何度も宮司さんや奥さんに何とかしてほしいと頼んでも、『そう言われても困る』の一点張りで埒が明かない。警察署や役場にも行ったが、今一つ要領をえない。最後には裁判も辞さない覚悟でいる」
というもので、自治会に対してのみならず地元新聞社にも投書しているようで、鈴木氏は自治会長としての立場、そしてその怒りの矛先である神社を支える役員でもあるので、いずれの立場からも解決が迫られることになった。さらには、役場の職員まで「うちにも再三対処を求めてきているが、行政のできることはかぎられており、いかんともしがたい。なんとか住民同士という立場で解決をしてもらえないだろうか」と頼んできたという。

　都市部と違い、地域のコミュニティにおいて容認されていたものが、環境の変化によって問題化することは珍しいことではない。しかし、のんびりした農村の雰囲気のなかでことを荒立てることなく長年生活してきた地域の人たちにとっては、浦部智子のクレームの勢いに驚くとともに、万が一に裁判沙汰になって新聞に取り上げられるようなことになれば、当のお宮さんばかりでなく町全体のイメージダウンは避けられないという懸念も生じる。ターゲットとなった神社に至っては、この騒ぎが大きくなって神社の行事などに何がしかの制限が加わるような事例になれば、自分のところだけでなく全国の神社やお寺にも波及しかねないと、宮司自身が頭を抱えているという。鈴

木氏自身も、これについて法的な解決ということになれば、関係者の懸念するダメージだけでなく、これまで守られてきた地域の相互理解、共助など信頼関係が崩壊することさえ起こりうると不安を抱えていた。

しかしながら、それを回避するにもこれといった決め手もなく、また浦部智子を納得させる具体的な案も出てこず、関係者が日々こぞって苦悩しているというのである。

鈴木氏とは、地域に降りかかってきたこの「紛争の種子」の詳細を後日改めて聞くことを約束して別れた。もちろんこの種の話は、筆者としては業務として扱うべきものでも、立場でもない。少しばかり紛争に関わる知識と何より神社にくわしいということで、困り果てた末に頼ってきたのであろうから、むげにするわけにもいかなかった。近隣紛争とりわけ騒音に関わる判例や条文を充分確認する必要があるものの、鈴木氏が言うように「法的解決ということになれば時間や費用がかかるうえ、地域が物笑いの種になってしまう。なんとか穏やかに解決したい」との気持ちはよくわかる。そして鈴木氏自身が自治会長であると同時に問題の神社の役員であり、いわば当事者としての利益相反というべき立場にある。相手方との話し合いが上手くいかなく、あちこちにたずねた結果、ある神社関係者から筆者の力を借りたらどうかと言われたということだったので、お手伝いすることにしたのである。

そこでまず、当事者である神社の宮司夫妻に来てもらうことにした。[169]

その日、初老でいかにも宗教者という趣の宮司と、まさしく人のよい田舎のおばちゃんといった風情の奥さんが訪れてきた。最初に、今回の事案にある太鼓の音についてたずねてみた。その神社は創建されてから800年余り。鎌倉時代頃から続く由緒ある神社ではあるが、俗に言う大社でも有名神社でもなく、よくある一般的な神社であるとのことだった。鈴木氏同様、代々教員をしながら神社を護ってきた家で、宮司本人も長らく都市部で中学の教員をしていたが、先代の宮司であった実父の死去に伴い、定年を控えた数年前に退職して宮司を引き継ぎ15年ほどになるという。

169　飯田邦男『こころを読む実践　家事調停学―当事者の納得にむけての戦略的調停―』（民事法研究会、2004年））32―46頁。

宮司になった頃は、全国に２万ある神社の大半がそうであるように神社からの収入はかぎられていて、先代の宮司も退職金や年金を加えて何とか生活ができる程度であった。正月と七五三を除いては参詣者も地元にかぎられており、まさに静けさに包まれたなかで、唯一、太鼓の音が付近の人たちに一日の始まりと終わりを告げるものであったそうだ。

　ところがここ数年、マスコミなどでにわかに起こった「パワースポットブーム」のなかで、これまで宮司も氏子も気にも留めなかった神社に伝わる自然石が、強烈なパワーを持ち恋愛成就に霊験あらたかと次々にテレビや雑誌に取り上げられるようになった。これがきっかけとなって、近隣近在だけでなく遠く県外からも平日祝日を問わず若い男女が押し寄せてくるという。

　その石には男女が強固に結びつくという古来よりの言い伝えは残っていたが、狭い地域のかぎられた人数の適齢期の若者にしてみれば、その石にことさら祈願する必要もなかったのである。ところが、参拝したカップルが石の横に設置されている黒ずんだ説明書きを読んで二人で祈願して、たまたまうまくいったことがきっかけなのかは定かではないが、インターネットやツィッターなどのデジタルメディアにものって噂が噂を呼ぶようになった。そして一気に「パワースポット」に仕立て上げられた結果、ひっそりとしていた神社が信仰とはかけ離れたところで、観光スポットとして突然注目を浴び始めた。いきなり観光スポットになってしまったので、参拝者対策は後手に回らざるをえず、宮司夫妻にしてもうれしい悲鳴を上げるべきなのか多忙の悲鳴を上げるべきものかとの思いであるという。そもそも祭りの御神輿のために確保されているわずかな駐車スペースしかなく、自動車で参拝する人々の車がそこからはみ出て神社周辺の至るところに駐車されるようになった。近隣住民の苦情を懸念した宮司が、総代や氏子の持つ遊休地を慌てて借り上げて臨時駐車場にしているそうだ。

　周辺の住民も迷惑はこうむっているものの、遊休地を駐車場に貸す者、自分のところで収穫した野菜をテントで直売する者、交通整理のアルバイトをする者など、現金収入の少ない農家にとっては願ってもないチャンスであり、また、神社が活況を呈することで自分たちの神社が全国的に認知されているという自負心にも似た感情を持つのも不思議ではない。何より、参詣者たち

の求めに応じて本殿で行う恋愛成就の祈祷で神社の収入が増えるということは、氏子などが毎年負担している神社の維持費や補修費用、そしていずれ訪れる大規模改修に要する費用も、このブームに乗れば乗り切れるという思いもあって、連打される祈祷の太鼓にクレームをつける者など1軒もあるわけがない。そんなことをしようものならば、コミュニィティで批判されるのは必定である。

　と同時に、神社が祭典で太鼓を打ち鳴らすことに異を唱えるのは、寺院で読経をするなと言うに等しく、音を小さくする配慮ができたとしてもおのずと限界があり、祈祷のたびに打ち鳴らすものをまとめてするわけにもいかないという主張にもうなづける。参拝者にしてみれば、何がしかの祈祷料を払って恋愛成就を願うのに、周囲に気を遣ってこぢんまりと太鼓を打たれたのではたまったものではないだろう。神社で拍手を打つのに、音を出さない「忍び手」という葬儀で行う作法がある。葬儀で使う作法だと参拝者が知らなかったとしても、神社側でそんなことを勧められるはずがない。

　神社には、当の浦部智子からこれまで何度も電話などで激しい表現を含む苦情が寄せられていた。宮司はその都度神社のしきたりや作法を説明し、そして周辺を騒がせていることのお詫びを繰り返し、現実に菓子折りを持って謝りに行ったりもしていたらしい。

　不都合なことに、浦部智子の住むマンションには自治会などは結成されておらず、都市部にある大手管理会社がマンション全体を管理し、住民らに対する広報も管理事務にかぎられたものを玄関ホール脇の掲示板に貼るか、各戸のポストに配布するというものであった。地域の催しや神社の苦情への釈明やお詫びの広報をしようにも、オートロックのマンションでは居住者以外の出入りは制限されているだけでなく、仮に居住者に頼んで配布したとすれば、配布したこと自体にクレームが寄せられる懸念もある。しかたなく、宮司は何度もインターホン越しに浦部宅にお詫びの訪問をしたが、そのたびに拒否されてきたという。自らの要求に対する結果を求めている浦部智子にとっては、許しがたい対応だったのかもしれない。[170]

170　ここでは彼女自身が責任を問い、誠実な対応を求めている当事者、すなわち、彼

数日後、鈴木氏に頼んで浦部智子に面談を申し入れてもらったところ、これも快諾された。そして約束した日時に、筆者は鈴木氏とともに神社近くの公民館で彼女の来るのを待った。彼女はきちんとした身なりで、約束の5分前に到着した。手に提げたスーパーのレジ袋にペットボトルのお茶を2本入れてあったことは、この問題を何とかしてほしいという鈴木氏への彼女の期待、そして何よりも彼女が病的ないわゆるクレーマーではなくある程度の良識と礼儀を弁えているのではないかと考えるのは、あながち的外れではないだろう。そして、彼女の社会性に問題があるのではないとしたら、ここまで執拗に神社の太鼓に我慢できない原因がただ単に耳障りであることだけでなく、別のところに潜んでいるのではないかと考えるヒントにもなった。

　公民館で一般的に使用される広い洋間に置かれた長机と折りたたみ椅子ではなく、その横にある床の間のついた四畳半の畳の部屋で話し合うよう鈴木氏に依頼していたので、そこで二人で彼女を迎えた。[171]

　鈴木氏とともに見知らぬ人間が、それも明らかに地域外から来たと思われるスーツ姿の存在を見て、一瞬彼女の表情が硬くなった。見知らぬ人間が何者なのか。神社から頼まれた弁護士なのか。あるいは、自分の要求を拒絶するための権限や力を持っている何かしらの人間なのかもしれないと思ったに違いない。

　小さな和テーブルの三辺にそれぞれが座ってから、鈴木氏が、
「こちらは私の知り合いです。役所の人や弁護士さんではありません。神戸で行政書士をしている方で、法律に関わるお仕事には違いないのですが、今

　女の不満の原因である宮司との面会を彼女がかたくなに拒否しながら、あちこちに苦情を申し立てて介入を求めているということに着目しなくてはならない。つまり、彼女は核心ではなく、その周りを巻き込もうとしていることになる。とりわけ、行政ではなく住民の自治を担う自治会長であり、神社の総代というある意味で相手方に通じている鈴木氏に対して執拗に解決を求め、また、鈴木氏との面談や話し合いには抵抗なく応じている事実は何を意味し、何を企図しているのかについて検討しなければならない。

171　日本弁護士連合会法律相談センター・面接技術研究会（菅原郁夫・岡田悦典編）『法律相談のための面接技法　相談者とのよりよいコミュニケーションをとるために』（商事法務、2004年）70—77ページ。

日はそのような立場ではなく、浦部さんのお話をまったく利害のない立場で聞いてもらい、この問題を解決するために私の相談役になってもらいたいと思ってお願いをしました」

と筆者を紹介した。その紹介で彼女の態度が幾分和らいだかに見え、きちんと挨拶をした後、「足をくずしましょう」という鈴木氏の言葉に互いに足をくずした。鈴木氏から彼女に、「私ではなく、この方に浦部さんの立腹されていること、そして納得するためにどうしたらよいのか改めて話してくださいませんか」と促されると、筆者に向かって自分の転居をしてから現在に至るまでの環境の悪化について、あたかもできている脚本を読み上げるように淀みなく40分近く話し続けた。

彼女はこのとき、小学校2年生の娘を連れてきていた。彼女は携帯ゲーム機とペットボトルのジュース、そしてスナック菓子をかわいいポシェットに入れて、母親が話し始めたときには部屋の片隅でイヤホンをして、いかにも自宅のリビングにでもいるようにゲームに熱中しはじめた。一家の主婦である彼女の都合を考えて、夕食が終わる午後8時に約束したにもかかわらず、小学生の娘が無心にゲームをしながら次々にスナック菓子を頬張り、ジュースを飲んでいるのを見て、この時間でも小さな子供に夕食を与えていないのではないかと筆者は疑問に感じた。何より今回の件では彼女の夫の存在がまったく見えず、本来ならこの日一緒に来て妻の援護をすべきであろうし、仕事の都合で遅くなるとしても何時間も話し合いをするわけでもないので、その間、子供には父親を待ちつつ留守番をさせる選択肢もあったのではないかと感じた。

浦部智子が思いのたけを一気に吐き出した頃を見計らって、
「お話はよくわかりました。鈴木さんがこれまで浦部さんの思いを宮司さんによくお伝えになられてきたことはよく承知していますが、ご縁を得てこの話に関わらせていただいたので、私なりに思うところまとめて、鈴木さんあるいは宮司さんに相談してみたいと思うのですが、よろしいですか？」

とたずねてみた。それまで、話をさえぎることなく彼女の目を見ながら、大きなうなずきで彼女の話に集中してきたことで警戒心が薄れたのか、「結構です。今のように太鼓の音に悩まされない日が一日でも早く来るのだった

らお任せします」と彼女は答えた。
　その夜はそれで別れた。それから数日後を見計らって、「確認したいことがありそうなので私（鈴木）は同席しませんが、公民館にお越し願えますか」と、彼女宛の伝言を鈴木氏に依頼してもらい、彼女も了承された。
　2回目も前回同様、浦部智子はゲーム機とジュース、スナック菓子を持った娘とともに現れた。そこで、かねて宮司から聞いていた神社のこれまでのしきたりや神社の作法、そして現状に至る経緯について説明し、宮司にとっても思いがけないブームであって、対応が後手に回りつつも、少しずつ近隣の迷惑をなくそうと努力しているということを伝えた。しかしながら、彼女は伝えた内容に納得できるはずもなく、話し合いの余地はなかった。そこで改めて自己紹介をしながら、どうしてこの話に関わるようになったか、職務でも利害関係もないにもかかわらず、自分なりの善意から手弁当で手間と時間をかけているということや、最近のニュースのこと、近隣のこと、本来の仕事のことなども含め、とりとめのない話を1時間近くしてその日は別れることにした。
　すると数日後、彼女から公民館で改めて話がしたいとの連絡が直接入り、意外な申し出に驚きつつも、鈴木氏にお願いして公民館で話し合いができるようにしてもらった。もっとも、彼女はこの件について鈴木氏や宮司と話し合っても同じことの繰り返しで、その前に自分の考え方をよくよくお話ししておきたいとのことで、鈴木氏の同席を拒否してきた。まったく単独で対応するのは、職務上の経験から避けたいことなので、公民館を会場に老人会有志の「俳句の会」が広間で行われている日を選び、その隣りの和室で彼女の話を聴くことにした[172]。
　彼女はその日も約束の時間少し前に娘を連れてやって来た。いつものごとくである。
　一息ついて筆者から、
「浦部さんの太鼓の音に対する不快感はよく理解できました。ただ、この前もお話したように、宮司さんも行事としての太鼓をなくすわけにはいかない

---

[172] 榊前掲書187—191ページ。

し、スピーカーのように音量を調節することもできず、どうしていいかわからないというのが偽らざるお気持ちのようです。浦部さんから何かよいご提案をいただければ、それに従うよう努力してみますとおっしゃっています。それはこれまでに鈴木さんを通してうかがっておられると思いますが、いかがでしょう。

　それと、今回はこれまで窓口になってお話し合いをされていた鈴木さんに同席いただかないで、私にお話しいただくのは、どのようなお気持ちからでしょうか。話し相手としてご指名をいただいたことを喜んでいますし、ささやかながらご信頼いただいたのかと思って、今日はじっくりお話をうかがい、私なりにお役に立てることが出てくるかもしれないと期待して来ました」

と挨拶かたがた彼女に問いかけてみた。彼女は、これまでとはうってかわって、ゆっくりとした口調で答えてきた。

「今日はお時間を割いてお越しいただいて、ありがとうございます。これまで宮司さん夫妻に何とかしてほしいと申し入れても、『できないことはできない』と繰り返すだけで、まったく相手にしていないというふうな感じでした。私が昔からの氏子ではなく新参であるので、『よそもの』として軽く見られているような気がしています。[173]

　うちのマンションは自治会もないし、マンション住民同士お互いの顔も知らない人も多く、やむなく駐在所のおまわりさんに相談に行ったり役場の窓口に行ったりしましたが、どこに行っても『まあ、お宮さんのことだし、祭典に関わる音でもあり、私からどうこう言えるものでもないしねえ……』とお茶を濁すような対応ばかりでした。

　私自身、いきなり裁判にしようなどと考えたわけではありません。インターネットでいろいろ調べてみましたが、なかなか難しい問題であって裁判で勝つことは簡単ではないこともよくわかっています。それでも時間と費用をかけて勝ったとしても、神社はもちろん鈴木さんも含めてその世話役さんみんなを敵に回すことになります。そのうえ、お祭りで子供神輿を担いだり夜店に行くのを楽しみにしている子供も多いですから、その話が広まると私が

173　東山紘久『プロカウンセラーのコミュニケーション術』(創元社、2005年) 82―88ページ。

お宮さんをいじめたように思われて、娘がいじめられたりマンションでもクレーマー呼ばわりされたりして完全に孤立してしまうことになるのがいやで、鈴木さんからの話し合いの申し出に応じてきました。

　しかし、鈴木さんが何とかしようとしてくださっているのはわかっていますが、鈴木さん自身がこの町に先祖代々住まれている地方の有力者さんで、神社の役員でもあり、町役場の人たちからも私を何とか納得させてほしいという依頼を受けておられると思うと、まるで神社の弁護をするための代理人としてしか見えず、神社の意志の伝達をしているに他ならないと思っています。とはいえ鈴木さんを拒否してしまうと、もう私には手立てはなく、我慢するか裁判にするかの二者択一となってしまいます。何度も鈴木さんとお話を続けてきたのは、そうこうするうちに、少しでも神社さんの方で『できない』をただ繰り返すのではなく、具体的な努力や解決への意見を見せてくれるだろうと期待していたからでした。それもそろそろダメなのかなあと思い出したときに、この話に入ってくださり、そして、法律に関わるお仕事をされているとうかがったのに法律でどうこうという話を一切されず、まったく白紙の状態でひたすら私の話に耳を傾けてもらったので、行き詰まっているという感じでいた現状を何とかしてもらえるかと思ってご連絡いたしました」

　ということだった。

　彼女のこの発言には、彼女の持つ個人的な事情がいくつも隠されていることに気が付かなければならない。[174]
・彼女はこの問題を法的に解決するつもりはない。なぜなら、それに要する手間、費用は、一般的サラリーマン家庭にとって負担となることをよく承知している。
・仮に裁判で彼女の主張が認められたとしても、要求のすべてが満たされることでないことを予測している。
・また、その場合、引き換えにマンションや子供の学校、そして周辺すべ

174　ピーター．マグワイア（若林佳史訳）『医師のためのコミュニケーション技術』（星和書店、2009 年）40—51ページ。

てを敵に回すことになり、いま以上に孤立してしまうことを心配している。
・そのために公的な話し合いではなく、非公式で私的な話し合いで解決しようとするものの、相手方やそのシンパと思われる人たちとの話し合いではなかなか自分の思いを理解してもらえないどころか、一方的な説得の場となることに不満を持っている。
・彼女自身が、マンションに転居して以来、随分になるにもかかわらず、住民との交流が少ないことをうかがわせる。何より一人娘が小学生として学校に通うかぎり、PTAとして、母親同士として他の家庭と接触を持つことは容易であり、むしろ避けえない必然であるはずにもかかわらず、この問題について同じマンション内で同じ小学校に子供を通わせる母親同士の会話をした形跡がない。
・常に話し合いの場に娘を連れてきているが、娘はゲームとスナック菓子ばかりであり、はたして夕食など正常な日常生活を営んでいるのか疑わしい。
・サラリーマンとして働く夫とこの問題について話し合い、夫自身の同意のもと彼女が対応していくはずであるのに、夫との話し合いや夫の考え方などが一向に見えない。

そこで、こちらからたずねてみた。
「それではこちらから確認しておきたいことをお訊ねしますが、もし気に障ることがあったらお許しいただきたいと思います。ストレートなことをうかがいますが、お気分を悪くしないでください。
うかがったことは仕事柄、秘密にしておくことは心得ていますし、宮司さんや鈴木さんにも浦部さんが、望み、了承すること以外は伝えませんので、本音のところを聞かせてもらえますか」
と述べ、彼女の同意を得てから以下の質問を始めた。
「特定の宗教を信じていますか?」
「神社に対して何か悪い印象を持つような出来事が子供の頃も含めてありましたか?」

「ご自身は太鼓の音以外に、今まで気に障って仕方がないというものはありましたか？」
「PTAや子供さんの関係でよく話をされるお母さんはおられますか？」
「マンションのなかで親しくされている方は何軒くらいありますか？」
「このマンションに引っ越して来られるまではどちらに住んでおられましたか？」
「あなた自身のご実家はどちらですか？」
「ご主人のお仕事はハードなものなのでしょうか？」
「この件についてご主人と話されたことはこれまでに何度かありましたか？」
「その都度ご主人はどういうお考えを伝えられましたか？」
「ご主人以外に、例えばご実家とかごきょうだい、そして学生時代のお友だちなんかに相談されましたか？」
「インターネットを利用しているとのことですが、メールなどはされますか？」
　これらの質問をしながら、一つずつ彼女の表情を見ながらゆっくりと確認してみた。彼女の答えは、
「自分は無宗教であって、お寺にも教会にも神社にも特別な感情は持ち合わせていません」
「これまで神社に対して悪い印象を持つような経験はありません」
「今回太鼓の音があまりに頻繁なので迷惑しているが、これまでこれほど、気になるようなものはありませんでした」
「PTAには参加してこなかったし、子供の関係でもお母さん方はグループを作っているので、どれかのグループに加わるのもどうかと思うので、ほとんどお付き合いをしていません」
「マンションの住民が一堂に会する機会もなく、また、それぞれがどのような人たちなのかもよく知らない。娘を玄関から送り出したとき以外は、同時刻に人の顔を見ることもなく、買い物も車で30分ほどのショッピングセンターに行くが、近所の人の顔も知らないので、会っているのかどうかもわかりません」
「このマンションに転居するまでは、東京の近くに商店街がある便利なところに住んでいました」

「実家は東北で、結婚を機に東京、名古屋を経て、そして今のところに移ってきました」

「夫は大企業に勤めています。結婚当初は東京の本社に勤務していましたが、不況の影響もあって名古屋支店の後、今の営業所に配属になって役職には就けたものの、毎晩付き合いも多いようで、帰宅は遅いです。本人は、営業所ではなく何とか支店か本社に戻りたいと思って、かなり体力的に無理をしているように思います。それだけに、たまの休みに神社の太鼓の音は許せません」

「そんなわけであまりこの件について夫と話し合うことはなく、神社を相手にあれこれ言ってもどうしようもないし、疲れるだけだとあまり積極的ではありません」

「実家は遠く、また、実家も田舎で神社やお寺との繋がりは強く、神社に不満を言うなどということは想像もできず、それこそ大目玉を食らうことになります。私は一人娘で兄弟姉妹はいません」

「メールは、主人に夕飯の都合などを確認するために発信する以外使うことはありません。その確認メールにも夫は『いる』『いらない』以外返してきません。スマートフォンを使っていますが、メールよりインターネットを見るのに活用しています」

との答えだった。

ここから考えられることは、彼女は家庭も含めて人間関係が希薄であり、すでに疎外感を強く感じており、より孤立することを恐れている。そして、今回のターゲットである太鼓の音がノイズとしてのものではなく、別の意味合いを持っていると考えなければならない。なぜなら、彼女は大都市の賑やかな住宅環境にあっても、そこでの騒音をさして苦にした様子もない。

「目で見たものは目で見るのではない、耳で聞いたものは耳で聞いたものではなく、頭で見て頭で聞いている」とする心理学の基本で考えても、彼女の内面の問題が大きく、夫の休息や子供の環境について悪影響を訴えるのは補完的要素であって、主因は彼女自身にあると考えるべきである。

そこで、「休みの日などにはどうして過ごしていますか」とたずねると、

「子供はゲームが好きなので、リビングでゲームをしています。夫は横にな

ってテレビを見たり、ゴロゴロしたりしています。私は家族といるときは自分のことがしにくいので、家事をしています」
「では、ご自身が一人のときはどうされていますか？」
「以前は独身の頃から好きだった刺繍をしていましたが、ここに来てからは何もしていません」
「何もしていないというと、テレビを観たり、読書でもされているのですか？」
「いえ、テレビはほとんど観ません。昼間のテレビはあまりにくだらなくて、時間の浪費だと思っていますし、読書は読みだすと止まらない方なので、子供の世話や家事があるので、随分していません」

　ということは、休日に夫や一人娘が太鼓の音に苦しんでいる様子もない。平日は、朝夕を除いて太鼓の打たれる時間に家にいるのは彼女だけで、しかもこれといって何かに集中するでもなく、時間の流れのなかで太鼓の音だけが強く意識されているということを意味する。

　それに加えて、周囲の人間を含めて孤立状態にあり、一つの事象に集中してしまうという性格もあって、自己基準に合わないものに対する違和感と、それを排除しようとする作用が彼女のなかで大きいと考えるのが妥当なのかもしれない[175]。だとすれば、そもそも彼女の生活のなかで邪魔なものは太鼓の音ではなく、彼女の意識のなかで太鼓の音がプラスに働くものであると思えるようにする方向を考えてみるのは意義があるだろう。そこで、
「休みの日に娘さんも、お友達と遊びに出かけることもあまりないように思えるのですが、ゲームを置いてご一緒に出掛けられてはどうですか。とは言っても、ご主人も仕事のお疲れもあるでしょうから遠隔地ではなく。来週、神社で夏祭りの夜店が出るそうですよ。いろんな経緯で今まで鳥居をくぐられたこともないようですから、出掛けられてはどうですか。私もお祭り大好き人間で、鈴木さんにお願いして神社を見せてもらいたいと思っているので、ご主人と娘さんと一緒にお越しになりませんか。太鼓の話は一時休戦として……」

175　Martin, David G., *Counseling and Therapy Skills*, Waveland Pr Inc, 2011, pp. 12 - 90.

と提案した。しばらく考えていると、隅にいた娘が突然「お母さん、私行ってみたい」と大人の話には一切口を出さなかったのに叫んだのだ。
　夏祭りでは夕方から賑やかに露天が並び、本殿では装束に身を固め威儀を正した宮司が厳かに儀式を執り行い、その間、鈴木氏をはじめ氏子総代、地域の有力者が整然と並び頭を垂れていた。浦部智子の夫は露天で娘と金魚すくいに興じていたが、彼女自身は社殿の傍らからじっとその儀式の様子を見ていた。その内、娘を見つけた子供たちが「〇〇ちゃ〜ん！　来てたん！　珍しいねえ。一緒に他のお店も見に行こう」と誘ってきた。娘は、浦部智子の顔色を恐る恐るうかがっていたが、「いいよ！　お母さんたちもあと30分くらいいるから、そのころここに戻ってきなさいよ」と母が言うが早いか子供たちではしゃぎながら駆け出し、あっという間に参拝者のなかに消えていった。
　そうこうしているうちに、本殿での儀式を終えた宮司が、被っている烏帽子の間から顔に幾筋もの汗を流しながら境内に降りてきた。我々を見つけて、「浦部さん、いつもご迷惑をおかけしてすみません。ご主人には初めてお目にかかりますが、奥様にご迷惑をおかけしていること、申し訳なく思います」と深々と頭を下げた。下げた頭から石畳に汗がぽたぽた落ちていた。
　浦部智子は、思いがけなく宮司がわざわざ謝りに来たこと、普段見かけない威儀を正した神職としての装束姿であったこと、そして、神社のお祭りをするということが宮司にとっていかに大変であるか、またそうであってもしなければならないという信仰の強さを、石畳に落ちたいくつもの汗でわかったようだった。
　彼女も夫とともに深々と頭を下げながら、「いいえ……」と小さな声で返した。
　これまでの誠意のない堂々巡りの議論ばかり繰り返し、また昔からそうであるからという理由でしきたりや伝統を盾に改善しようとしない不誠実な人間と見なして言葉を交わすことすら拒んでいた者に対し、彼女のなかで何かの変化があったのかもしれない。[176]宮司の姿は自分の存在をしっかり認めてく

176　紛争は、放置するとどんどん自力で成長し増殖し肥大化するだけでなく毒性を帯

れたと思える態度であったはずであり、初めてコミュニティの一員として認められたと思ったのかもしれない。

　これまで、彼女には不快感が先にたってその心的対立から相手の存在を否定し、隣りなのに近寄りさえしなかった神社であり、不誠実な人間だと思い込んでいた宮司であった。そして、田舎の朴訥とした人柄のためか、不満を訴える者の胸を打ち納得できるような対応ではなかったと思っていた。神社の祭りや儀式も、商店街の大売出しのようなお金儲けの手段であり、協力や理解するのに値しないと思っていた。しかし、荘厳な雰囲気のなか、地域の人々が頭を垂れて祈りを捧げる様子が私的なものでなく、地域に住むすべての住民を受け入れての行為であるということを感じたのかもしれない。

　紛争の解決には、相互の立場や思い、そしてすれ違った価値観を共有し、平準化していくために各々の言い分を聞き、本音を探り出してそれを吟味整理しながら、予想される核となる要因に注目してその部分を拡大・明瞭化することによって、相互の間に横たわる溝を埋めていくことで相互が往来できるようにすることが重要である。

　今回、かたくなになっていた浦部智子の内面においては、周囲からの疎外感、孤立感を少なからず感じていること、いろいろ述べているとしても紛争の核が彼女自身にあるということ、そして、それ以外には解決に向けて障害になるべきものはないとの判断があった。そのため、対話の中身を吟味して、話し合いだけでなく話し合いの環境を変えるために夏祭りという願ってもないイベントを利用した。相手の事情や背景などを理解させることによって、自らの持っている価値観と異なる現実を見せるということに成功したといえるのではないだろうか。

　もちろん、その前提として鈴木氏が相手方の単なる代弁者、擁護者ではないかという思い込みや、最終的な手段としての法的解決が費用・手間のみならず地域において夫や子供に及ぼす影響、それが家族の生活に波及して自身

びる。相手からの刺激だけでなく、相手の意図を勝手に拡大し、歪曲して、最後にはどうしようもないものに変えていく。まるで人間の体の免疫機能が、かえってアレルギー症状として自分を苦しめるようなものである。

が家庭内においても孤立することを懸念していると感じたことによって、対応を考えられたことが幸いしたというべき好例である。

翌日、彼女から連絡があった。
「鈴木さんが子供におさがり（徹下品）ということで、子供たちに配っているお菓子を持参してくださった。本来、品物などもらうべきではないと思っていますが、地域の子供たちに配っているお菓子だということもあって、ありがたくいただきました。

その際、娘に秋祭りの子供神輿に加わったらどうかと参加申込書を持って来てくださいました。これまで、子供たちが賑やかに担ぐ子供神輿を遠目で見ていましたが、娘が『あっ、○○ちゃんがいる！』と叫んでも、地域に古くからいる人たちの孫や縁故の人たちばかりだし、ツテもないから、参加させてやることも考えつかず、娘にかわいそうなことをしました。申込用紙を見てみると参加に制限はなく、自分勝手に参加できないと思い込んで、ある意味、やっかんでいた自分が恥ずかしくなりました。

太鼓の音はまだ耳について癇に障るのですが、何となく、太鼓を打っている宮司さんのイメージが頭に浮かんで、また、汗びっしょりなんだろうな！
なんて思ってしまう自分に驚いています。依然として何とかしてほしいという思いはありますが、どうしてもらうべきなのかということを私自身も考えてみます」

よく「公園デビュー」という言葉を聞く。
新たに母親として我が子を公園に連れていく際、すでにできあがったコミュニティに入っていくのは容易ではない。子供同士は砂場でおもちゃの取り合いはあっても、それなりに仲良く遊べるものなのだ。むしろそのことよりも、自分の立場や思い込み、相手への競争心、敵愾心などが複雑に交叉して素直な気持ちや対応ができず、かえって問題を大きくする場合があるということが本件においてもまさに言えるのではないだろうか。

【特徴】
・孤立した主婦のクレーム。
・地域、家庭内での孤独感。
・信仰の差異ではない。
・物的なことではなく内面の問題。

【分析】
　神社の太鼓の音に不満を持ち紛争化していく過程で、その対象が太鼓そのものではなく、地域において、家庭においても孤立していると考えられる当事者への観察[177]が彼女自身をコミュニティに近づけ、またそのきっかけを調停者が作ることによって自らの紛争の対象が実は彼女自身の内面にあると気づかせることができた[178]。対象である太鼓そのものも彼女の得ようとして得られなかった地域コミュニティにおいては一つの大きなツールであり、また、その音さえ単なる騒音ではなく意味のあるものだとの気づきが、彼女にそれ以上の紛争の拡大化を押しとどめる端緒になりえたのかもしれない[179]。もちろん、そのことで神社やそれに関わる人々への彼女の攻撃がまったくなくなったかはどうかはわからない。しかしそれ以後、何らのやりとりがなかったにもかかわらず、当事者がこれまでのように積極的な示威を行わなかったことは明らかな事実であり、そこに「合意なき合意」が得られたと考えられる。
　彼女の電話の後、彼女の娘が子供神輿を担いだのかどうかは定かではない。その後、鈴木氏からも宮司からも、季節の挨拶以外にこの件についての経過報告はない。
　おそらく彼女からのクレームは、当面、休止状態となっていると想像され

177　アン・ディクソン（竹沢昌子・小野あかね監訳）『第四の生き方―「自分」を生かすアサーティブネス』（柘植書房新社、1998年）120―137ページ。

178　Colatrella, Michael T. & Picchioni, Anthony P., *Meadiation Skills and Techniques*, Lexis Mexis, 2008. 調停におけるスキルとテクニックを軸として、調停現場における調停者の具備すべき能力について指摘している。

179　川幡政道『この一冊で心理学がわかる！』（三笠書房、2000年）106―127ページ。

る。明確に解決して紛争が消滅したとは言えないので、消火に難儀するような大きな炎となる懸念は残るが、少なくとも紛争解決は決して「快刀乱麻」で一時にすべて解消するのではない。納得と合意、あるいは逆に合意と納得のために一定の養生期間が必要であり、紛争に介入する場合は自身の知識能力に頼るばかりではなく、有効な舞台の創造や発見、そして解決への気づきは、当事者にも調停者にもなければならないものである。

事例⑧ 「居酒屋への不満」（当事者の紛争解決能力）

【経緯】
　当事者の大村和夫らは、阪神大震災で自宅周辺の家屋が軒並み被災したことから、周辺の住民でそれぞれの持ち分に応じて再生計画を行った。
　当該地域はいわゆる下町で狭隘な家屋が雑然と並んでいたが、行政の指導と助言によって公道から私道を設定し、その私道を囲む形でそれぞれの家屋を建築していった。この権利義務についての詳細は省略するが、その後十数年間、特に問題は生じていなかった。
　ところが、その私道の一番奥にある家屋の所有者である一人暮らしの高齢の女性が体調を崩したこともあってその家屋を賃貸し、本人は天涯孤独ということもあり老人ホームに入居した。長らく賃借人の募集をしていたが、あるときから建築関係者が短期間に次々とやってきて、わずか1週間でこの家屋を居酒屋として改装した。
　この家屋に至るまでの4軒の家は、その成り行きに驚きつつ工事の様子を見ていたが、改装するやいなや、毎夜、大きなのれんと赤提灯がともり、近隣の雰囲気を一変させた。ちなみに当該地域は近隣商業地域であるものの、震災前から店舗を構える者はいなかった。
　それからというもの、常連客が増えるにしたがって深夜まで居酒屋の喧騒が続き、その私道で騒ぐ者、ゴミを捨てる者、嘔吐する者などで著しい環境悪化をみるものとなった。大村らが店に申し入れをしようとしたものの、オーナーは遠く市外に住んでおり、店にはアルバイトの女性たちのみであった。何度も店に足を運びオーナーとの連絡を試みたが、迷惑している現状を伝えること、そして善処を求める機会さえないまま、ますます酔客の迷惑行為は増えるばかりであった。そこで大村らは賃貸人である婦人に面会し事情を話したが、自らの生活を支える家賃収入を考えたとき面倒は勘弁してほしいとのことだった。
　考えあぐねた大村らは、老婆から聞き出した住所宛に当該店舗の賃借人へ手紙を送ったが反応もまったくなかった。そして行政や警察にも相談したが、

強制力を伴う措置を講ずるような違法行為はなくどうしようもないということで、やむなく居酒屋のオーナーに今度は内容証明付郵便でことの次第を伝えることにした。その後、音沙汰もなくあきらめかけていたとき、突然、居酒屋のオーナーから大村らに対して「話を聞きにいく」との電話があった。喧嘩になってもいけないからということで、内容証明作成を依頼された縁で、筆者に同席を求められた。

　大村らはこれといった具体的な要求事項や対策を持つものではない。願わくば廃業してくれるのが一番いいと考えているようであった。しかしながら、いきなりそれを言ったのでは瞬時に話し合いは決裂することも理解していたので、居酒屋オーナーに「何とかなりませんか」とひたすら繰り返すのみであった。オーナーからの「具体的にどのようにすればよいのか？」という問いかけには前述のような結論としての要望はあるもののそこに触れることはなく、漠然とした話し合いが延々と続いた。本音を語らぬままの話し合いであり、まったく意味のない時間が過ぎ去るのみであった。

　そこで、筆者もせっかく「利害のない公平な立場」として同席していることでもあり、堂々巡りとなっていた議論を整理し、それぞれの意見を集約するためにいわゆるブレーンストーミングを提案し、話し合いの流れを方向付けるようにした。大きな紙にそれぞれが思いつくことを書き出し、意見を出させるうちに徐々にそれぞれの本音に近いものが出てきた。その経過で、当事者の大村らも居酒屋オーナーも紛争の原因を追及することよりも、全員が受け入れられる解決に向かって、どう向き合うのかという流れになった。

　調停者は解決策を提案するのではなく、きっかけを作ることも大きな役割であるという好例である。そのきっかけを当事者に利用させ、彼らの話し合いの進行を見守りながら、あえて積極的に関与や提案をしないということも大切なことである。

　このプロセスによって、警戒感を持って参加したオーナーも徐々に問題解決に対する連帯感を意識するようになった。そして、その後数回にわたり同様の話し合いを持つことになるが、オーナーからの申し出で話し合いを開店

180　内藤誼人『勝つための「心理戦略」"ビジネス弱者"が最少努力で大逆転！』（光文社、

前の彼の居酒屋で行うようになった。話し合いの途中で開店となりともに飲食を重ねるということが何回かあり、また、居酒屋オーナーの提案で住民の家族も話し合いに参加するようになったことで、相互の理解と互助の意識が構築されていった。これは、たぶんにオーナーの巧みな懐柔策と見なすこともできるが、きっかけや動機は別として人間関係の構築が紛争解決にもっとも重要であり、相互理解の促進の方法について制度としてのADRにはない柔軟な対応と発想が可能となるものである。この事例でも双方だけでの実施も可能ではあるが、突発的な衝突や意見の相違方向性の適正な誘導のために第三者としての調停者の存在は重要である[181]。

　そのような経過を経て、酔客に対する注意事項を店側からではなく、また近隣としてではなく、お馴染みさんの忠告として立派な掲示板方式のサインボードを店内に掲示することになった。そして、居酒屋オーナー自身が定期的に店舗を訪れ、その都度当事者の大村らを誘い、彼らと対立する立場ではなく、逆に常連客の意識に立てることを試みた。その結果、居酒屋の従業員はもちろん酔客も、近隣との良好な関係維持に協力することが居酒屋にとって自分が歓迎される客なのだという理解をし始めた。

　事実、それまでの従業員は雇われているだけの立場であり、特段、近隣に気を配る必要もなく、彼らの視線も気にするわけでもなかった。しかし、近隣当事者がオーナーの客として、また常連客として来店することによって店との距離も縮まるようになると、従業員が店舗前の清掃なども率先して実施するとともに酔客に対しても「近隣の迷惑になるから……」と声をかけるようになった。

　蛇足ながら、後日聞いた話であるが、近隣の当事者が客として来たときには、わずか数十円にもならない一品を「オーナーからのおごりです」と言って出しているという話を聞いて、紛争当事者自身の紛争解決能力によって紛

　　2001年）69—108ᾱ。
　181　Rosenthal, Howard, *Encyclopedia of Counseling: Master Review and Tutorial for the National Counselor Examination, State Counseling Exams, and the Counselor Preparation Comprehensive Examination,* Routledge, 2007, pp.139-242.

争そのものが霧散してしまうことを筆者は目の当たりにしたのであった。

【特徴】
・相手方とのコミュニケーションの困難さ
　　居酒屋経営者がその場にいないため、紛争の原因となるべき現状をよく把握しておらず、また、理解すればするほど、自らの責任が大きくなることを察知して消極的であること。そのため、通常の連絡方法では反応しなかった。
・不動産所有者の管理権限
　　本来、賃借人の行為によって周辺が迷惑をこうむる場合、賃貸人の責任のもと適切な指導も可能であるが、高齢かつ経済的理由もあって賃貸人として賃借人に対して強い指導を行うことが困難だった。
・迷惑行為の当事者
　　近隣を悩ませる迷惑行為は、居酒屋オーナーが直接責任を負うものではなく、賃貸人の婦人の思いと同じように、明らかな違法行為な行為でないかぎり、客に強い指導はできない。

【分析】
　本件は、ADRがひたすら利害対立の場面ではなく、当事者の無防備な解決意識を明確にすることによって、またそれぞれが自分の思いを第三者として表現することによって問題が融解していった好例である。とりわけ注目すべきは、店舗に常駐していない居酒屋のオーナーである。それまでその存在が漠然としていて近隣の当事者の不満と不安を増加させていたが、ある時点から積極的な解決姿勢を見せた。しかも、この時点においては双方とも法律的な解決が難しいわけである。例えば、被害を算定して一定の制限や金銭的な補償をするというような規模でないし、たとえそれを求めたとしても実際の迷惑行為者は客であって居酒屋自身でないことなどで、法的な解決を視野に入れていないということが考えられる。そもそもこの話し合いのための場所を設定すること自体が面倒なこともある。そのことを心得ているオーナーが、紛争の原因ともいうべき居酒屋店舗を話し合いの場所として提案し合意

した時点で、双方が強調して問題の解決に向かったことを示している。

　オーナー自身が一定の効果を期待したものと十分に考えられるのは、あえて話し合いの時間設定に居酒屋の開店時間が含まれるよう、「自己の仕事の都合」を理由に組み込んだ点である。そのため、近隣の当事者がいつの間にか一番乗りの客のようになってしまっていた。またオーナーと一緒にいることによって、それまで拒否し自腹で注文していた飲み物などについてもオーナーの気持ちとして受容することとなった。そして、オーナーがたびたび近隣当事者の家族も同伴するように勧めた結果、話し合い以外のときも彼らが訪れることとなった。

　これをオーナーの懐柔、籠絡と見ることはできる。しかしながら紛争解決においては、調停実施者のみならず紛争当事者自身が持つ紛争解決能力が大きく影響するということも見過ごせない。また、このことを中立的に見て「術中にはまっているのでは……」と警告する必要もない。なぜならば、自己責任において自らの判断で敵対関係から共助関係になるということは、もっとも望ましい紛争解決であるといえるからである。

　この事例では、話し合いの結果を文書化したりする何がしかの「約束」として残すことは得策ではない。紛争の原因となる客の状況によって量、質的な変化も含めて不確定要素が多いわけであるから、オーナーはそれには抵抗を示す可能性が高く、また、近隣当事者もそのリスクは承知していると考えられる。

　そして、この時点で、一定の相互理解ができて紛争解決といえないまでも、当事者らの不満足をそれぞれが納得しうる状態にもっていったという達成感が、紛争の圧縮ないし解消に作用したと考えるべきである。当然、この状態が、そのまま続く保証はなく、一つの紛争が将来にわたって問題を一切生じないとは考えにくい。しかしながら、強制力を持つ法的解決であっても、あいまいな解決であったとしても、紛争の原因そのものが新たな姿に変容して新たな紛争に生まれ変わることはある。

　しかし調停者は、「当事者の自然治癒力の喚起と促進」という視点でブレーンストーミングを提案し、これを見守りながら、彼らに一度紛争を解決したいという自信と成果を示して、さらなる紛争の萌芽を食い止める責務もある

だろう。

第5章　事例に見る ADR の核

　前章にあげた事例は、いわゆる民間型 ADR でもなく、まったく「私的な ADR」である[182]。いわば ADR のもっとも原始的な形というべきものかもしれない。
　いわゆる「司法型」と呼ばれる法律や判例に沿って合意を導くものではないことは言うまでもない。そこにあるのは、双方の「解決しなければならない」という自発的な思い、「モチベーション」と呼ぶにふさわしい心の動きや葛藤が本人を突き動かすのであり、その動きと向かうべき方向性を素早く見抜き、融合しうるものとすることを示すものである。
　なんとかしなければならないとは思うが、相手がどう思っているのか、どう動いてくるのかによっては、こちらの態度を変えていかなければならないという気持ちが、素直に話し合いで解決できる事案であるのに、なかなか解決しえない原因である。相手の考え方や企図を知るまではこちらの考え方を伝えないというのも、法的解決の可能性を考えるかぎり避けて通れないものであるし、大方の紛争はこれを否定しない。
　しかしながら、そもそもの考え方の違いがどこにあって、その差異を認めたうえで近づけていく道筋が示されれば、法律を持ち出さなくても解決しうることは少なくない。
　いずれの事例も、到底「納得」のいく解決ではなく、それしかないのだという選択でしかない。それは、当事者の内なる思いやこみあげてくる感情とは裏腹に、法律を持ち出しての提案しかしない調停であったとするならば、

182　和田仁孝・中西淑美著『医療メディエーション―コンフリクト・マネジメントへのナラティヴ・アプローチ』（シーニュ、2011 年）32―33 頁では、医療現場の日常業務において、医療従事者がメディエーターの視点を持つことの有用性を説き、「対話のソフトウェア」としてのメディエーションと呼んでいる。

判決にほんの少し自分の意思が加味された程度のものにしかならない。

　これらの事例は、人間同士の価値基準の差異から生ずるものであって「心の問題」としてとらえ、あえて、法による解決が当事者双方の心を遮断して、強制的に沈黙させるものであり、「解決」という形ができたとしても、それは単に社会規範における手続きの完了でしかなく、真の解決には至らないことを暗示する。

　肉親を交通事故や犯罪によって失った遺族を考えれば、法による解決が真なる解決になりえないことは明白であり、当事者の心は決して救われることがない[183]。法による可罰や賠償の道筋をつけることは重要であるものの、それ自体が新たな心の傷を負わせることは少なくない。ましてや、刑事事件ならば、一定の基準と、国家による強制決着であるから、当事者が何らかの選択肢をもつものではない。また、民事事件であっても当事者双方がそれぞれの事実を主張しながら、法律という基準によって裁判による解決を図るものの、法の枠組みのなかで必ずしも当事者の欲するものとはならない。慰謝料をめぐる争いについて考えてみれば、まさしく心の痛みに対する謝罪の形であって、原因者の真摯な反省と謝罪が反映していないと思う当事者も少なくないだろう。

　なぜなら、「当事者のこころ」というものが、いつの間にか金銭による解決というものに変わってしまい、その金額の大小のみが当事者を納得させるものになってしまうからである。相手の置かれている立場すなわち生い立ちや生活環境、ものの考え方などによって自らの相手に対する態度が大きく変わるという前提に立てば、調停役を引き受けた者のなすべきことは、双方の主張をよく聞き、接点を発見し、融合させていくことであり、その重要性は改めて指摘しておきたい。同時に、調停者は双方がより相手方への理解を深めるサポーターとしての役割も担っている。法的な知見の前に、心を理解する能力がなければ、ボクシングや格闘技のレフェリー以外の何者でもない。

　司法制度は社会によって公知された基準であり、そこに規定されていることから乖離する判断は許されない。しかしながら法律は、いわば、一定の基

---

[183] 例えば二木雄策『交通死―命はあがなえるか』（岩波新書、1997 年）。

準を枠組みとして存在するのであって、その枠組み以外の判断はできないということになる。そう考えれば司法は「単眼」であり「複眼」ではないといえる。

　そして、これらの事例が、いずれも紛争当事者の一方の気づきや、自己の紛争意識の昇華によって、自らがその結果について納得すべきものがあったと認識するに至ってようやく一定の結末を迎えたものである。話し合いのなかで自らが見落としていた事実や相手の立場や心情、思いもよらない相手の嫋（たお）やかな気持ちを感じた瞬間から、紛争意識が一定の収斂ののちに急速に萎縮するということを当事者双方が体験することになる。これらの作業を手助けする作業は、必ずしもレビン小林久子の「イシュー」「ニーズ」「ポジション」などを意識して行うものでもなく、むしろ話し合いでの当事者観察から得られるものであり、当事者双方の気持ちになって「当事者のこころ」を読み込む作業である。

　事例で示したような「一私人の立場」で紛争解決のために関与した極めてインフォーマルな ADR では、後日、報告やお礼の連絡を受けることは多くない。なぜなら、ゴールが定かではないからである。

　事例では、それぞれの当事者の語るそれぞれのストーリーをできるだけ詳細かつ繊細に聞き取り、語らせたうえで、そのなかに散りばめられた紛争への思いや主張のかけらを見つけ出し、それを一つの集合体としての塊にして、当事者に丁寧にわかりやすく伝える役割を調停者が担ったものである。そこでは、これまで ADR において盛んに論じられてきた「対話論」の一連の流れとは別に、調停者の技術や知識のみならず人間としての感性に軸足をおいた調停論が語られなければならない。

　そして、これらの事例にかぎらず裁判所や行政などの ADR や民間 ADR 事業者の行うものでも、当事者の対話に重きをおき、調停者は当事者における紛争への解決志向を増幅させると同時に相手方の立場や考え方にも思いを巡らせることによって互譲の精神を喚起する役割を担うことになるだろう。そうした調停と並ぶものが、身近で「私的な ADR」という形の調停になるのではないだろうか。

　紛争に至るまでの相手に対する怒りや失望に苛まれた当事者が、直接に相

手の様子や反応を見つつ、自己の内面においてはそれまでの考え方や思いが変容し、相手方の同様に「紛争を解決しよう」という思いと共振した結果、「心からの納得」によりそれ以上の主張や紛争の拡大化を停止するという決着もありうる。その納得は必ずしも文書化しなくとも、現実の紛争当事者相互に得られた共感と理解から生まれたものがあるとすれば、そのために条件を列挙したり、遵守のための約束をしたりしなくても結果に差は出ない。そもそも、「言った、言わない」の議論が後になって出てきた場合は、文書化されたものがあったとしても、結局は法的な決着に帰結するものである。したがって、書面によって担保されていない解決の形であったとすれば、「合意なき合意」として観念的解決として当事者のなかで昇華できるものと考えることもでき、ADR の一つの形として認められるべきものである。

　ところで、紛争当事者からいろいろなしがらみや障害物を取り除く手法については、これまでレビン小林久子はじめ多くの ADR 研究者が指摘してきた。対話促進の手法として、従前からの別席調停から同席調停への提案が多くなされ、その傾向が、裁判所における調停にも、緩やかなペースながら、確実に取り入れ始めている。しかし、別席調停であれ同席調停であれ、調停者が単なる交通整理や司会者としての立場ではなく、対話の促進を援助することによって紛争解決を目指すのならば、調停者がどれだけ紛争の当事者を理解し、当事者双方の思いと現実の差異を補完しうるかという知識、技術、そしてあえて加えるならば調停者自身の倫理観、価値観についてどれほどの自己認識を持つのかということがもっと論じられなければならない。

　例えば、「調停の促進、適正、質の保証」[184]において示されているように、多元的社会における資格基準は状況の理解や関係者の多様性を反映し、当事者が抱く個々の価値観や目的を尊重するように整備されなければならないと指摘されている。紛争を見つめ紛争当事者の心を見るのは調停者としての基本的な責務であり、それによっては必ずしも合意手続きそのものがゴールたりえないことも認識しなければ[185]、その時点の「合意」が未来永劫、紛争の蒸

184　ムーア前掲書 426 ページ。
185　ムーア前掲書 320―337 ページ。

し返しを回避できるものではないことを認識すべきである。仮にこれを「合意なき合意」と名づけるならば、人が共同生活、社会生活をするうえで生ずる自己と他者との心理的軋轢の結果として生じた紛争を理解するとき、どちらが「得をした」「損をした」という定型化した認識を求めるのではない。いわば「阿吽の呼吸」で紛争を自分自身の内で終息させることの方が将来への禍根を残さない方法であり、その意味からいえば、調停が、「成立」「不成立」の二者択一の結果しか存在しえないとすることは適切ではない。満足ではないけれども否定するまでもない合意、得たい結果を得られたとしてもなにかしら心が満たされない合意などである。双方が自分のなかで「これでよかったんだ」と思えるものならばそれこそが合意であり、自己の気持ちとの折り合いがついた結果と考えるべきである。

そして、ADRを支える自主交渉援助型調停においても当事者が主役であり、当事者自身に内存する紛争意識を残らず吐き出させる、また、吐き出した思いを相手方のみならず、当事者自身にもそこに含まれる要素をより理解しやすいように砕き加工する責務を調停者が負うものである。同席調停についても、レビン小林久子は「当事者が対座して話し合う同席調停の理念は紛争に関する二つの認識と一つの信念、そして偉大な発想の転換を土台に構築されている」[186]としている。

あわせて「人間が、一人ひとりが異なった面立と容姿を持ち、同質ではない能力と気質を有しています。そうした肉体的、心理的差異が人間を一人の個人として形作り、その人生を味わい深いものにしているといえますが、同時に、それは、私たちが他者と異なる視点、判断、理解を持つことの源泉であり、他者との利害衝突や意見対立を生じさせる原因となっています」とし、「当事者を個人的に見知っていず、事件に利害関係を持たない、当事者の信奉する宗教や政治的組織、社会団体に属していない第三者に話し合いの進行を委ねることが当事者による『力』の強制的使用を抑え、公平で中立な合意を得ることに繋がっていくということが納得できます」と述べている。

異なる人格、異なる社会背景から来る紛争を、利害関係を持たない第三者

186　レビン小林前掲『解説　同席調停』1ページ。

が二つの異なる価値観の「通訳」として相互の理解のサポートをすることに異論はないし、また、その「通訳」たるべき人間である調停者が、利害関係だけでなく宗教観、政治的にも組織的にも中立であるべきことは理解できる。しかしながら、言語の「通訳」であっても、自らの「語り」の数、翻訳のスタイルにおいては通訳自身の価値観、ましてや時代とともに刻々変化する言葉の流動性などには、話し手、受け手の年齢差、教育程度からも大きなコミュニケーターとしてのジレンマが生じるので、レビン小林久子の指す中立な人間というものがはたしてどれだけ確保できるのかは大いに疑問である。

なぜなら、利害関係という直接的なものでなくしても、保守的・革新的などと表現される個人の感覚は、本人が意識することなく持ち合わせていることも多い。例えばメディアで報じられるニュースを見ても、それに関する印象や批判はまさしく個性であり、紛争当事者同様第三者の調停者であってもこの呪縛から逃れることはできない。人間である以上この事実はやむをえないことであり、裁判官がそうであるように高度な教育とストイックな自己規制によってのみ公正中立が実行できるのであって、同時に、自己を中心に紛争当事者双方と等距離を置くというのは、現実には難しい。

家事調停において、離婚を巡って男性、女性、年齢など、調停委員の個性の違いから、たちまち当事者において不満を抱くような発言があるとよく聞く。例えば「あなたは妻なのだから」「あなたは母親なのだから」「子供の親なのに」「一家の大黒柱なのに」など、現代では男女平等ということであるのに、旧来の家族での役割に対する固定観念から脱し切れていないという調停委員も少なくない。

紛争当事者の態度や発言の受け止め方、調停委員自身の得手、不得手や、当事者の一方が代理人弁護士であった場合で態度が違うなどの不満もしばしば聞くことである。もちろんそのほとんどが、自らの立場や「形勢」によって生じた自らの正当性を主張するための「言いがかり」の類と解されるが、それでも、調停委員の公正中立さに対する漠然とした不安を物語るものかもしれない。もっとも公平中立の権化であるべき裁判官であっても、判決によっては当事者から「不当判決」「裁判官の偏向」などと攻撃されることも珍しくないわけである。

いずれにしても、調停において紛争当事者が主役ということは疑う余地のないものである。当事者が調停の場面まで出てこざるをえない状況は、単に物理的距離ならず価値観の相違から来る心的距離に他ならず、これを「同席調停であるから相互理解が円滑に得られる。当事者の本音を共有できる」などとするのは早計であろう。同席調停であれ別席調停であれ、重要な援助者としての調停者の資質や能力そのものが問われなければならない。前述の「通訳」に例えるならば、二つの異なる言語の代表的な意味だけでなく、これまで使われてきた異なる意味合い、熟語や慣用句として使われたときの意味の違いなどにも習熟していなければならない。単語を変換して繋ぎあわせただけの翻訳ソフトではできない作業が必要とされる。その中心はまさしく調停者の個性であって、ただ同席させるだけでなく、双方から発射される鋭い主張の先端をより丸くし、受け手に深手を負わせずに趣旨を損なうことなく受け止めさせる技が求められる職人である。職人である以上、名人としての個性は、あって当然である。

第6章　司法の限界を考える

　これまで述べてきたように、そもそも紛争は「心の問題」であり、「法」による解決はその表層でしかない。これまでのADRは、調停委員などの民間人によって、当事者である一般市民により近い視点で、解決を模索しうるようにも考えられてきた。しかしながら、その後ろには、裁判官や弁護士らの存在があって、彼らがADRを担う役割を引き受けるものとして認知されてきた。

　ところが、これまでの法曹養成[188]を見るかぎり、その過程において人間の「こころ」についてのカリキュラムは見たことがない。というより、法を基準とする視点に立つかぎり、刑事事件における情状酌量をのぞき「こころ」について考える必要もなければ、それを加味する余地もないわけで、法律家にとって「こころ」をどう取り扱うかということは、重要なことと思われていないようである。

　法科大学院においてもそんなものを教育する時間的余裕はないといわんばかりのスケジュールであり、司法修習所においても同様で、法律家が法律の範囲のみで活動するならば、それでよかったのかもしれない。しかし、ADRの分野に関わるのならば、一概にこれを無視することはできないだろう[189]。

187　和田仁孝・太田勝造・阿部昌樹編『法と社会へのアプローチ』（日本評論社、2004年）98―124ページ。

188　小島前掲書218―225ページ。

189　廣田前掲書（130―131ページ）で、廣田は次のような興味深いエピソードを紹介している。「弁護士に必要なものは何か。ここで言う『もの』とは、能力、性格、考え方、行動その他あらゆるものを指す——私はある大学の一年生に、『法システム概説』という講義をしているが、これはその科目の学期末試験の問題である。『それはなかなかの難問ではないか』そう弁護士の友人から言われたが、弁護士にとっても難問でも、学生にとっては難問ではなかったようで、話し上手、決断力、行動力、チャレンジ

とりわけ、若手弁護士のなかで、積極的にADR関連のセミナーや研究会で熱心に勉強する人たちを多く見かける。そのひとりのことばを借りると、「わたしたち弁護士は、依頼人のために主張する訓練を受け、その技術を学んできました。なにしろ、沿革から見ても『代言人』であり、本人の代わりに、主張するのが本旨であり、相手の話を聞く訓練は受けていませんし、それがなくても困りません。しかしながら、ADRの分野では、『聞く技術』が求められます。そして勝ち負けのない解決を目指すという、およそこれまでの法律家とりわけ弁護士のメニューにないものですから、こうして最初から『聞く技術』をまなび、争わない紛争解決を目指したいのです」ということであり、老練な弁護士が聞けば驚くような趣旨であるに違いない。

加えて、民間ADR事業に関与する弁護士たちのなかで、どれだけの者が当事者による自主交渉援助型のモデルを理解しているのだろうか。[190]単に、これまでの調停のイメージから、さほど離れていない法の基準中心のものと誤解したままに関与しているのではないかと懸念せざるをえない。

多くの民間ADR事業者においての調停者養成は前述のモデルを軸としているが、そこで行われるときの関与弁護士が、このモデルを熟知理解しているとは考えにくい。なぜなら、もしそのモデルが理想どおりに機能するなら

　　精神、意外性、奇抜な発想、気の強さ、旺盛な好奇心、疑問に迫る能力、思いやり、ハングリー精神、押しの強さ、柔軟な頭脳、粘り強さ、ずうずうしさ、ヒューマニズム、臨機応変な行動、正義感、広い心、視野の広さ、口のかたさ、お金に汚くないこと、豊富な情報を持っていること、ずる賢さ、よい嘘をつけること、カリスマ性、計算力など——書いたこと書いたこと、まだまだ山ほど書いてくれた。これらが最初から分かっていたなら、私も上等な弁護士になれたのにと、感心したり苦笑したりしてしまったが、世の弁護士の方々はどうでしょうか。そのなかでも私の目を引いたのは、『相手の目を見て話が聞ける』という答案であった。答案には理由も書いてもらったが、その理由は『相手が「この人なら話せる」と思えるようにさせて安心感を持たせる必要があるから』。私には話を聞きながらメモを取るクセがあるので、相手の目を見て聞くことを忘れがちになるが、調停人として調停・和解を進めている事件で、早速これを実行してみた。すると不思議や不思議、激しく対立していた両当事者の表情から、険しさがすーっと消えていくではないか。学生をテストして、逆にテストされたような妙な結末になった」。（日本経済新聞夕刊「弁護士余録」2001年12月12日）

190　大澤前掲書283—300頁では、法教育における対話の重要性を指摘している。

ば、弁護士は必要なくなることになる。[191]裁判官であれ検察官であれ弁護士であれ、当事者の話を聞く訓練はできていると仮定しても、当事者のその発言や行動を「法というものさしに当てはめて、いかなる意味があるのか、その原因はどこにあるのか」を探ることにかけては、プロである。[192]しかし、ADRにおいては、法というものさしに当てはまらない、あるいは当てはめることなく解決を目指すというものであるかぎり、法の基準以外のものさしが求められる。

　法廷での弁論に見られるような、一定の見立てと自らの考えたストーリーに当てはまるような軌道を敷いて、期待している回答を導く作業とは、まったく異なるものであることは言うまでもない。[193]

191　廣田前掲書126—128ページ。
　　「弁護士の本質についてはいろいろな説があるが、紛争解決学の立場からアプローチした上部構造と下部構造の考察を踏まえれば、次のようにまとめることができるだろう。第一に、弁護士が扱うものは、正義と危険物である。これは紙一重のところでうら表になり、正義が危険物になったり、危険物によっては正義が実現したりすることがある。これは、正義と危険物のジレンマというべきものであって、弁護士はそのジレンマを抱えつつ同時に扱っているのである。第二に、弁護士は、正義と危険物を扱うために国家からお墨付きをもらっているが、人権を守り、社会の活性化に寄与するためには、ときには常識的な正義に抗しなければならないことがある。第三に、弁護士には奉仕の精神が必要であるが、その仕事に対して報酬をもらわなければ労働力は再生産できない。奉仕とビジネスというジレンマが仕事のなかに不可分に結びついているのである。第四に、弁護士の究極の目標は、この世から紛争がなくなることであるが、この世から紛争がなくなれば弁護士はいらなくなる。すなわち、究極の目標が自己否定だということである。——そこでよい弁護士とよくない弁護士との仕分け方法であるが、私は、ここで述べたジレンマを自覚し、正面から困難を克服しようとする弁護士が『よい』弁護士、ジレンマに無自覚で、安易に流れる弁護士が『よくない』弁護士と考えている。例えば、さしたる根拠もないのに相手方を訴訟に引きずり込んで、長年にわたって苦しめることを平気でする弁護士がいるが、これは、第一のジレンマについての自覚がない証左である。また、第四のジレンマについての自覚がなければ、ちょうど悪徳医師が病気でもないのに子宮摘出手術をして病気をつくってしまうように、弁護士が事件をつくってしまうのである」と指摘している。示唆に富む洞察である。
192　矢部正秋『プロ弁護士の思考術』（PHP研究所、2007年）176—204ページ。
193　例えば、契約自体があいまいなために生じた、ある会社による敷金返還請求と建物の家主の原状回復費用請求という相互の請求に関わる調停で、「裁判官から和解を

当事者の自由な意思で発せられた言葉を積み重ね、調停者でさえその形を想像できない時点からパーツを拾い組み立てていくものであって、まさに自由設計と呼ばれるものである。一切の心理的負荷をかけることなく自由な発言によって構成されるべきものである。それを中心に据えたうえで、調停者が当事者の思いをより自然に引き出す技法、すなわち収集力と、収集した情報のなかから当事者のなかに秘めているものが何であるか、すべてを吐き出しているのかを見極める分析力、そして一方の当事者の思いとの接点の有無、融合しえない部分を見つけるという判断力、さらに繋ぎうる接点をより抵抗を少なくしてつなぎ合わせるためのストーリーを作り出す創造力、すべての

> 勧められたが断った」と報告した弁護士に対して感じたことを当事者が筆者に話してくれたことがあった。一方の当事者であるその家主は、「こちらの弁護士の主張は『証拠があったら来い！』というものでそれはそれでよいが、ただ裁判官が和解を熱心に勧めるのは、いかなる判決を出しても双方が納得しないという確信があるからで、逆に言えば、自分で決定的な判断をせず、どちらかが再度けんかを売る状態になったとしても、もう自分の手は離れているということにしたいと考えていると思いました。ということは、一般的に判断すれば『証拠不十分でこちらの勝ち！』と言いたいところだったのですが、裁判官は、現時点でそれにはつながりにくい心証を持っていると考えました。だとすれば、あまり強気でいるよりも、こちらの弁護士と打ち合わせて、『いったいどれくらいなら和解するつもりなのか？ その金額によっては、私から家主を説得できるかもしれない』と恩着せがましく言ってもらい、一定の金額まであああだこうだと言ってもらう方法をとり、相手が妥協しなければ決裂でよいと思っています。しかしながら、この争いにかかる費用について、原告はしょせん会社の金で自分の腹の痛むものではありませんし、相手方弁護士にしてもこじれればこじれるほど儲かります。したがって、長期戦になろうと敗訴しようと痛くもかゆくもありません。しかしこちらは違います。長引けば気分が悪いうえに、一部敗訴の可能性もあります。仮にこちらが全面的に勝訴すれば弁護士の成功報酬もポンと上がります。だとすれば、しぶしぶ応じるというところで、辛抱できる金額で終わらせるほうがよいのかもわかりません」
> 　このことは、①和解のメリット、デメリットは相手方だけでなく、こちらの裁判費用も関係してくる。勝ったら勝ったで弁護士への支払いが気になり、勝訴の名誉も大事だが、実利も考えなくてはならない。②「証拠不十分」として裁判官が相手を蹴飛ばすとはかぎらず、あえて別の裁判で別の裁判官に放り投げる目的でとんでもない判決をするリスクがある。というように、調停に関わる当事者はもちろん弁護士のみならず裁判官にしても、必ずしも法や条理に基づく判断に基づかない要因で、調停を捉える場合もある。

要素のなかからよりよい回答を導き出すための判断力と構成力、最後に当事者に導き出された方向性をより受け入れやすいものとなるような説得を行う説得力、これらすべてを具備していなければならないのである。そのためには、まさしく「聞く技術」を学んでいなければならないことになる。しかるに、例えば法務大臣認証ADR事業者の統一性を図るために示された認証の手引きを見ても、関与する弁護士のみならず調停者も、このことについて詳細に案内はされていない。事業者には設立母体そのものの特性や権能、そして認証を目指す真の目的が潜んでいることもあって、統一感がなくばらつきがあることはやむをえないことかもしれない。

第7章　むすびにかえて

　ここまで確認してきたように、わが国のADRはまだまだ整理、成熟したものとは到底言えない。裁判所や行政機関で行われてきた調停を「官」、そしてADR法によって立ち上げられた認証ADR事業者らによるものを「民」と分類すると、前者はその権威と結果の裏づけのために、いわゆる司法型、行政型としてあくまで法を基準として最終的な解決を目指すものである。後者は、弁護士会などが関与する一部の事業者をのぞいては、あくまで紛争当事者の相互理解と互譲による解決を図るものである。ところが、ここまではっきりとした差異がすでにあるにもかかわらず、裁判所においても、アメリカ型の同席調停などの手法などいわゆる「自主交渉援助型」の考え方を取り入れる流れもできつつある。一方で、必ずしも法を前面に押し出さず、より柔軟にまず紛争当事者を主役とするADRを目指すはずの民間ADR事業においても、弁護士関与やあるいは隣接法律職による運営によって、司法型に近似するようなものになっており、その境界は極めてあいまいとなっている。

　その結果、利用者から見ればいろいろなコンセプトや手法の説明を受けたとしても、これら調停を実施する機関の差異を理解することは容易でなく、また、単純に自分の紛争の解決にはいずれがよいのかという選択がかえって困難になっている。そこで、ADR法をはじめとして、わが国のADRを根本的に考え直す方法として、以下の七つを提言として示す。[194]

---

[194] 垣内秀介「国によるADRの促進」早川・山田・濱野編前掲書68―69ページ。
「従来の議論を踏まえて、正当化困難と考えられるものも含めて列挙すれば」として、
　①ADRを法律上認知することによる正当化機能の付与
　②裁判所や関係省庁を含めたADR関係諸機関相互の連絡体制の整備
　③利用者に対する情報提供手段の充実
　④ADR担当者に対する研修等の充実
　⑤弁護士法72条の見直しによる非法曹人口のADRにおける活用
　⑥ADR手続きに関する一定のデフォルト・ルールの制定

(1) 裁判所の調停におけるさらなる弁護士の活用

　いわゆる裁判所で行う調停は、国民にその存在が浸透し活用もされている。
　現在、裁判官と調停委員によって調停がなされているが、裁判官は訴訟事務で多忙を極め、毎回調停に参加することは少なく、調停委員によっての進行がほとんどである。現在、調停委員のみならず保護司や民生委員など公的責任を負う役職は、一定の経歴や推薦などが求められることもあり、今後、安定的な人的確保が可能とはかぎらない。とりわけ、裁判所の行う調停が、法の基準による司法型であるならば、現状にあるように民間ADR事業者において司法型の事業者も混在するなかで、国民にとっては裁判所の調停との差異が理解されていないこともあって、混乱が生じている。
　むしろ、それらの事業者の行う調停においては、実は差異がないのかもしれない。だとするならば、国民によりわかりやすく利用しやすい裁判所の調停を補強することの方が、利用率の偏差や、今後改廃など離合集散の動きが予想される民間ADR事業が、収斂を経て安定するのに時間がかかることを考えれば、大きな選択肢であるはずである。
　そこで、現在も「非常勤」の扱いで弁護士を裁判官に代わる調停主宰者として調停に参加させているところもあるが（民事調停法23条の2、23条の3）、

---

⑦法律扶助の対象化
⑧ADR利用申し立てに対する時効中断効ないし停止効の付与
⑨ADR利用申し立てに対する民事保全上の起訴命令履行の効果の付与
⑩ADRにおける解決合意に対する執行力の付与手続きの簡易化
⑪ADR手続き主宰者による保全措置への効力付与
⑫証拠調べなど訴訟手続きの一部のADR手続きへの提供
⑬不出頭に対する制裁制度などの整備
⑭ADR手続き資料の事後的利用の制限、手続き主宰者に対する守秘義務の設定
⑮裁判手続きからADR手続きへの事件回付の制度化
⑯裁判手続きに対するADR手続きの前置
⑰一定事件類型における裁判的救済の否定を伴うADR利用の指示
　を挙げて検討を加えているが、「ADRの利用に関連して具体的な法的効果を付与しようとする（ADRの利用に関連して、従来にない法的効果を付与し、機能強化を図るもの⑦、⑧、⑨、⑩、⑪、⑫、⑬、⑭）の諸方策においては、その要件設定の内容として、この問題は重要な意味を持つこととなろう」と指摘している。

そのことで不足がちな人材の補完を行い、より効率的な調停システムとなるのならば、むしろ民間 ADR 事業の立ち上げを企図する前に既設機関の補強、充実を考えるべきではなかったかと考える。

　法の基準による調停の安定を求めるため、民間 ADR 事業において弁護士とのアクセス確保を求めるほど弁護士に期待するのであれば、既存のシステムを補強していく発想のなかで、「司法型 ADR」を行う裁判所の調停に裁判官に代わって弁護士が参加することに懸念が生じるはずもない。また、司法改革の弁護士過剰時代が叫ばれるなかで、「非常勤」の立場では多くの対価は期待できないものの、自己の研鑽や社会奉仕また業務拡大のツールとして希望する弁護士も少なくないはずであり、弁護士会にとっても拒む理由はないだろう。

（2）行政での調停における各分野の専門職のさらなる活用

　先に述べたように、裁判所の調停同様に行政機関による調停も「司法型 ADR」であり、話し合いの進行や結果については、専門家の知見が必須である。これまでも、これに従って建築士や労使関係にくわしい者などを活用してきたが、今以上にこれら人的資源についてのさらなる充実、補強が必要である。[195]

---

[195] 河野清孝「専門的知見を要する民事調停事件」（『仲裁と ADR』Vol.7、仲裁 ADR 法学会、2012 年）33―45ページ。河野は裁判所判事の立場から、「裁判官が通常備えることが期待される一般的知見を超えた特別な知識や見識を意味する専門的知見を要する調停において事案に即した調停規範の下での的確な枠組みを構築するとともに、適切な専門的知見のスキーマを用いることが求められているものの、具体的な調停場面において多角的な視点からどのようなフレーミング（問題認識の枠組み）を設定するか、その際の専門家調停委員の役割や評議の在り方をどのように工夫するかについては、いまだ正確な分析整理はなくその方法論が確立されているわけでもない。しかも各種事案に対応する有効な方略的知識（専門知識を運用する知識）はどのようなものか、いわゆる推論のバイアスやエラー（例えば、ヒューリスティクスや自信過剰バイアスなど）をどのようにして避けるべきか、そして、公正かつ妥当な個別事案の紛争解決基準をどのように確立すべきか、さらに、争点となる請負・売買・（準）委任などの報酬（代金）額、瑕疵補修額、出来高・履行割合や追加変更工事代金の算定のほか、債務不履行・不法行為損害賠償額の積算について、大まかな査定

民間ADR事業者のなかにあっても、行政の行う調停と変わらない手法、内容の事業者、例えば社会保険労務士会などはむしろ労使紛争などの行政による調停に参加すれば事足りるものであって、そのためにADRをめぐる代理権獲得に奔走してきたのである。代理権そのものも前述の「法律事務」の範囲を見直すことによって緩和され、行政による調停に今以上に関与できる可能性が高まる。そうなれば、スペースや物理的負担は、既存の施設を利用するのであるから負担もなく、現在の何から何まで事業者が負担する民間ADR事業のように、本来「官」がすべきことを「民」に丸投げするシステムは、「社会貢献」「社会的地位の確保と認知」と割り切るには負担が大きすぎる。早晩、「負担に耐えられない」あるいは「維持することによる損得」から廃止する事業者が出てくることも考えられる。

　だとすれば、ADRによる解決を求める国民のニーズに応えるためには、裁判所同様既存のシステムの強化、充実を図るべきで、当該紛争に資する知見を持つ専門家を何らの制限なく自由に、大量に投入しうるルールに変えることが喫緊の作業である。

（3）すべての調停者における調停能力の統一的基準の設定
　ADRは、専門的知見のある者が、紛争当事者の間に入り、話し合いによる解決を目指すものであるが、専門知識、例えば数ある法律や技術的な知識があればよいというのならば裁判と変わりなく、話し合いにもならない。そうではなく、これらの知識のみならず話し合いを主宰し、促進させる知識や技術がなければADRとしての話し合いの主宰や促進はできない。

　不思議なことに、事業者認証に際しての条件において、これについて具体的な指導や教示は見つけられない。それを「調停技法」と呼ぶとするならば、この教育について各設置主体がそれぞれの考え方、プログラムを用いて行っ

評価を含め、合理的で機動的な算定方策をどのように見出していくかなど、これらの課題については、調停の柔軟な運用により解決処理がなされているのが現実である」と述べている。行政型ADRにおいても同様に、専門家のADR関与については共通の現状であり課題である。

ていると思われるが、統一性も基礎的な情報共有もない。いわば、それぞれが異なったやり方で行っているのである。もちろん、取り扱い分野やシステムの違いは、当然であるし、それが各事業者の持ち味であるということもできる。[196]

しかしながら、ADRとしての質を担保するためには、「官」「民」問わず、すべての設置者が事業者として調停者の質の統一を図る意味から、この「調停技法」については「研修センター」やこれを担いうる機関や団体を確保して、いずれかの調停でも設置者や取扱分野の違いはあるとしても調停者としての知識、技術、ルールなどは統一的基準として共有されるものでなければならない。[197]

仮にそれが困難であるならば、研究者、実務者によるカリキュラムを提示して、すべての設置主体、調停者がボーダレスに情報共有できるものを作るべきである。[198]

これまでは裁判所にせよ、行政機関にせよ、ましてや「対話型ADR」を中心に据えて実施しようとする民間ADR事業者にあっても、このことなしで個々に委ねて実際の認証を与えるという現行システムの考え方そのものが、制度設計に関わった法務官僚や法曹、そしてADRを民事訴訟法の枠組みのなかでしか捉えなかった法学者らの責任といわざるをえない。

---

[196] Straus Institute for Dispute resolution, Pepperdine University School of Law(2005), Meditation - The Art of Facilitating Settlement - An Interactive Training Program (http://law.pepperdine.edu/straus/) は、米国における実務家を対象とする調停プログラムであるが、STARと呼ばれるシンプルかつオリジナルなステージを設定し紛争分析や傾聴などを組み合わせた教育プログラムである。

[197] レビン小林久子訳・編『紛争管理理論 新たな視点と方向性』(日本加除出版、2003年) 123—127ページ。

[198] 中村芳彦「ADR法立法論議と自律的紛争処理志向」早川・山田・濱野編著前掲書269—279ページ。

（4）民間ADR事業者の積極的な統廃合を進めることによる効率的制度の確立

　一定期間活動のない民間ADR事業者は、「不活動事業者」として職権で廃止すべきである。

　第2章で確認したように、事業者としての活動が停滞、あるいは事実上停止しているいわゆる「休眠状態」の事業者が少なからずある現状は、一度認証されると当該事業者による「廃止」などの届けや事業者としての要件が欠けたときを除けば、事業者としてずっと残ることとなる。

　地方都市に行くと俗に「シャッター通り」と呼ばれるシャッターが閉まっているお店ばかりの商店街と対比される近郊の大規模ショッピングセンターの活況があり、商業圏としての不均衡、偏差を肌身で感じる。それと同じように、民間ADR事業者に休眠状態が増えた場合、はたして「それでよいのか」という懸念が生じる。

　そもそも「民間ADR事業は採算がとれない」「利用されればされるほど持ち出しとなる」「積極的に利用を呼びかけなければ利用はない」ことは明らかである。逆に考えれば、「採算のとれないことはしない」「利用がなければ持ち出しはない」「利用を抑制するためには呼びかけなければよい」と、認証事業者としての存在のみ残して、あとは静かに置いておくようになるのも自然な流れかもしれない。しかし、仮にそのような事業者があれば、「国民に資するADR」に逆行するものであり、民間型ADRのみならずADRそのものに対する信頼を損なうことになり、わが国のADRの発展そのものに対する阻害要因となる。もちろん、地域や人口によって依頼件数が上がらない事業者もあるだろう。それでも、少なくとも何年にもわたって利用が1件もないという事業者ならば、そもそも存在する必然がないのではないと考えるべきである。

　法務大臣も一定数の事業者を認証して「ADR法の趣旨を具現化した」と胸を張るのではなく、事業報告をもとに活動実体を調査、監察し、実質の伴わない事業者を「不活動事業者」として廃止し、真に社会資源としてその価値の見出せるもののみを残すようにしなければ、民間ADR事業そのものが形骸化する。

いくつかの事例を通して、ADR の本旨が当事者自身で紛争の隠れている本質を発見し、自らの紛争に対する姿勢の変容を期待する手順であることを見てきた。そこには共通認識ともいうべき尺度としての法は必須であり重要なものであるが、もし、それを必要以上に意識しすぎた ADR であるならば、ADR のもつ特性とそこから生じる紛争解決へのきっかけを失うことになる。

換言すれば、法の基準で ADR の成果を期待するならば、それは本来の ADR の目指すものではなく妥協の割合を提案する場でしかないのであって、ここに ADR そのものが法の範疇と規定すること自体に違和感を覚える由縁である。

（5）一定程度の成果を上げている事業者に対して、補助金を交付すること

繰り返し指摘しているように、これまで ADR を担ってきたのは「公的機関」であり、その経済基盤は公的資金によるもので、予算としての制限はあるものの「国民サービス」として制度の存在を危惧する必要はまったくなかった。

ところが、民間 ADR 事業者はそのすべてを設置主体が負うものであり、何らかの設置、維持に特別な価値を持たないかぎり、その費用は本来必要ないものである。ほとんどの事業者の主体が業種団体であり、その意思が構成員の総意によるとすれば、今後この経済的負担に対して否定的になることは充分考えられる。そのようなことにならないためには、負担を最小限にとどめることが必要となる。経費節減、事務担当者の兼任、削減などは当然として、究極の節約は「仕事を受けない」ということに尽きる。実際、データを見てもそれを疑わせる事業者もある。

そこで、真の国民に資する ADR を目指し、国民の紛争解決を図る窓口として民間 ADR 事業者を増やすというのならば、これまでの「公的機関」の任務を補完するものであり、国としては人的、経済的負担を軽減する働きを持つものとなる。それらに対してすべての負担を民間に押し付けるのではなく、しかるべき活動成果を上げている事業者には、その成果に応じて一定の公的補助を行うべきである。

もちろん、昨今、あらゆる補助金をめぐる不正が指摘されるなか、どのよ

うな形をとるべきかについては慎重に検討しなければならないが、少なくとも認証事業者というだけで補助するなどは論外で、厳密に「取り扱い件数」「解決に至った件数」、あるいは「質の高い ADR とするために実施した各種研修や啓蒙活動の実施件数」などを数値化して、ある意味で「官」の仕事を「民」が担っているという認識のもと、それぞれの事業者の経済的基盤を補助する仕組みを考えるべきである。[199]

（6）ADR 全般について総合的横断的な機関の創設

これまで、わが国の ADR は公的機関で行われてきた。すなわち、裁判所や行政機関で行われてきたのであり、とりわけ国民にもっともなじみのある調停が、裁判所のものであるがために、「調停は法務省所管の事務」ととらえられてきた。もちろん、それは妥当であり、他の行政機関で行われるものについても法を基準とする ADR である以上、外形上は他の行政機関が主宰したとしても、究極には法律の問題であり法務省に関わるものになってしまうことは否めない。

それゆえ、司法制度のなかでは、いつまで経っても ADR は民事訴訟法の範疇として扱われることが多い。しかも、法律が一歩も二歩も後退した形での ADR であり、相変わらず民事訴訟法などの枠組みのなかでしか ADR をとらえられない法務省を中心に置くことには違和感がある。「対話型 ADR」「自主交渉援助型 ADR」と、目的、手法などでこれまでと異なる形をとっているのが「民間型 ADR」であるからである。

例えば ADR の研究者についても、民事訴訟法をはじめとして行政法、労働法、環境法はもちろん法社会学、法哲学、法制史、比較法学、英米法、ヨーロッパ法などの多岐にわたった法律の分野を視座とした研究の蓄積があり、また、精神医学、カウンセリングなどの心理学分野、社会制度や産業構造に関わるものなど他の多くの分野でも論じられ研究されている。

このことからも、例えば、国民の消費生活の問題に関わってきた通産省（現

199　Community Dispute Resolution Centers（CDRC）
　　http://www.cdrc.org/（最終検索日：2016 年 4 月 18 日）

産業経済省）、農林水産省、厚生省（現厚生労働省）など、課題や対象によって異なる監督官庁を統合、一元化して「消費者の視点から政策全般を監視する組織。相談窓口の案内、物価動向に関する調査及び情報提供、活動紹介」などを目的とした消費者庁が設置されたように、「官」「民」を問わず、裁判によらない紛争解決のシステムを統括すべき機関を設置するべきである。具体的には総務省の部門として設置すれば、その範囲はかなり広いものであり、可塑性の高いものとなる。

（7）自主交渉援助型 ADR とは異なる「私的な ADR」への理解促進

通常、紛争に悩む当事者が選択できる解決手段は、実力行使、当事者に対する郵便や面談による直接的な申し入れ、調停、訴訟などであるが、このうち「実力行使」は、社会通念上受け入れられるものではなく、かえって紛争を大きく複雑にするだけでなく新たな紛争へ拡大させる。

残る三つの選択肢のなかで、「当事者に対する郵便や面談による直接的な申し入れ」も、その時期や表現方法によっては、実力行使と変わらない感情的な問題を生じさせる可能性がある。かといって、いきなり訴訟という選択肢は、相当な被害規模や緊急性がないかぎり、訴訟費用や相手との関係がいっきに対立関係になるなどを考えた場合、これも選択しにくいことになる。

結局は、第三者を交えての話し合いとして「調停」を選択せざるをえない。ところが「調停」といっても、裁判所（行政機関）からの通知書面を受け取った相手の抱く印象は決してよいものではなく、訴訟を起こされたものと大して変わらない。もっとも、そのことで相手方に強い不満と解決を迫る意図を伝えるという目的で、裁判所などの調停を利用することも少なくない。

もちろん、相手方も紛争を認識したうえで何らかの対応の必要を感じているのならば問題ないが、いきなり裁判所から「話し合いに応じたらどうか」という趣旨の通知が届けばそれなりの圧力を感じるだろうし、「ならば、こちらも言いたいことを思いっきり言ってやろう」と考えても不思議はない。なにより、それが裁判所の施設内で行われ、初回は裁判官も同席しての話し合いのスタートであるから、いかに調停が当事者双方の理解と互譲による解決を目指すと説明されても、双方とも相手の違法性や不誠実を強調しての議

論になることは当然である。そのなかから裁判官の指揮のもと、調停委員が法的な基準を参考にしながら一定の解決案を考えていくとなれば、話し合いの進捗によっては、双方、多少の主張の氷解があるとしても、最終的には「妥協を求められる」と感じることも少なくない。もちろん訴訟と比べれば、当事者の持つ心理的プレッシャーは格段に軽くなるものの、普段なじみのない裁判所やその施設で行われる話し合いは、ごく普通に暮らしてきた一般人にとっては好ましいものではない。

　では、裁判所や行政機関での話し合いではなく弁護士会などが設置するADR機関であっても、一般市民にとっては法的な基準を柱にするものであるかぎり、裁判所の調停と大差のないものである。

　そこで、それらと比べてわずかでもソフトな印象を持つ民間ADR事業者による話し合いを選択した場合、裁判所など「権威」の裏付けがないことと、民間ADR事業者そのものが国民のなかに浸透しておらず、通知を受け取った相手にしてもその事業者がいったいどんな権限を持ち、どのような効果をもたらすのかという疑問を抱くことになる。

　司法型、行政型、民間型いずれをとってみても、それぞれメリット、デメリットはある。「あいだに人を入れて話し合おうとするのは、当事者のみでは解決できないと考えているのだ」との印象を持たせるという意味では同じであり、これらADR機関の連絡を通じて相手方に改めて自らの紛争意識として伝わることが紛争をより複雑、かつ重層的なものにしてしまうと考え、積極的な紛争解決行動をとることに躊躇する。このことによって話し合い解決を提案しても、相手が拒否すればすべては振り出しにもどるだけでなく、場合によっては強い不快感を抱かせる可能性もある。そうなれば、残る手段は訴訟しかないのであって、ソフトな解決の提案がかえって相手を刺激し硬化させてしまうことを考えれば、あれこれ思い悩みながらも有効な解決策を見出せないまま、いたずらに時間だけが経過し当事者のなかでも紛争へのストレスが膨張していくことになる。

　これらと異なり、何かのきっかけでいずれの組織の関与もなく、いずれの当事者とも利害のない第三者が「個人の立場」で、単純に双方の話を聞いて、その内容の感情に関わる部分をできるだけそぎ落としながら、核となる部分

にスポットを当てつつ問題を整理し相手に伝えていくことで紛争を変容させ、当事者の気づきを喚起する話し合いがあるとすれば、それをもって私的に行った「インフォーマルなADR」と位置づけることができる。

「紛争に悩むものは多い」

ただし、それらの紛争がすべて法律によらなければ解決できないものばかりではない。だからこそ、相互理解と互譲を軸とした「対話型ADR」を中心に据えた民間ADR事業者が、数多く生まれたのであり、そもそも紛争の解決が法を必要としないもの、あるいは、話し合いの過程で紛争当事者双方がそのことを認識できた段階で、非司法型ADRが成り立つのである。そこでなされた話し合いについて、当事者同士が納得すればよいのである。後日、そのときの合意について、当事者が「自分の判断ミスであり、法律に照らせばこれでは納得できない」と主張するなら、すでに本来の「当事者の相互理解と互譲による合意」ではなく、当初から「司法型ADR」の担い手である裁判所などの機関の利用を主張すべきであり、話し合いを決意したときの状況から、紛争そのものが変容しているというべきである。[200]

つまり、もともとの紛争原因について一度は納得、合意したことについて、再び異議を唱えることは、いったん獲得した双方の合意を否定するという別の紛争原因によるものであり、最初の合意自体が意味のないものととらえるべきではない。[201]

「インフォーマルなADR」は、法的な裏付けも保護もない。ゆえに、「ADRとしては意味のないもの」との反論は予想できる。

---

200 Poitras, Jean, "The Paradox of Accepting One's Share of Responsibility in Mediation," *Negotiation Journal*, Vol,23, No,3, 2007.
Merry, S. E., "Disputing without Culture." *Harvard Law Review,* 1987, Vol.100, No.8, pp.2057-2073.
Sarat, A. "The "New Formalism" in Disputing and Dispute Processing" *Law and Society Review*, 1988, pp.695-715.

201 紛争における解決は、最終結論を出すということではなくいったん解決したように見えても、それが固定化することを意味するのではなく、調査結果から、後日、再燃することは珍しくない。

しかしながら、社会にあふれる他人から見れば取るに足らない些細な揉め事であっても当事者を苦しめ悩ませているものが、必ずしも法律によらなければ解決しえない紛争ばかりではないこと、また、仮に法律すなわち要件事実を基礎として一定の収まりをつけたとしても、はたしてそれが紛争当事者を納得させ、満足させうるのかということは疑問である。このような視点に立つとき、ADR には法的枠組みから外れるものもあり、その解決に向けて、組織や資格にはこだわる必要はない。むしろ、人間理解に基づく「私的な ADR」のもつ可能性と柔軟性について検討しながら、新たな ADR の枠組みについても検討しなければならない。あえて、この「私的な ADR」については、弁護士法など法律事務の制限などの枠組みを考える必要もない。法律とは別の視座に立って、当事者の紛争意識の溶解を目指すものであるから、法律事務としての ADR ではないといえる。

以上のように、わが国の ADR がまだまだ議論しなければならない現状にあると考えたとき、また、新たなる紛争解決システムの創出と民間による柔軟な運用とは何かを考えたとき、その基礎的なものの考え方として意識を置かなくてはならないものは、第 4 章で紹介した八つの事例がいわゆる民間型 ADR それも個人によるまったく私的な調停であり、制度による裏付けをもってなされたものではなく、また、一定の権威と基準を用いる「司法型」「評価型」と呼ばれるような法律や判例に沿って合意を導いたものでもない。双方の「解決しなければならない」という自発的な思い、「モチベーション」と呼ぶにふさわしい心の動きと葛藤が本人を突き動かすのであり、その動きと向かうべき方向性を素早く見抜き、融合しうるものとすることで解決を目指すものにほかならないということである。

当事者が自らの紛争を「なんとかしたいし、しなければならない」と思いつつも、「相手がどう考えているのか、どう動いてくるのかによっては、こちらの態度を変えていかなければならない」というある種の警戒感や防衛意識によって、相手の考え方や企図を知るまでは、こちらの考え方を伝えないというのは正しいし、法的解決を選択しなければならない可能性があるかぎり手の内を見せないというのは間違っていない。

しかし、そもそもの紛争の解決をゲームのように勝ち負けで考えるのではなく、互いの妥協できる点と欲するものを明確にするために正直に話し合えるとしたら、法律や裁判に頼らなくても解決できることは少なくない。[202]

よく紹介される「オレンジをめぐる姉妹」の話は、このことを具体化した話である。[203]

紹介した事例のそれぞれを検証してみると、双方にとって到底「納得のいく解決」ではないものの、選択の余地のないものでもある。しかしながら、当事者が早い段階で、自分の置かれている立場を理解することができたならば、自己の内面のキズの修復はそれだけ容易になる。[204] もし、適切な調停者が、適切な時期に双方に警戒心を抱かせることなく正直な話し合いの場を作り、そこでの話し合いを適切にまとめて提示することができれば、たとえ不満足な内容であってもすべて決裂するものではなく、まさしく「合意なき合意」の萌芽といえるものである。双方の接点を発見し、融合させていくのに先立ち、双方がより相手方への理解を深めるコーディネーターとしての役割を調停者が意識しないとすれば、ボクシングや格闘技のレフェリー以外の何者でもない。[205]

---

[202] Martin, Julia A., "Arbitrating in the Alps Rather Than Litigating in Los Angeles.: The Advantages of International Intellectual Property-Specific Alternative Dispute Resolution," *Stanford Law Review,* Vol.49, No.4, 1997, pp.917-970.

[203] Fisher, R. & Ury, W. L. & Patton, B., *Getting to Yes: Negotiating Agreement Without Giving In,* Penguin Books, 1991.
谷川須佐雄『すごい交渉力が身につく本』(中経出版、1993年) 36—39ページ。
「オレンジをめぐる姉妹」
ある姉妹がオレンジの取り合いをして、キッチンでけんかをしている。両人ともに「私はオレンジが必要なのよ！」と譲らない。そこへ母親が来て、二人の話を聞いた。すると、姉はオレンジジュースを作るためにオレンジの汁が、一方、妹はお菓子を作るためにオレンジの皮が必要だったということであった。姉妹が相手の要望をしっかりと聴き合っていれば、争うことなくオレンジの汁と皮を分けてお互いに目的を達することができ、Win - Win の関係になれるというエピソード。

[204] 法律家が、その枠内を超えることなく活動するならば、依頼者と密接な関係の構築はもちろん依頼者のもつ痛みに共感することもできないとして、依頼人を軸とした解決への模索の義務を法律家は負う。

[205] Gahr, Richard & Mosca, Joseph B. & Sarsar, Saliba, "Conflict resolution and mediation,"

言うまでもなく、法治国家としてすべての基準が法律であるのは当然であり、そこに規定されていることから乖離するような行動や判断は許されない。しかし、異なる個性の集合体のなかで生活していれば、その枠組みから外れる問題も生じてくることは否めない。従来の日本のADRは、法や機関、実施主体の権威に頼る側面があったが、それでは解決しえない紛争もある。それを「自主交渉援助型ADR」などの考え方や手法で、これを補完しうるものとして歓迎し、民間型ADRの分野で取り入れてきたが、それさえもなじまない「こころの底部に沈殿している紛争意識」に対しては、実効がなくそれらの行き場がない。

それらを解決するために、

・調停者が、それぞれの立場に関わる法や専門的な知識の利用を最小限にとどめ、当事者の人間の理解と相互の関係構築のための援助者としての立場を自覚すること。[206]

Leadership and Organization Development Journal, Vol.16, No.8, 1995. pp.37-39.

206 中村芳彦「ADR法立法理論議と自律的紛争処理志向」早川・山田・濱野編著前掲書255―261ページ。中村は、「専門家役割論」として・弁護士役割論・弁護士法72条問題・各種法律専門職種の関与のあり方・その他の専門家の関与のあり方・新しい専門性の考え方・当事者主導のADRの可能性などでADRにおける専門家のあり方を検証しているが、このなかで下記の指摘は、本論文事例研究における軸としているものと合致するので、特に記す。

「ここでの重要な視点は、相談やADRにおいて、紛争当事者に性急に自己決定を求めたり、解決を急いだりすることなく、紛争当事者の実情に即して、少しずつ関係の変化を求めていく余裕を持った手続きの必要性である。現在の状況としては、訴訟制度を含めて、効率性重視の手続きが増大している。もちろん、この種の手続きが必要であることは否定し得ない。しかし、ADRにおいては、こうした動きに対するひとつのアンチテーゼとして、紛争当事者と状況の個別性を考慮した、ゆとりのある手続きの進め方を許容していくことが、当事者の自律を促していくために適当なケースもあろう。もう一度ゆっくり自己を見つめなおし、自己の語りなおす場としてADRを考えていく必要がある。こうした場での手続き主宰者の役割は、当事者とわかりやすい言葉で向き合い、自分がどういう状況におかれているかを認識し易くするための場作りに関わる手続きモデルである。自分の欠落を埋めることができるのは自分自身でしかない。欠落を埋めるには、その欠落の場所と大きさを自分できっちりと認識するしかないからである。このような専門家主導のADRから、当事者主導のADRへの転換の成否が、ADRを拡充・活性化していくための鍵になる

・当事者から見て、法律の専門家やその他の専門家である前に、まず、人間理解の専門家であり、コミュニケーションの専門家として認識されるような調停者であり、ADR 機関でなければ、ADR の真の担い手にはなりえない。

ということを意味する。

　ADR における話し合いは、国家間や企業間における交渉と異なり、相手の利害や力関係ではなく人間としての相互理解を基本としており、現行の ADR に対する認識は、誤認されているといわざるをえない。まさしく、ADR は「交渉」ではなく「相互理解」であって、要件事実を吟味する場所ではない。人としての生き様や考え方を理解し合うことによって、紛争という両当事者を分断する大きな溝にそれぞれの土を相互に投げ込んで最終的に平地にする作業である。[207] 調停者はその作業の現場監督として、紛争、人、経過、結果などを総合的に見ながら、適切な作業となるように導いていく役目なのだ。今後、ADR の真の担い手になるには、法情報のアクセスと ADR そのものとをより厳格に分離し、それぞれが法情報を得たうえで ADR に臨むというコンセンサスを確立していくか、あるいは純粋に当事者の自律的選択を支援する ADR を目指すために、抜本的に制度を見直す時期に来ていることに鑑み、早々にいずれかの選択をしなければならないだろう。

　そして、それは ADR そのものに対するわが国としての取り組みを根本的に今一度見直す作業であって、現行の根底を覆す可能性のある作業であるとともに、ADR 法の精神も条文も今一度原点に戻って検証していかなければならない。

　繰り返しになるが、ADR 先進国であるアメリカでの考え方を単純に輸入しながらも司法の関わるシステムと規制のなかで自由に羽ばたく鳥であったものが、よくよく見ると足に鎖がついていたというようなわが国の ADR の

　　ものと思われる」
　207　Love, Peter E. D. & Davis, Peter R. & Ellis, Joanne M. & Cheung, S. O., "A systemic view of dispute causation," *International Journal of Managing Projects in Business*, Vol.3, No.4, 2010, pp. 661-680.

姿は、その精神においても、実効性においても大きな誤解をしているといわざるをえない。

　ADRの真の担い手は法の専門家ではなく、人間の専門家でなければならないと強く主張するものである。

参考文献

洋　書

Benson, Lisa A. & Meghan M.McGinn, et al. *Acceptance and Mindfulness in Cognitive Behavior Therapy: Understanding and Applying the New Therapies,* John Wiley and Sons, 2010.

Blake, Susan & Browne, Julie & Sime, Stuart, *A Practical Approach to Alternative Dispute Resolution,* OUP Oxford, 2014.

Bruner, J., *Actual Minds Possible Worlds*, Harvard University Press, 1986.

Bush, Robert A. & Baruch, Folger, & Joseph, P., *The Promise of Mediation: The Transformative Approach to Conflict*, Jossey-Bass, 2004.

Bush, Robert A. & Baruch, Folger & Joseph P., *The Promise of Mediation: Responding to Conflict Through Empowerment and Recognition*, Jossey-Bass, 1994.

Clark, Bryan, *Lawyers and Mediation, The Dynamic New Way to Create Successful Ideas*, Springer, 2012.

Clark, Charles. H., *Brainstorming ; The Dynamic New Way to Create Successful Ideas*, Createspace, 2011.

Colatrella, Michael T. & Picchioni, Anthony P., *Meadiation Skills and Techniques*, Lexis Mexis, 2008.

Deutsch, M., *The Resolution of Conflict: Constructive and Destructive Processes*, Yale university Press, 1977.

Dinkin, Steven & Filner, Barbara & Maxwell, Lisa, *The Exchange A Bold and Proven Approach to Resolving Workplace Confrict,* Productivity Press, 2011.

Erickson, Stephen K. & Erickson, Marilyn S. McKnight, *Family Mediation Casebook: Theory And Process*, Routledge, 2014.

Folberg, Jay & Milne, Ann L. & Salem, Peter, *Divorce and Family Mediation: Models, Techniques, and Applications,* Guilford Pr, 2004.

Folger, Noce and Antes, *A Benchmarking Study of Family, Civil and Citizen Dispute Mediation Programs in Florida*, Institute for the study of Conflict Transfomatiom, 2001,

Friedman, Gary J., *A Guide to Divorce Mediation: How to Reach a Fair, Legal Settlement at a Fraction of the Cost*, Workman Publishing, 1993.

Harper, Gary, *Joy of Conflict Resolution: Transforming Victims, Villains and Heroes in the

Workplace and at Home, New Society Pub, 2004.

Haynes, John M., *The Fundamentals of Family Mediation*, State University of New York Press, 1994.

Hunt, June, *How to Handle Your Emotions: Anger, Depression, Fear, Grief, Rejection, Self-Worth*, Harvest House Publishers, 2008.

Irving, Howard H. & Benjamin, Michael, *Family Mediation*, Sage Publications, 1995.

Irving, Howard H. & Benjamin, Michael, *Therapeutic Family Mediation: Helping Families Resolve Conflict*, SAGE Publications Inc, 2002.

Irving, Howard H., *Children Come First: Mediation, Not Litigation When Marriage Ends*, Dundurn Pr Ltd, 2011.

Jones, Tricia S. & Brinkert, Ross, *Conflict Coaching: Conflict Management Strategies and Skills for the Individual*, SAGE Publications.Inc, 2007.

Kressel, Kenneth, *The Process of Divorce: Helping Couples Negotiate Settlements*, Jason Aronson.Inc, 1997.

Lind. E. A. & Tyler T. R, *The Social Psychology of Procedural Justice*, Sprirger, 1988.

Martin, David G., *Counseling and Therapy Skills,* Waveland Pr Inc, 2011.

McCorkle, Suzanne & Reese, Melanie Janelle, *Mediation Theory and Practice*, Allyn & Bacon, 2004.

McCorkle, Suzanne & Reese, Melanie Janelle, *Mediation Theory and Practice*, SAGE Publications. Inc, 2014.

McGhee, Christina, *Parenting Apart: How Separated and Divorced Parents Can Raise Happy and Secure Kids*, Berkley Trade, 2010. .

Mercer, Diana & Pruett, Marsha Kline, *Your Divorce Advisor: A Lawyer and a Psychologist GuideYou Through the Legal and Emotional Landscape of Divorce*, Touchstone 2001.

Meyer, Joyce, *Do Yourself a Favor...Forgive: Learn How to Take Control of Your Life Through Forgiveness*, FaithWords, 2012.

Noble, S. Cinnie, *Conflict Mastery: Questions to Guide You*, Cinergy Coaching, 2014.

Osborn, Alex F., *Applied Imagination: Principle and Procedures of Creative Thinking,* Seribner, 1953.

Patton, Bruce & Stone, Douglas & Heen, Heila, *Difficult Conversations: How to Discuss What Matters Most*, Viking, 2011.

Roberts, Marian, *Mediation in Family Disputes: Principles of Practice*, Ashgate, 1997.

Rosenthal, Howard, *Encyclopedia of Counseling: Master Review and Tutorial for the National Counselor Examination, State Counseling and the Counselor Preparation Comprehensive Examination*, Routledge, 2007.

Rozen, Michelle M., *The Effective Mediation: Practical Strategies for Effective Divorce and Family Mediation Practices*, Createspace, 2013.

Russell, Jesse & Cohn, Ronald, *Narrative Therapy*, LENNEX Corp, 2012.

Sarat, A. *The "New Formalism" in Dispute Processing*, Law and Society Review, 1988.

Smedes, Lewis B., *Forgive and Forget: Healing the Hurts We Don't Deserve*, Harper One, 1996.

Stone, Douglas & Patton, Bruce & Heen, Sheila & Fisher, Roger, *Difficult Conversations: How to Discuss What Matters Most*, Penguin Books, 2010.

Stone, Douglas & Heen, Sheila, *Thanks for the Feedback: The Science and Art of Receiving Feedback Well*, Viking Adult, 2014.

Thompson, Leigh, *The Mind and Heart of Negotiator*, Prentice Hall, 2011.

Tindall, Judith A. & Black, David R., *Peer Programs: An In-Depth Look at Peer Programs: Planning, Implementation, and Administration*, Routledge, 2008.

Ware, Stephen J., *Alternative Dispute Resolution*, WestGroup, 2001.

Watterson, Eric, *"I Forgive You: Why You Should Always Forgive "* lulu.com, 2010.

Winslade, John & Monk, Gerald D., *Practicing Narrative Mediation: Loosening the Grip of Conflict*, Jossey-Bass, 2008.

Winslade, John & Monk, Gerald D., *Narrative Mediation: A New Approach to Conflict Resolution*, Jossey-Bass, 2000.

Alo, G. E. D., "Justice, Understanding, and Mediation: When Talk Works, Should We Ask for More?" *Negotiation Journal*, Vol.19, No.3, 2003.

Beaman, A. L. & Cole, C. M. & Klentz, B. & Steblay, N. M., "Fifteen years of the foot-in-the-door Research: A meta-analysis, " *Personality and Social Psychology Bulletin*, Vol.9, No.2, 1983.

Beck, Connie J. A. & Walsh, Michele E. & Ballard, Robin H. & Holtzworth-Munroe Amy & Applegate, Amy G. & Putz, John W., "Divorce Mediation With and Without Legal Representation: A Focus on Intimate Partner Violence and Abuse," *Family Court Review*, Vol.48, No.4

Benson, John, "Alternative dispute resolution in Japan: the rise of individualim" *International Journal of Human Resource Management*, Vol.23, No.3, 2012.

Bobette, Wolski, "An Evaluation of the Rules of Conduct Governing Legal Representatives in Mediation," *Legal Ethics,* Vol.16, No.1, 2013.

Brunet, Edward J., "Judicial Mediation and Signaling," Nevada Law Journal, Vol.3, 2003,

Bush, Robert Baruch, "The Dilemmas of Mediation Practice", *University of Missouri*, 1994.

Colvin, Alexander J. S., "The Dual Transformation of Workplace Dispute Resolution," *Industrial Relations*, Vol.42, No.4, 2003.

Coy, Patrick G., Hedeen, Timothy, "A Stage Model of Social Movement Cooptation: Community Mediation in the United States," *The Sociological Quarterly*, Vol.46, No.3, 2005.

Duan, Jinyun & Lam, Wing & Chen, Zijuang & Zhong Jian AN, "Leadership Justice, Negative Organizational Behaviors, and the Mediating Effect of Affective Commitment," *Social Behavior and Personality an international journal,* Vol.38, No.9, 2010.

Edwards, Harry. T., "Alternative Dispute Resolution: Panacea or Anathema?" *Harvard Law Review*, Vol.99, No.3, 1986.

Edwards, Harry. T., "The Growing Disjunction Between Legal Education and the Legal Profession," *Michigan Law Review*, Vol.91, No.1, 1992.

Erickson, Beth M., "Therapeutic Mediation: A saner Way of Disputing," *Journal of the American Academy of Matrimonial Lawyers*, Vol.14, 1997.

Eye, Alexander. V. & Mun, Eun & Mair, Patrick, "What Carries a Mediation Process? Configural Analysis of Mediation" *Integrative Psychological and Behavioral Science*, Vol.43, No.3, 2009.

Felstiner, W. L. F. & Abel, R. L. & Strat, A., "The Emergence and Transformation of Disputes; Naming, Blaming, Claiming," *Law and Society Review*, Vol.15, No.3, 1980.

Fisher, R. & Ury, W. L. & Patton, B., *Getting to Yes: Negotiating Agreement Without Giving In*, Penguin Books, 1991.

Gahr, Richard & Mosca, Joseph B. & Sarsar, Saliba, "Conflict resolution and mediation," *Leadership and Organization Development Journal*, Vol.16, No.8,

Galanter, M., "The Vanishing Trial : An Examination of Trials and Related Matters in Federal and State Courts" *Journal of Empirical Legal Studies,* Vol.1, No.3, 2004,.

Herrman, Margaret S. & Hollett, Nancy & Eaker, Dawn Goettler & Gale, Jerry & Foster, Mark, "Supporting Accountability in the Field of Mediation," *Negotiation Journal*, Vol.18, No.1, 2002.

Kolodner, Janet L. & Simpson, Robert L., "The MEDIATOR: Analysis of an Early Case-Based Problem Solver" *Cognitive Science*, Vol.13, No. 4, 1989.

Lascarides, Alex & Asher, Nicholas, "Agreement, Disputes and Commitments in Dialogue," *Journal of Semantics*, Vol.26, No. 2, 2009.

Love, Peter E. D. & Davis, Peter R. & Ellis, Joanne M. & Cheung, S. O.,"A systemic view of dispute causation," *International Journal of Managing Projects in Business,* Vol.3,

No.4, 2010.

Martin, Julia A., "Arbitrating in the Alps Rather Than Litigating in Los Angeles.: The Advantages of International Intellectual Property-Specific Alternative Dispute Resolution," *Stanford Law Review*, Vol.49, No.4,1997.

Menkel-Meadow, Carrie, "Toward Another View of Legal Negotiation: The Structure of Problem Solving", *UCLA Law Review,* 754, 1984.

Merry, S. E., "Disputing without Culture." *Harvard Law Review*, 1987, Vol.100, No.8.

Murayama M, "Does a lawyer make a difference? Effects of a lawyer on mediation outcome in Japan" *International Journal of Law, Policy and the Family*, Vol.13, No.1, 1999.

Paquin, Gary & Harvey, Linda, "Therapeutic Jurisprudence, Transformative Mediation and Narrative Mediation, A Natural Connection" *Frorida Coastal Law Journal*, Vol.3.

Poitras, Jean, "The Paradox of Accepting One's Share of Responsibility in Mediation," *Negotiation Journal,* Vol, 23, No,3, 2007.

Raines, Susan & Kumar, Pokhrel Sunil, et al. "Mediation as a Profession: Challenges That Professional Mediators Face," *Conflict Resolution Quarterly*, Volume31, Number 1, 2013.

Roberts, Terry, "An effective mediation strategy to minimize the impact of change" *Strategic HR Review*, Vol.12, No.6, 2013.

Rubinson, Robert, "Client Counseling Mediation and Alternative Narratives of Disputeresolution," *Clinical Law Review*, Vol.10, NO.2, 2004.

Rundle, Olivia, "Lawyers' perspectives on 'what is court-connected mediation for?' ", *International Journal of the Legal Profession*, Vol.20, No.1, 2013.

Winslade, Jhon & Cohen, Richard, "Narrative mediation:Waikato Mediation Service's answer to community concerns,theoretical shifts and practice demands" *Waikato LawReview*, Vol.3, 1995.

和　書

Bhatnagar, Subhash. C 著（舘村卓訳）『神経科学―コミュニケーション障害理解のために（第2版)』（医歯薬出版、2009年）
青木人志『「大岡裁き」の法意識　西洋法と日本人』（光文社、2005年）
麻田恭子（加地修監修）『トラブル依頼人』（風塵社、2010年）
飯田邦男『こころを読む　実践　家事調停学―当事者の納得にむけての戦略的調停―』（民事法研究会、2004年）

石川明『民事調停と訴訟上の和（解』（一粒社、1979 年）
─── 『調停法学のすすめ─ADR 私論』（信山社、1999 年）
石田慎一郎編『オルタナティブ・ジャスティス』（大阪大学出版会、2011 年）
伊東明、内藤誼人『普及版「心理戦」で絶対に負けない本』（アスペクト、2003 年）
市毛恵子『カウンセラーのコーチング術』（PHP 研究所、2002 年）
井上忠司『「世間体」の構造　社会心理史への試み』（日本放送出版協会、1977 年）
井上治典・佐藤彰一編『現代調停の技法─司法の未来』（判例タイムズ社、1999 年）
今井芳昭『依頼と説得の心理学─人は他者にどう影響を与えるか─』（サイエンス社、2006 年）
イルゴイエンヌ、マリーフランス（高野優訳）『モラル・ハラスメント　人を傷つけずにはいられない』（紀伊國屋書店、1999 年）
岩瀬純一『司法臨床におけるまなざし　家事調停にかかわるあなたへ』（日本加除出版、2008 年）
岩舩展子、渋谷武子『素直な自分表現　アサーティブ　自分も相手も尊重するハッピーコミュニケーション』（PHP エディターズ・グループ、1999 年）
入江秀晃『現代調停論─日米 ADR の理念と現実』（東京大学出版会、2013 年）
ウインズレイド、ジョン＆モンク、ジェラルド（国重浩一、バーナード紫訳）『ナラティブ・メディエーション　調停・仲裁・対立解決への新しいアプローチ』（北大路書房、2010 年）
大串亜由美『15 秒でツカみ 90 秒でオトすアサーティブ交渉術』（ダイヤモンド社、2006 年）
大澤恒夫『法的対話論─「法と対話の専門家」をめざして─』（信山社、2004 年）
大坊郁夫『しぐさのコミュニケーション・人は親しみをどう伝えあうのか』（サイエンス社、1998 年）
梶村太市『新版　離婚調停ガイドブック─当事者のニーズに応える』（日本加除出版、2003 年）
河野順一『司法の病巣　弁護士法 72 条を切る』（花伝社、2001 年）
河野正憲・中島弘雅編『倒産法大系─倒産法と市民保護の法理』（弘文堂、2001 年）
川島武宜『日本人の法意識』（岩波新書、1967 年）
─── 編『法社会学講座 6　紛争解決と法 2』（岩波書店、1972 年）
川幡政道『この一冊で心理学がわかる！』（三笠書房、2000 年）
草野芳郎『和解技術論』（信山社、2003 年）
香山リカ『知らずに他人を傷つける人たち』（KK ベストセラーズ、2007 年）
越沢明『後藤新平　大震災と帝都復興』（ちくま新書、2011 年）
小島武司編『調停と法─代替的紛争解決（ADR）の可能性─』（中央大学出版部、

1989年)
　　　――編『裁判キーワード』(有斐閣、1993年)
　　　――編『ADRの実際と理論Ⅰ』(中央大学出版部、2003年)
小林徹『裁判外紛争解決促進法』(商事法務、2005年)
小山昇『民事調停法　新版』(有斐閣、1977年)
齋藤嘉則『問題解決プロフェッショナル「思考と技術」』(ダイヤモンド社、1997年)
齋藤孝『コミュニケーション力』(岩波書店、2004年)
榊博文『説得と影響―交渉のための社会心理学―』(ブレーン出版、2002年)
佐々木吉男『民事調停の研究』(法律分文化社、1967年)
佐竹洋人・中井久夫編『「意地」の心理』(創元社、1987年)
佐竹洋人『夫婦の紛争』(朱鷺書房、1995年)
司法研修所編『簡易裁判所における民事調停事件の運営方法に関する研究』(法曹会、2013年)
末田清子、福田浩子『コミュニケーション学―その展望と視点』(松柏社、2011年)
スキャンロン、K・M (東京地裁ADR実務研究会訳)『メディエイターズ・デスクブック―調停者への道』(三協法規出版、2003年)
鈴木有香 (八代京子監修)『交渉とミディエーション　協調的問題解決のためのコミュニケーション』(三修社、2004年)
スペンス、ゲーリー (松尾翼訳)『議論に絶対負けない法』(三笠書房、1996年)
関根眞一『となりのクレーマー「苦情を言う人」との交渉術』(中央公論新社、2007年)
ゼンゲ、ロン編 (パフォーマンス・リサーチ・アソシエイツ、和田正春訳)『サービスのバイブル―お客様はあなたがすべて』(ダイヤモンド社、2004年)
高木新二郎・伊藤眞編『講座倒産の法システム第3巻　再建型倒産処理手続』(日本評論社、2006年)
髙杉尚孝『実践・交渉のセオリー』(日本放送出版協会、2001年)
竹内一郎『人は見た目が9割』(新潮社、2005年)
多田周弘『離婚調停の奥義』(悠々社、2003年)
谷川須佐雄『すごい交渉力が身につく本』(中経出版、1993年)
ディクソン、アン (竹沢昌子・小野あかね監訳)『第四の生き方―「自分」を生かすアサーティブネス』(柘植書房新社、1998年)
内藤誼人『勝つための「心理戦略」"ビジネス弱者"が最少努力で大逆転！』(光文社、2001年)
　　　――『パワーマインド　自分を高め交渉に勝つ悪魔の心理術』(ソフトバンクパブリッシング、2003年)
　　　――『しぐさで勝つ！ビジネス心理術ビジュアルでわかるパワープレイのすべ

て』(ソフトバンククリエイテイブ、2007 年)
中村芳彦、和田仁孝『リーガル・カウンセリングの技法』(法律文化社、2006 年)
長田久雄『心触れ合う「傾聴」のすすめ』(河出書房新社、2008 年)
ニーレンバーグ、ジェラード・I(髙橋一訳)『交渉の技術　かけひきの心理学』(産業能率短期大学出版部、1971 年)
二木雄策『交通死―命はあがなえるか』(岩波新書、1997 年)
日本弁護士連合会『法廷弁護技術』(日本評論社、2009 年)
日本弁護士連合会 ADR センター編『紛争解決手段としての ADR』(弘文堂、2010 年)
日本弁護士連合会法律相談センター・面接技術研究会(菅原郁夫・岡田悦典編)『法律相談のための面接技法　相談者とのよりよいコミュニケーションをとるために』(商事法務、2004 年)
日本法律家協会編『民事調停の研究』(東京布井出版、1991 年)
野沢聡子『問題解決の交渉学』(PHP 研究所、2004 年)
橋元良明『コミュニケーション学への招待』(大修館書店、1997 年)
パターソン、マイルス・L(工藤力訳)『非言語コミュニケーションの基礎理論』(誠信書房、1995 年)
波多野二三彦『リーガルカウンセリング―面接・交渉・見立ての臨床』(信山社、2004 年)
羽田野宣彦、伊藤博(加藤新太郎編)『リーガル・コミュニケーション』(光文堂、2002 年)
早川吉尚、山田文、濱野亮編著『ADR の基本的視座』(不磨書房、2004 年)
東山紘久『プロカウンセラーのコミュニケーション術』(創元社、2005 年)
平柳一夫『遺産分割の調停読本』(信山社、1997 年)
廣田尚久『紛争解決学[新版増補]』(信山社、2002 年)
深田博己『インターパーソナル・コミュニケーション』(北大路書房、1998 年)
藤原美喜子『言いたいこと「全部」言えるスキル「何も言えなかった」私が金融の戦場・シティーで学んだこと』(祥伝社、2006 年)
フット、ダニエル・H(溜箭将之訳)『裁判と社会―司法の「常識」再考』(NTT 出版、2006 年)
フット、ダニエル・H、太田勝造編『裁判経験と訴訟行動』(東京大学出版会、2010 年)
ベルナンド、バーバラ(TMI 総合法律事務所訳)『パラリーガル[新版]』(信山社、2006 年)
マグワイア、ピーター(若林佳史訳)『医師のためのコミュニケーション技術』(星和書店、2009 年)
松村良之、村山眞維『法意識と紛争行動』(東京大学出版会、2010 年)

松本道弘『交渉力の英語』(講談社、1988 年)
松本真理・小川数美『コミュニケーション・バイブル―より良い人間関係を育む生き方』(風詠社、2014 年)
ムーア、クリストファー・W (レビン小林久子訳・編)『調停のプロセス紛争解決に向けた実践的戦略』(日本加除出版、2008 年)
安川文朗・石原明子編『現代社会と紛争解決学　学際的理論と応用』(ナカニシヤ出版、2014 年)
矢部正秋『プロ弁護士の思考術』(PHP 研究所、2007 年)
山本和彦・山田文『ADR 仲裁法　第 2 版』(日本評論社、2015 年)
吉岡翔『知れば怖くない！弁護士法 72 条の正体』(彩流社、2008 年)
読売新聞社会部『ドキュメント弁護士　法と現実のはざまで』(中央公論新社、2000 年)
レビン小林久子『調停者ハンドブック―調停の理念と技法』(信山社、1998 年)
────『ブルックリンの調停者』(信山社、2002 年)
レビン小林久子訳・編、モートン・ドイッチ、ピーター・T・コールマン編『紛争管理論―新たな視点と方向性―』(日本加除出版、2003 年)
レビン小林久子訳・編、モートン・ドイッチ、ピーター・T・コールマン編『新版　紛争管理論―新たな視点と方向性―』(日本加除出版、2009 年)
────『解説・同席調停』(日本加除出版、2011 年)
和田仁孝『民事紛争交渉過程論』(信山社、1991 年)
和田仁孝、太田勝造、阿部昌樹編『法と社会へのアプローチ』(日本評論社、2004 年)
和田仁孝編『法社会学』(法律文化社、2006 年)
和田仁孝・中西淑美著『医療メディエーション―コンフリクト・マネジメントへのナラティヴ・アプローチ』(シーニュ、2011 年)
渡辺三枝子『カウンセリング心理学　変動する社会とカウンセラー』(ナカニシヤ出版、1996 年)
渡邊忠、渡辺三枝子『コミュニケーション力　人間関係づくりに不可欠な能力』(雇用問題研究所、2011 年)

荒井里佳「ADR　過渡期における民事調停の活用―調停における弁護士の役割―」(石田慎一郎編『オルタナティブ・ジャスティス』大阪大学出版会、2011 年)
大橋真由美「行政と ADR」(『仲裁と ADR』Vol.6、仲裁 ADR 法学会)
樫村志郎「自主的解決」(『岩波講座基本法学 8　紛争』岩波書店、1983 年)
河野清孝「専門的知見を要する民事調停事件」(『仲裁と ADR』Vol.7、仲裁 ADR 法学会、2012 年) 3

東京弁護士会「インタビュー　調停人グレック・F・レルイェーさん」(『LIBRA』Vol. 4, No. 7、2004 年)

中村芳彦「相談業務と弁護士」(和田仁孝・佐藤彰一編『弁護士活動を問い直す』商事法務、2004 年)

萩原金美「民事・家事調停の現状と課題」(小島武司編『ADR の実際と理論 I』(中央大学出版部、2003 年)

濱野亮、杉野勇、村山眞維「裁判所への関わりとその規定要因」(松村良之・村山眞維編『法意識と紛争行動』東京大学出版会、2010 年)

深山卓也「法務省から見た ADR 法の状況」(『仲裁と ADR』Vol.5、仲裁 ADR 法学会、2010 年)

福井康太「ADR の「共通的な制度基盤」整備の問題点―裁判外紛争解決の柔軟で多様なあり方をめぐって―」(『阪大法学』54 巻 3 号、大阪大学法学会、2004 年)

―――「ADR の機能とその射程―紛争解決から多様な関係調整支援へ―」(『仲裁と ADR』Vol.2、仲裁 ADR 法学会、2007 年)

武士俣敦「裁判外紛争業務の市場と弁護士」(樫村志郎・武士俣敦編『トラブル経験と相談行動』東京大学出版会、2010 年)

舟木信光「民事調停手続きの構造と問題点」(日本法律家協会編『民事調停の研究』東京布井出版、1991 年)

前田智彦「第三者からみた紛争当事者の法使用行動と民事裁判」(ダニエル・H・フット、太田勝造編『裁判経験と訴訟行動』東京大学出版会、2010 年)

口語訳『聖書』(日本聖書協会 1955)
新編神戸市史行政編Ⅲ第三章第一節「都市の整備」
『判例時報』平成 25 年 11 月 11 日号 2197 号 (判例時報社)
兵庫県行政書士会　行政書士 ADR センター兵庫規則
兵庫県行政書士会　行政書士 ADR センター兵庫規則施行細則
兵庫県行政書士会　「行政ひょうご」平成 17 年 3 月号
認証申請・届け出の手引き(法務省・ADR 申請) http://www.moj.go.jp/content/000004645.pdf (最終検索日：2014 年 11 月 1 日)
法務省解決サポート事業者一覧　http://www.moj.go.jp/KANBOU/ADR/jigyousya/ninsyou-index.html (最終検索日 2014 年 11 月 1 日現在)
池島徳大、吉村ふくよ、倉持裕二「ピア・メディエーション(仲間による調停)プログラムの実践的導入に関する研究」http://www.nara-edu.ac.jp/CERT/bulletin2007/b2007-H16.pdf (最終検索日：2014 年 11 月 1 日)

おわりに

　所謂「士業」と呼ばれる専門職にある者のところには、日頃からその専門性に関連する依頼や相談などの目的で訪ねてくる市民は多い。当然、それらはそれぞれの専門職にとって彼らの知見や法情報から適切な対応そして有用な情報を提供することは言うまでもない。
　一般的に「士業」の存在分野としては司法、会計、不動産、建築、土木、医療、福祉などがあるが、とりわけ、法律に関わる分野、俗に「8士業」（弁護士、司法書士、土地家屋調査士、税理士、弁理士、社会保険労務士、行政書士、海事代理士）などと呼ばれる職については、単純に法律や判例などの情報や解説などを求めるのではなく、むしろ自分が直面している問題について究極の方法としての法的解決を視野に入れながらも、果たしてその方法しかないのか別の考え方はないのかというような逡巡をもって相談に訪れる者も少なくない。そしてそれは自分以外の存在が関わることであって、他人だけでなく親子兄弟親族なども含め、対象を持つ場合がほとんどである。
　専門家としての対応や意見を聞きつつも、実は自分の持つ喜怒哀楽の感情や思いについてどう表現しどう行動すればよいのか、またどうすることで自分が納得できるのかという答えを探しに来ることに他ならない。言い換えれば、相手のある困りごとの相談であって、多くの場合仕事としての依頼に結びつかないことも多い。もちろん、法律事務としてそれを発展的に解決していく弁護士以外は、法に関わる専門家というよりもカウンセラーのごとく当事者の言い分や思いを我慢強く聞いて、心理的に気持ちが楽になるような助言を与えることになるだろう。私自身がそのような場面に多く出くわすことから、あえてそれを「法的な紛争解決」ではなく、原因の発見や分析、そして当事者が可能な考え方の整理について協力していくというのも重要な使命であり、社会貢献であると考えるようになった。

そう考えるようになった要素として、自分の人生体験が大きく影響していることは疑う余地がない。幼いころは、仲良く遊んでいても誰かが喧嘩し始めるといつの間にか別の場所で遊んでいるような「諍(いさか)い」が大嫌いな子供だった。大学進学を考えたときに、人並みに思春期の悩みを解決しようと読み漁っていた本の影響もあって、「これから社会に出ていくのには、人の心の仕組みを研究する心理学と社会の仕組みを研究する法律を学べば無敵だ」などという思い込みもあって、関西大学社会学部で心理学を学んだ。その間に、休学して米国オレゴン大学に留学した。

　この時の経験はのちの人生の中で言語や文化の違いを認めたうえで、相互に理解するためには対話しかないというゆるぎない確信を築いた。卒業後「学士編入」で法学部に進み、2年間勉強する中で人生の目標として「研究者になりたい！」と大学院進学を予定していたが、突発的な事情で急きょとりやめて就職することになった。ひょんな縁で当時国会議員を目指していた地方議員の秘書にしてもらったものの政治など関わりも興味もなかったが、あれよあれよという間に国会勤務の秘書となった。この秘書という職業はいわば「何でも屋」であり、地元選挙区の人たちが持ち込む相談やトラブルを一手に引き受けるというもので、30歳前の若造にとって年配者たちの悩みやトラブルがいかに多いかということを痛感した。それから秘書と関連会社の役員として海外など出張に明け暮れ、人間関係の構築や維持がどれほど難しいものかあらためて痛感することとなった。

　その後、30過ぎて選挙に出て神戸市会議員になったが、その最終年度にあの阪神大震災に遭遇した（1995年）。現職の市会議員として焼野原となった街やガタガタになった市民生活を立て直すというよりも、時間がたてばたつほど震災直後の混乱が「異常な状態」から「通常の状態」に戻る過程で、ありとあらゆるもめごとの種が発生していた。それは本書で紹介した1923年の関東大震災後の土地に絡むものだけではなく、近隣関係や親族関係など枚挙にいとまがないものだった。おりしも市会議員当選と同時に行政書士として登録開業していたこともあって、市会議員でなくなってからも、よろず相談を引き受けざるをえなくなってしまった。

　本書で取りあげた事例は、まさにそれらのごくごく一部でしかない。それ

らは、仕事としての立場ではないものの、「専門職」としての知見も認めたうえでの「横丁のご隠居」的立場である。加えて父の帰幽をきっかけに、神職を目指すこととなり神社に奉仕するようになって、この「横丁のご隠居」的存在が大きくなり、他者とのもめごとのみならず多様な心配事を聞くことになっていった。このように、ふりかえってみるとずっと他人のもめごとや悩みの種について一緒に考えていかなければならない時間を与えられ、逆にそれが自分自身の生き方や周囲に対して何をすべきか何ができるのかを問い続ける結果となっていった。

　これまで、自分が経験してきたこと、見聞してきたこと、考えさせられたことなどを単なる個人の体験としてではなく、体系立てて研究対象として見つめなおすことが必要なのではないかと強く思うようになり、大阪大学福井康太教授、仁木恒夫教授の力強いご支援をいただき研究を進めることができた。加えて「行政書士ADRセンター兵庫」の設立に関わることとなり、初代センター長に就任したが、法務省の民間ADRへの考え方や事業の現状を調べれば調べるほど疑問や不満が心をよぎるとともに、「真の紛争解決とはなにか」という命題に自分なりの答えを出したいと思ったことが本書に至った動機である。

　本書は、一般的な研究論文と異なり、実務家としての経験を軸にし、いわば「巷の泥にまみれた珠」ともいうべき事例から何かを読み取ってもらいたいとの思いを込めている。

　その意味では、「実践的学術書」を目指したものであり、多くの研究者にとっては、違和感を感じるかもしれない。しかしながら、学術と実践のはざまで作業をしている実務家にとって何かを感じるきっかけとなることを切望し、これからもさらなる「横丁のご隠居」として実践的な「紛争解決」のお手伝いができればと思っている。

　最後に、研究の方向性を的確に示していただいた福井康太教授、たびたびご自身の貴重な時間を割いて何時間もマンツーマンで指導してくださった仁木恒夫教授、煩雑な作業の連続にもかかわらず渾身の力で出版までこぎつけていただいた風塵社の腹巻おやじ氏に心からのお礼を申し上げたい。そして、

何年も研究に没頭して業務が疎かになりかけるのを懸命にカバーしてくれた事務所職員には改めて感謝したい。

「お前が望むなら死ぬまで勉強していてもよい」と気ままに勉強させてくれた亡父、学位を得たことを喜びつつ帰幽した母に本書を捧げたい。

  2016年3月   著　者

索 引

アルファベット

ADR 手続き実施者　51
ADR に関する関係機関の連携強化　27
ADR に関する共通的な制度基盤の整備　27
ADR 法（裁判外紛争解決手続きの利用の促進に関する法律）　i, ii, 3, 5, 7, 13, 25, 27, 43, 51, 53, 54, 58, 60, 62, 65—67, 69, 83, 84, 86, 87, 90—92, 219, 221, 223, 224, 232, 233
Community Mediation Center　30
foot-in-the-door technique　36
Forgive　100, 105—109, 137, 169
Problem Solving Mediation　30

ア行

あいづち　117
相手を慮る　106
あいまいな解決　7, 203
悪臭　16
アサーティブ　89, 129, 197
斡旋　18, 21, 24—26
斡旋委員　25
アドホック仲裁　8
アメリカ型 ADR　41
アメリカ型の同席調停　219
争わない紛争解決　214
新たな価値　40, 51, 178
安全で援助的な環境　96, 170
家制度　16
勢い　39, 40, 123, 181
意見書　27, 51
意見聴取　20
維持管理費　55
意識の変容　31
意識変革　86, 112
慰謝料　114, 116, 126, 149, 206
イシュー　34—39, 207
一致できないということに一致した　136
一定の権威　3, 27, 65, 230
一定の信頼　3, 159
癒し　6, 96, 99, 101, 106
インタレスト　34
インフォーマルな ADR　207, 229
請負契約　25
運営委員会　71, 86
英米法　226
エンパワー　99
エンパワメント　97, 98
押印　39, 40, 71, 74, 150
落としどころ　53
思い込み　iv, 29, 90, 103, 104, 111, 117, 120, 158, 167, 168, 195, 196, 247
親子　3, 16, 143, 144, 145, 147, 168, 246
オレンジをめぐる姉妹　231
オンブズマン　30

カ行

かいけつサポート　43, 49, 54
カウンセリング　7, 29, 30, 89, 96, 139, 226
家事調停　15, 16, 23, 33, 182, 210
家事調停制度　2
かたくなな態度　101
語り手　100
価値観　14, 31, 40, 60, 64, 83, 99, 100, 111, 128, 129, 195, 208, 210, 211
価値基準　64, 206
価値対立　111
活動実績　62

家庭裁判所　15, 22, 33, 79
過度の怒り　40
カリキュラム　213, 223
簡易裁判所　1, 15, 20, 79, 134
寛解　93, 105, 109
環境法　226
関係の修復　13
感情的対立　16
感情の衝突　7
感情の沈静　3
感性　207
官尊民卑　50
鑑定書　51
関東大震災　1, 248
聞く技術　214, 217
儀式　30, 39, 40, 109, 194, 195
疑心暗鬼　39, 115
気付き　37, 128
既判力　22, 41, 61
休眠状態　59, 224
境界　16, 44, 56, 219
競合　28
共振　112, 170, 208
行政型 ADR（行政型）　24—26, 28, 31, 56, 57, 66, 69, 121, 219, 222, 228
行政機関　13, 24, 26, 79, 219, 221, 223, 226—228
行政書士 ADR センター兵庫　i, vi, 44, 68—71, 73, 76, 80, 81, 248
行政書士会　i, vi, 43, 44, 56, 58, 59, 76, 77, 79, 84, 92, 248
行政法　25, 226
協調関係　37
共同作業　32, 33, 37, 177
共同調停　105
協働調停　105
緊急避難的な解決　109
口コミ　70
クライアント　94, 95
くりかえし　117
クレジット　17, 147

警戒感　72, 103, 200, 230
警戒心　5, 167, 168, 186, 231
経済的損失の補填　6
権威　3, 17, 21, 22, 27, 62, 65, 69, 72, 73, 75, 90, 219, 228, 230, 232
見解の相違　20, 40
厳格性　69
県際事件　24
研修センター　76, 223
研修体制　76
原状回復をめぐるトラブルとガイドライン　57
建設工事請負　24, 25
広域事件　24
合意形成　82
合意書　5, 7, 39, 40
合意なき合意　1, 136, 178, 197, 208, 209, 231
合意の斡旋　21
合意の確認　32
合意履行　39, 40
公益委員　24
公害　24
公害等調整委員会　24
交換・統合理論　30
交渉法　89
公序良俗　74
公正　20, 32, 39, 58, 75, 113, 210, 221
交通事故　63, 64, 85, 91, 164, 206
公的機関　33, 75, 225, 226
高度経済成長期　16
コーカス　32, 38, 39
コーチング　89, 125
コーディネーター　231
五感にかかる紛争　3
国土交通省　25, 57
国民サービス　225
国民生活センター　25
国民的基盤の確立　27
国民の期待に応えられる司法制度　27
心からの納得　160, 208
心の痛み　66, 129, 206

心の動き　60, 101, 205, 230
心の傷　6, 206
心の深層　65
心の専門家　84
心の問題　206, 213
心を軸としたADR　59
互譲　ii, 2, 3, 6, 16, 18, 27, 51, 60, 61, 83, 123, 129, 157, 207, 219, 227, 229
こだわり　93, 99
固定観念　94, 169, 210
言葉のキャッチボール　103
コミュニケーション障害　102, 103, 109
コミュニケーター　210
コンプレックス　102

サ行

サービスの狭小化　5
最高裁判所　17
採算性　55
裁定　15, 24, 26
再発　5
裁判外紛争解決手続き　ii, 13, 27
裁判官の関与　15
裁判官の代役　4
裁判所の意向　21
裁判所の権能　20
財物の支配　3
サラ金　17
3本柱の調停制度　15
塩漬け状態　59, 80
士業団体　43, 44, 58, 84
施行細則　70
自己完結　55, 62, 94, 136
自己主張　13
自己治癒力　29
自己変革　52
自己理解　40
事実調査　18, 20
自主交渉援助型　ii, 4—7, 13, 19, 31, 34, 41, 66, 88, 141, 209, 214, 219, 226, 227, 232
自制　3, 106

自然治癒力　109, 203
持続性　5
実効　5, 62—64, 72, 88, 232, 233
執行力　17, 23, 220
実情に即した合意　18, 20
実態把握　18
疾病の寛解　105
実力行使　227
私的なADR　60, 205, 207, 227, 230
私的な調停　7, 8, 60, 123, 159, 230
自転車事故に関する紛争　56, 82
支配権の獲得　3
自発性　30
自発的な思い　205, 230
司法改革　54, 79, 221
司法型ADR（司法型）　ii, 5, 15—17, 21—23, 27, 28, 31, 40, 53, 56—58, 66, 69, 86, 90, 93, 105, 121, 123, 205, 219—221, 228—230
司法研修　1, 76
司法書士会　4, 43, 44, 49, 55, 79
司法制度改革審議会意見書　27
司法制度を支える法曹の在り方　27
司法の枠組み　20, 22
事務費用　55
社会保険労務士会　43, 44, 56, 222
借地借家調停法　1, 15
謝罪　3, 64, 84, 85, 116, 117, 124, 129, 130, 133, 159, 206
借金　16, 17
重大事件　24
住宅ローン　17
自由で柔軟なADR　22
出務費用　55
守秘義務　17, 32, 70, 92, 220
準司法制度　21
昇華　13, 14, 38, 78, 130, 207, 208
状況の把握　31, 34
消極的な解決志向　111
証拠調べ　18, 20, 50, 220
常識と理　90
上申書　51

情緒的空間　97
承認　76, 97—99, 122
消費者苦情処理委員会　25
消費者問題　24, 25, 57
消費生活センター　25
情報提供　19, 24, 67, 170, 219, 227
条理　18, 20, 21, 58, 90, 216
職業代理人　52
除斥規定　73
署名　39, 40, 71, 74, 150
自律的な選択　233
自立的な判断　62
人権　24, 25, 215
人権調整専門員　25
人権擁護委員　25
人生観　14, 99, 100
心的変化　31, 130
真の合意　160
真の納得　3, 22
信頼　3, 19—21, 28, 29, 32, 73, 82, 159, 182, 188, 224
信頼性　17, 40
信頼に足る紛争解決の場である　33
心理学　i, vi, 7, 23, 30, 36, 89, 95, 173, 176, 192, 197, 226, 247
心理療法　106
スキル　i, iii, iv, vi, 6, 29, 37, 60, 79, 88, 99, 154, 197
救い　6
スポーツ仲裁機構　43
生活資金　17
正義感　40, 214
精神医学　93, 95, 102, 226
責任感　39
責任追及型　104
セクハラ　16
セラピスト　94, 95
善管義務　117, 130
選択権　62
先入観　30
専門的知識　4, 20, 60, 65, 87, 160

騒音　16, 162, 169, 182, 192, 197
早期中立評価　30
相互依存的　34
相互（交互）調停　19
相互調停　19
相互理解　6, 16, 23, 40, 65, 78, 83, 84, 167, 182, 201, 203, 211, 219, 229, 233
創造性　60, 92
相対的な人間関係　100
相談業務　24
総務省　24, 227
訴訟上の和解　18, 53
その時点での合意　7, 178
ソフトな紛争解決　13, 112
損害賠償　iii, 16, 56, 222

タ行

代金　16, 125, 221
対峙　34, 61, 94, 163
対人恐怖　102
対席　18, 19
代替的紛争解決　2, 13
代理権　51, 59, 63, 78, 79, 86, 88, 91, 222
代理人　21, 22, 51—53, 58, 78, 79, 85, 86, 152, 189, 210
対話型 ADR（対話型）　ii, 28, 223, 226, 229
対話型・自主交渉援助型　5, 141
対話促進型調停　30
対話促進による紛争解決　83, 85
対話法　89
対話論　89, 207
妥協　28, 44, 66, 79, 82, 84, 93, 97, 100, 179, 216, 225, 228, 231
多重債務返済　17
脱構築的な質問　99
妥当な解決策　15
妥当な法的評価　83
玉虫色の法律　53
ダメージ回避　109
単眼　207
男女雇用機会均等法　24

誓いの儀式　109
力関係　16, 141, 233
地代家賃　16
知的財産　16
地方法務局　25
治癒　6, 29, 93, 99, 101, 105, 106, 109, 203
中央建設工事紛争審査会　25
中央労働委員会　24
仲介幹旋　18
仲裁　i, vi, 8, 24, 25, 29, 43, 66, 170, 221
仲裁裁定　26
仲裁的調停　3
仲裁法　15, 26
治癒するための対処　6
調停案　18, 21, 22, 74
調停委員　2, 3, 7, 15, 17—20, 22—25, 33, 53, 56, 63, 78, 79, 83, 210, 213, 220, 221, 228
調停技法　7, 51, 67, 88, 89, 222, 223
調停実施者　4, 5, 203
調停条項　21, 23
調停制度　ii, 2, 15, 17, 27
調停手続き者　5, 51
調停人候補者名簿　73
調停人としての責務　4
調停ノート　39
調停の進め方　4, 51, 86, 98
調停のプロセス　21, 29, 38
調停の有用性　1
調停論　4, 93, 100, 207
著作権　24, 25
治療型調停　109, 111
治療的調停　106
治療的法律学　96
治療的要素　99
ツール　34, 62, 91, 197, 221
定期研修　55
定期的研修　55
敵対関係　37, 203
手続き関与弁護士　71, 73, 74, 84
手続き実施者　i, vi, 4, 7, 17, 45—51, 55—57, 60, 78—82, 86, 88

手続き実施者の養成　55, 80
動機　28, 54, 57, 59, 62, 70, 78, 106, 111, 201, 248
統合　30, 31, 36, 37, 227
当事者間のコミュニケーションの障害　100
当事者のこころ　206
当事者の尊重　30
当事者の納得　iii, 5, 15, 93, 138, 178, 182
当事者のパワー関係　38, 169
同席（対席）調停　19
同席調停　19, 23, 28—31, 34, 38, 56, 74, 78, 97, 208, 209, 211, 219
道徳規範　64
道徳的秩序　100
特定調停制度　2, 15, 17
特別委員　25
特別な知見　51
独立行政法人　25
土地家屋調査士会　43, 44, 49, 56
土地の境界に関する紛争　44, 56
都道府県建設工事紛争審査会　25
都道府県公害審査会　24
都道府県労働委員会　24
都道府県労働局　24
トラウマ　102
トランスフォーマティブ理論　30
トランスフォーマティブ・メディエーション　97
取り扱い分野　65, 69—71, 79, 82, 84, 87—89, 91, 223

ナ行

納得　ii—iv, 2, 5, 6, 15, 19, 20, 22, 26, 38—40, 53, 61, 83, 85, 86, 93, 100, 115, 117, 121, 123, 124, 128, 130, 136—138, 149, 151, 156, 158—160, 168, 175, 178, 182, 186, 187, 189, 195, 198, 203, 205—209, 216, 229, 230, 246
納得できる貢物　3
納得のいく解決　231
ナラティブ　34, 35, 37, 93—95
ナラティブ・セラピー　94, 95, 99

ナラティブ・メディエーション　95
ナラティブ理論　30
なりゆき　39, 40
ニーズ　ii, 7, 16, 22, 34, 36, 37, 58, 84, 170, 207, 222
日照　16, 178
日本行政書士連合会（日行連）　76—79, 82, 86, 88, 89, 91
日本弁護士連合会（日弁連）　27, 76, 77, 185
任意性　30
人間理解　14, 230, 233
認証機関　4, 5, 62
認証事業者　5, 44, 45, 62, 66, 67, 69, 80, 82, 224, 226
認証申請・届出の手引き　92
認証制度　4, 66, 67, 76, 84
能力保持　55

ハ行

配達証明付郵便　72
箱もの行政　59
はじめの言葉　31, 32
場の存在意義　33
パワー関係　35, 39, 169
パワーバランス　52
パワハラ　16
比較法学　226
低いレベルの合意　109
非公開　17
非公開性　30
非指示性　30
必然のない紛争　103
人としての歴史　14
非評価性　30
非法律家　4
評価型　ii, 5, 66, 83, 93, 230
ファクトファインディング　30
ファシリテーション　140
夫婦　3, 16, 19, 100—104, 125, 126, 140, 145, 157, 158, 163, 166, 172
不活動事業者　92, 224

複眼　207
不受理　71
不動産鑑定士連合会　43
不当労働行為事件　24
負のスパイラル　103
不平等感　39
不法占拠　1, 2
不倫　16
ブレーンストーミング　31, 37, 176, 200, 203
プロブレムソルビング・メディエーション　97
プロンプター　37
不和　101, 163
文化庁　25
文化的背景　7, 64, 107—109, 121
紛争意識　3, 38, 52, 59, 61, 97, 105, 111, 112, 141, 207, 209, 228, 230, 232
紛争意識の解消　3
紛争解決　i—iv, vi, 1—9, 13, 15, 17, 19—22, 27—29, 31, 33, 35, 38, 41, 50, 52, 54—57, 60, 62, 64, 66, 67, 69, 72, 73, 79, 80, 83, 85—88, 90, 98—100, 104, 105, 107—109, 111, 112, 130, 141, 160, 168, 170, 198, 199, 201—203, 207, 208, 214, 215, 221, 225, 227, 228, 230, 247—249
紛争解決機関　4, 76
紛争形態　57
紛争構造の再構築　37
紛争調整委員会　24
紛争の当事者（紛争当事者）　iii, 6, 8, 14, 20, 23, 28, 29, 32, 37, 44, 51—53, 59, 60, 69, 79, 81, 90, 93, 99, 104, 112, 129, 130, 136, 160, 170, 177, 201, 203, 207, 208, 210, 211, 219, 222, 229, 230, 232
紛争の核　19, 59, 84, 85, 195
紛争の種類　69
紛争の溶解プロセス　96
別席調停　39, 208, 211
ペット　16, 57, 82, 83, 85, 87, 113, 114, 116, 122, 185, 186
ペットに関する紛争　57

弁護士会　ii, 4, 5, 27, 43, 44, 55, 57, 58, 60, 62, 79, 82, 91, 219, 221, 228
弁護士たる代理人　22
弁護士の優越性　55
弁護士法　27, 31, 43—45, 50, 54, 63, 65, 78, 84, 90, 220, 230, 232
返済能力　17, 131, 133, 135
片務的判断　20
変容型調停　97, 98
防衛意識　230
法化現象　30
法基準　5, 27—29, 83—86
方向付け　31, 34, 36, 200
法社会学　i, ii, 63, 111, 226
法情報　56, 83, 85, 90, 233, 246
法制史　226
法曹養成　213
法の解決　5, 182, 195, 203, 205, 230, 246
法的基準　28, 66, 83, 86
法的効果　4, 220
法的助言　4
法的齟齬　13
法的な解決　111, 141, 182, 202
法的な基準　40, 228
法的な知識　4
法的判断　3, 17, 56, 90, 91, 129, 175
法的評価　27, 52, 53, 66, 78, 83, 121, 178
法哲学　226
法の基準　65, 214, 215, 220, 221, 225
法の範疇　6, 7, 86, 225, 226
法務省　25, 43, 49, 66—69, 76, 77, 80, 81, 84, 87—89, 92, 226, 248
法務大臣認証　7, 62, 66, 67, 70, 76, 79—81, 88, 89, 217
法律家　2, 4, 5, 15, 16, 27, 31, 50, 51, 54, 64, 65, 89, 105, 213, 214, 231
法律家（弁護士）参加　4
法律家（弁護士）の関与　4, 219
法律関連業務　63
法律研修　51, 87, 88
法律効果　4

法律事務の独占　54
法律的観点　2, 3
法律要件　4
保護司　220
矛を収める　7
ポジション　34—36, 207

マ行

守られる合意　38
満　足　3, 36, 39, 93, 124, 128, 176, 203, 209, 230, 231
自らの意識に対する戦い　14
水先案内人　40
見立て　29, 215
ミニトライアル　30
民間ADR事業　i, iii, 41, 50, 53, 57, 68, 81, 88, 92, 214, 219—222, 224,
民間ADR事業者　i—iii, 4, 6, 13, 31, 43, 50, 55, 58, 62, 66, 67, 69, 70, 72, 75, 80, 81, 83, 86, 91, 92, 207, 214, 220, 222—225, 228, 229
民間型ADR（民間型）　6, 7, 14, 22, 23, 27—29, 33, 43, 44, 51—53, 56, 57, 59, 60, 62, 63, 65, 66, 79, 84—86, 89, 90, 106, 121, 160, 205, 224, 226, 228, 230, 232
民間調停　iii, 44
民間の負担　54
民間紛争解決手続き　4, 60, 67
民事訴訟法　87, 223, 226
民事調停　i—iii, 1, 2, 15—18, 20, 31, 221
民事調停規則　20
民事調停規定法　20
民事調停制度　2
民生委員　180, 220
蒸し返し　40, 61, 109, 209
無用な主張　19
無用の理由　20
申立書　18
申し立て手数料　17
申立人　18
目的の共有　37
モチベーション　205, 230

物語型調停　93, 95, 98, 100
問題解決型調停　30, 97

ヤ行

八百万の神々　109
有識者　2, 17
養育費　22, 142, 149
要件事実　34, 84, 230, 233
要約　34, 35, 97, 122, 123
ヨーロッパ法　226
予防法務　54

ラ行

利益対立　111
理解　iii, 2, 3, 6, 14, 16, 18, 19, 22, 23, 27, 28, 30, 32, 34, 35, 38, 40, 44, 51―53, 57, 62, 63, 65―67, 69, 75, 76, 78―84, 88, 93, 95―97, 102, 103, 105, 108, 115―120, 122―124, 128, 130, 136, 142, 146, 156―160, 166―170, 175, 178, 182, 187, 190, 195, 200―203, 206, 208―211, 214, 219, 220, 227, 229―233, 247
利害調整　39, 86
離婚　7, 16, 19, 22, 100―103, 133, 142, 144―146, 148―152, 154―157, 165, 210
罹災　1
利息制限法　17

リハーサル　21, 63
略式陪審審理　30
利用申込み　70
利用料　55
臨床心理　i, vi, 102
隣接法律職　4, 41, 43, 55, 58, 62, 63, 79, 219
倫理観　100, 208
レヴェレッジ　34
労働委員会　24, 56
労働関係紛争　44, 56
労働協定　26
労働者使用者委員　24
労働審判委員会　24
労働審判員　24
労働審判官　24
労働争議　24, 26
労働法　226
労働問題　24

ワ行

和解案　74
和解契約書　74
和解の障害物　32
わだかまり　3
渡り　70
ワンストップサービス　58

【著者略歴】
櫻井良生（さくらい・よしお）

昭和30年神戸市生まれ
神戸中央合同事務所（代表）
行政書士ADRセンター兵庫初代センター長
博士（法学　大阪大学）

三田学園高等学校卒業
関西大学社会学部（産業心理学専攻）卒業
オレゴン州立大学留学
関西大学法学部法律学科卒業
大阪大学法学研究科博士課程前期、後期修了

所属
日本法社会学会
仲裁ADR法学会
日本心理学会
日本仲裁人協会
日本心理職協会（西日本統括本部長）
兵庫県神社庁（研修所講師）

本書は、2014年度大阪大学大学院法学研究科博士論文「実証的民間ADRの考察　私的ADRと『合意なき合意』の伏流」に加筆訂正のうえ刊行したものである。

民間裁判外紛争解決制度（ADR）の実証的考察
私的解決から見る「合意なき合意」の伏流

2016年7月30日　第1刷発行

著　者　櫻井良生
発行所　株式会社 風塵社

〒113-0033　東京都文京区本郷3-22-10
TEL 03-3812-4645　FAX 03-3812-4680
印刷：吉原印刷株式会社／製本：株式会社難波製本／装丁：有限会社閏月社

©Yoshio Sakurai, 2016

乱丁・落丁本はご面倒ながら風塵社までご送付ください。送料小社負担でお取り替えいたします。